Datenschutz und Vertrag
Zum Anwendungsbereich von Art. 6 Abs. 1 UAbs. 1 lit. b DSGVO

Dissertation
zur Erlangung des Grades eines Doktors der Rechte
der Rechts- und Wirtschaftswissenschaftlichen Fakultät
der Universität Bayreuth

Vorgelegt
von
Hendric König
aus
Starnberg

Dekan: Prof. Dr. André Meyer, LL.M. Taxation
Erstberichterstatter: BVR Prof. Dr. Heinrich Amadeus Wolff
Zweitberichterstatter: Prof. Dr. Martin Schmidt-Kessel
Tag der mündlichen Prüfung: 28.08.2024

Datenschutz und Vertrag

Zum Anwendungsbereich von Art. 6 Abs. 1 UAbs. 1 lit. b DSGVO

Hendric König

Fachmedien Recht und Wirtschaft | dfv Mediengruppe | Frankfurt am Main

Bibliografische Information der Deutschen Nationalbibliothek

Die Deutsche Nationalbibliothek verzeichnet diese Publikation in der Deutschen National-bibliografie; detaillierte bibliografische Daten sind im Internet über http://dnb.de abrufbar.

ISBN 978-3-8005-1961-3

dfv Mediengruppe

© 2024 Deutscher Fachverlag GmbH, Fachmedien Recht und Wirtschaft, Mainzer Landstr. 251, 60326 Frankfurt am Main, buchverlag@ruw.de

www.ruw.de

Druck: Beltz Grafische Betriebe GmbH, 99947 Bad Langensalza

Printed in Germany

Vorwort

Die Rechts- und Wirtschaftswissenschaftliche Fakultät der Universität Bayreuth hat diese Arbeit im Sommersemester 2024 als Dissertation angenommen. Literatur und Rechtsprechung sind bis Ende April 2024 berücksichtigt. Die Arbeit ist unter anderem neben Beschäftigungen als Wissenschaftlicher Mitarbeiter im Bereich Datenschutzrecht in verschiedenen internationalen Großkanzleien entstanden.

Mein herzlicher Dank gilt Herrn Richter des Bundesverfassungsgerichts Prof. Dr. Heinrich Amadeus Wolff für die herausragende Betreuung. Er hat eine Befassung mit dem Verhältnis von Art. 6 Abs. 1 UAbs. 1 lit. b DSGVO und der datenschutzrechtlichen Einwilligung angeregt, mir bei der Bearbeitung größte wissenschaftliche Freiheit eingeräumt und mich stets gefördert. Herrn Prof. Dr. Martin Schmidt-Kessel danke ich für die rasche Erstattung des Zweitgutachtens und für viele bereichernde fachliche Diskussionen, vor allem während meines Studiums.

Großer Dank gilt meinen Freunden, die mich während der Erstellung und vor allem bei der Überarbeitung des Manuskripts unterstützt haben.

Schließlich danke ich meinen Eltern. Sie haben mir meine Ausbildung ermöglicht.

Bayreuth, im November 2024   *Hendric König*

Inhaltsübersicht

Inhaltsverzeichnis

Inhaltsverzeichnis

Teil 1: Einführung

Art. 6 Abs. 1 UAbs. 1 lit. b DSGVO[1] enthält zwei alternative[2] Rechtsgrundlagen zur Verarbeitung personenbezogener Daten im Vertragskontext. Nach Art. 6 Abs. 1 UAbs. 1 lit. b Alt. 1 DSGVO ist eine Verarbeitung rechtmäßig, die „für die Erfüllung eines Vertrags, dessen Vertragspartei die betroffene Person ist [...] erforderlich [ist]". Nach Art. 6 Abs. 1 UAbs. 1 lit. b Alt. 2 DSGVO ist eine Verarbeitung rechtmäßig, die „zur Durchführung vorvertraglicher Maßnahmen erforderlich [ist], die auf Anfrage der betroffenen Person erfolgen." Zuvor war die entsprechende Datenverarbeitungsbefugnis in Art. 7 lit. b DS-RL[3] beziehungsweise in § 28 Abs. 1 S. 1 Nr. 1 BDSG aF[4] geregelt.

---

1 Verordnung (EU) 2016/679 des Europäischen Parlaments und des Rates vom 27.4.2016 zum Schutz natürlicher Personen bei der Verarbeitung personenbezogener Daten, zum freien Datenverkehr und zur Aufhebung der Richtlinie 95/46/EG (Datenschutz-Grundverordnung).

2 EDSA, Leitlinien 2/2019, Rn. 22; *Hacker*, Datenprivatrecht, S. 261; *Eisenschmidt*, NZM 2019, 313 (319); *Arning*, in: Moos/Schefzig/Arning, Praxishdb. DSGVO, Kap. 5 Rn. 14; *Schaffland/Holthaus*, in: Schaffland/Wiltfang, DSGVO, Art. 6 Rn. 6 gehen indes von einem „dritte[n] Tatbestand [...] in analoger Anwendung" von Art. 6 Abs. 1 UAbs. 1 lit. b Alt. 2 DSGVO für „nachvertragliche Maßnahmen" aus.

3 Richtlinie 95/46/EG des Europäischen Parlaments und des Rates vom 24.10.1995 zum Schutz natürlicher Personen bei der Verarbeitung personenbezogener Daten und zum freien Datenverkehr; Art. 7 lit. b DS-RL lautete: „Die Mitgliedstaaten sehen vor, daß die Verarbeitung personenbezogener Daten lediglich erfolgen darf, wenn eine der folgenden Voraussetzungen erfüllt ist: [...] die Verarbeitung ist erforderlich für die Erfüllung eines Vertrags, dessen Vertragspartei die betroffene Person ist, oder für die Durchführung vorvertraglicher Maßnahmen, die auf Antrag der betroffenen Person erfolgen;".

4 § 28 Abs. 1 S. 1 Nr. 1 BDSG aF lautete in der Fassung zwischen 1.9.2009 bis 24.5.2018: „Das Erheben, Speichern, Verändern oder Übermitteln personenbezogener Daten oder ihre Nutzung als Mittel für die Erfüllung eigener Geschäftszwecke ist zulässig, [...] wenn es für die Begründung, Durchführung oder Beendigung eines rechtsgeschäftlichen oder rechtsgeschäftsähnlichen Schuldverhältnisses mit dem Betroffenen erforderlich ist".

A. Problemstellung

Ohne Datenverarbeitungsbefugnis im Vertragskontext wäre die Funktionsfähigkeit des Privatrechtsverkehrs stark eingeschränkt.[5] Art. 6 Abs. 1 UAbs. 1 lit. b DSGVO hat in der Praxis auch erhebliche Relevanz.[6] Der Anwendungsbereich der Norm ist jedoch umstritten.[7] Die Konkretisierung des Anwendungsbereichs von Art. 6 Abs. 1 UAbs. 1 lit. b DSGVO steht vor mehreren Herausforderungen.[8] Weder der Wortlaut noch die Erwägungsgründe enthalten detaillierte Vorgaben für die Bestimmung der Tatbestandsmerkmale.[9] Auch das Verhältnis von europäischem Datenschutzrecht und nationalem Zivilrecht bereitet Schwierigkeiten.[10] Schließlich ist die Diskussion um den Anwendungsbereich von Art. 6 Abs. 1 UAbs. 1 lit. b Alt. 1 DSGVO we-

---

5 *Albers/Veit*, in: BeckOK Datenschutzrecht, DSGVO, Art. 6 Rn. 41; *Niggl*, in: Selzer, Datenschutzrecht, DSGVO, Art. 6 Rn. 14.

6 *Heinzke/Engel*, ZD 2020, 189 (189); *Niggl*, in: Selzer, Datenschutzrecht, DSGVO, Art. 6 Rn. 14; *Korch*, ZEuP 2021, 792 (815).

7 *Benedikt/Pfau*, DSB 2024, 6 (7): „Die Rechtsgrundlage […] führt jedoch zu neuen rechtlichen Fragestellungen, deren Beantwortung noch Zeit in Anspruch nehmen wird."; *Britz/Indenhuck*, in: Heinze, Daten, Plattformen und KI als Dreiklang unserer Zeit, 47 (47): „kontrovers diskutiert"; ebenso *Britz/Indenhuck*, ZD 2023, 13 (13); *Burfeind*, PinG 2023, 146 (149): „der Anwendungsbereich [wird] […] unterschiedlich weit gezogen"; *Schmidt-Kessel*, in: Lohsse/Schulze/Staudenmayer, Data as Counter Performance, 129 (132): „not sufficiently settled"; *Jahnel*, in: Jahnel, DSGVO, Art. 6 Rn. 24: „alles andere als klar"; *Hofmann*, in: Stiftung Datenschutz, Dateneigentum und Datenhandel, 161 (172): „Uneinigkeit über die Bestimmung der Reichweite der Norm"; *Dünkel*, PinG 2021, 122 (124): „höchst umstritten und bedarf tatsächlich einer Klärung"; *Kastelitz/Hötzendorfer/Tschohl*, in: Knyrim, DatKomm, DSGVO, Art. 6 Rn. 37: „Im Einzelnen ist die genaue Reichweite von lit b jedoch unklar"; vgl. auch den Überblick bei *Borges/Steinrötter*, in: BeckOK IT-Recht, DSGVO, Art. 6 Rn. 19 ff.

8 Vgl. auch *Sattler*, Informationelle Privatautonomie, S. 152 ff., der „drei wesentliche und gravierende Herausforderungen" bei der Anwendung von Art. 6 Abs. 1 UAbs. 1 lit. b DSGVO identifiziert: eine „überfordernde Angemessenheitskontrolle" (S. 153 ff.), eine „Gefährdung des einheitlichen Datenschutzschutzrechts" (S. 180 ff.) sowie die fehlende „Synchronisierung von DS-GVO und DID-RL" (S. 193 ff.).

9 *Sattler*, Informationelle Privatautonomie, S. 180 ff.

10 *Hacker*, Datenprivatrecht, S. 313 f.; *Sattler*, Informationelle Privatautonomie, S. 144 ff.; *Velmede*, Verschränkung von europäischem Verordnungsrecht und nationalen Normen, S. 285 f.; *Veit*, Einheit und Vielfalt im europäischen Datenschutzrecht, S. 232 f.

sentlich von Spannungen zwischen Privatautonomie und Datenschutz geprägt.[11] Es bestehen beispielsweise Bedenken, dass die Vorschrift zur Umgehung des Schutzniveaus der datenschutzrechtlichen Einwilligung genutzt werden könnte.[12] Die Diskussion kreist kontinuierlich darum, ob und wie der Anwendungsbereich eingeschränkt werden muss.[13]

Art. 6 Abs. 1 UAbs. 1 lit. b DSGVO ist Gegenstand verschiedener Monografien.[14] Bei diesen Untersuchungen stehen jedoch nicht die Tatbestandsmerkmale als solche im Vordergrund.

Der EuGH hat nach einem Vorabentscheidungsersuchen des OLG Düsseldorf[15] eine erste Entscheidung zu Art. 6 Abs. 1 UAbs. 1 lit. b Alt. 1 DSGVO gefällt.[16] Auch der österreichische OGH hat eine Fra-

---

11 *Heinzke/Engel*, ZD 2020, 189 (191): „Spannungsfeld von Privatautonomie und dem Grundrecht auf Datenschutz"; *Albers/Veit*, in: BeckOK Datenschutzrecht, DSGVO, Art. 6 Rn. 44a: „Konkret geht es [...] um die Frage, inwieweit die zivilrechtliche Privatautonomie durch datenschutzrechtliche Maßstäbe überlagert (oder verdrängt) werden soll"; *Veit*, Einheit und Vielfalt im europäischen Datenschutzrecht, S. 233: „Koordination des Datenschutzrechts mit der zivilrechtlichen Privatautonomie"; weiter *Bunnenberg*, Privates Datenschutzrecht, S. 49: „Spannungsverhältnis zwischen Vertragsrecht und Datenschutzrecht"; *Füllsack/Kirschke-Biller*, CR 2023, 508 (509): „Spannungsverhältnis zwischen der *subjektiven Vertragsfreiheit* des Verantwortlichen (wie auch des Betroffenen) einerseits und der *objektiven datenschutzrechtlichen Prüfung der Erforderlichkeit* andererseits", Hervorhebung im Original; ähnlich OLG Hamm, Urteil vom 26.4.2023, 8 U 94/22, ZD 2023, 684, Rn. 61: „umstrittene Frage der Wechselwirkung zwischen Zivilrecht und Datenschutzrecht." sowie Rn. 65: „Gefahr eines Missbrauchs der privatautonomen Gestaltungsmacht".

12 Statt vieler *Wendehorst/von Westphalen*, NJW 2016, 3745 (3747); in diese Richtung bereits zu § 28 Abs. 1 S. 1 Nr. 1 BDSG aF *Langhanke*, Daten als Leistung, S. 103; siehe ausführlich die Nachweise in Fn. 709 sowie insgesamt unter Teil 2:D.IV.

13 Diskutiert wird etwa eine Einschränkung bei Pflichten der betroffenen Person (Teil 2:C.IV.3) eine Reduzierung auf den Hauptgegenstand bzw. die vertragscharakteristische Leistung des Vertrags (Teil 2:D.II.1) sowie eine Beschränkung bei Daten als Leistung (Teil 2:D.IV.1), siehe hierzu die Nachweise in den jeweiligen Abschnitten; auf „[e]inschränkende Tendenzen" weist auch *Rank-Haedler*, Handel mit personenbezogenen Daten in Deutschland und Italien, S. 100 f. hin.

14 Exemplarisch sind zu nennen: *Sattler*, Informationelle Privatautonomie, S. 143 ff.; *Hacker*, Datenprivatrecht, S. 260 ff.; *Bunnenberg*, Privates Datenschutzrecht, S. 47 ff.

15 OLG Düsseldorf, Beschluss vom 24.3.2021, Kart 2/19 (V), MMR 2022, 61.

16 EuGH, Urteil vom 4.7.2023, C-252/21, EU:C:2023:537 – Meta Platforms u. a.

ge zum Verhältnis von Art. 6 Abs. 1 UAbs. 1 lit. b Alt. 1 DSGVO und der datenschutzrechtlichen Einwilligung vorgelegt.[17] In Folge der genannten Entscheidung des EuGH hat der österreichische OGH diese jedoch zurückgenommen.[18] Das Amtsgericht München hat im Dezember 2021 Fragen zur Auslegung von Art. 6 Abs. 1 UAbs. 1 lit. b Alt. 1 DSGVO im Zusammenhang mit Auskunftsrechten bei Publikumspersonengesellschaften vorgelegt.[19] Im Juni 2023 hat der französische Conseil d'Etat eine Frage zur Auslegung der Erforderlichkeit vorgelegt.[20]

B. Untersuchungsgegenstand und Forschungsansatz

Im Mittelpunkt der Untersuchung steht der Anwendungsbereich von Art. 6 Abs. 1 UAbs. 1 lit. b DSGVO. Zur Konkretisierung desselben werden die jeweiligen Tatbestandsmerkmale beider Alternativen

---

17 OGH, Beschluss vom 23.6.2021, 6 Ob 56/21k, ZD 2021, 627: „Sind die Bestimmungen der Art. 6 Abs. 1 Buchst. a und b der Datenschutzgrundverordnung […] dahingehend auszulegen, dass die Rechtmäßigkeit von Vertragsbestimmungen in allgemeinen Nutzungsbedingungen über Plattformverträge […], die die Verarbeitung von personenbezogenen Daten für Aggregation und Analyse von Daten zum Zwecke der personalisierten Werbung beinhalten, nach den Anforderungen des Art. 6 Abs. 1 Buchst. a in Verbindung mit Art. 7 DSGVO zu beurteilen sind, die nicht durch die Berufung auf Art. 6 Abs. 1 Buchst. b DSGVO ersetzt werden können?". Der EuGH führt das Verfahren als Rs. C-446/21.
18 OGH, Beschluss vom 19.7.2023, 6 Ob 134/23h, BeckRS 2023, 18031, Rn. 3.
19 AG München, Beschluss vom 21.12.2021, 132 C 12506/21, ZD 2022, 393 sowie AG München, Beschluss vom 21.12.2021, 132 C 22992/20, BeckRS 2021, 58270. Der EuGH führt die Verfahren als Rs. C-17/22 und Rs. C-18/22.
20 Der französische Conseil d'Etat hat dem EuGH am 28.6.2023 unter anderem folgende Frage vorgelegt: „Kann bei der Beurteilung der […] Erforderlichkeit ihrer Verarbeitung im Sinne von Art. 6 Abs. 1 Buchst. b und f DSGVO die allgemeine Verkehrssitte in der Kommunikation auf Zivil-, Handels- und Verwaltungsebene berücksichtigt werden, so dass die auf die Angaben ‚Herr' oder ‚Frau' beschränkte Erhebung von Daten hinsichtlich der Anrede der Kunden als erforderlich angesehen werden könnte, ohne dass der Grundsatz der Datenminimierung dem entgegenstünde?". Der EuGH führt das Verfahren als Rs. C-394/23.

untersucht und ausgelegt.[21] Dabei soll die Arbeit einen Beitrag zur Strukturierung und Systematisierung der Norm leisten.

Die Arbeit verfolgt hierfür einen rechtsdogmatischen Ansatz. Hierbei bildet das europäische Datenschutzrecht den Ausgangspunkt der Untersuchung. Die Arbeit nimmt mithin eine unionsrechtliche Perspektive ein. Davon ausgehend wird das nationale deutsche Zivilrecht zwar berücksichtigt. Es steht für die Untersuchung jedoch an untergeordneter Stelle.

Der Schwerpunkt liegt auf dem Grundfall von Art. 6 Abs. 1 UAbs. 1 lit. b Alt. 1 DSGVO. Besondere Verarbeitungssituationen bleiben daher weitgehend außer Betracht. Dies betrifft etwa automatisierte Entscheidungen, Datenübermittlungen in Drittländer, das Beschäftigtendatenschutzrecht sowie das Datenschutzrecht für Minderjährige.

C. Gang der Untersuchung

Die Arbeit ist in vier Teile gegliedert. Der Aufbau ist an den Tatbestandsmerkmalen von Art. 6 Abs. 1 UAbs. 1 lit. b DSGVO orientiert. Die jeweiligen Teile behandeln die folgenden Aspekte:

Der erste Teil hat die Problemstellung beschrieben und zeigt nunmehr den Gang der Untersuchung.

Der zweite Teil behandelt Art. 6 Abs. 1 UAbs. 1 lit. b Alt. 1 DSGVO. Dabei werden die Tatbestandsmerkmale „Vertrag", „Vertragspartei", „Erfüllung eines Vertrags" und „Erforderlichkeit" betrachtet.

Der dritte Teil nimmt Art. 6 Abs. 1 UAbs. 1 lit. b Alt. 2 DSGVO in den Blick. Hier werden die Tatbestandsmerkmale „Durchführung vorvertraglicher Maßnahmen", „auf Anfrage der betroffenen Person" und „Erforderlichkeit" untersucht.

Der vierte Teil fasst die Ergebnisse der Untersuchung zusammen.

---

21 Eine ähnliche Herangehensweise formuliert *Jahnel*, in: Jahnel, DSGVO, Art. 6 Rn. 24; anhand der Tatbestandsmerkmale nähert sich beispielsweise *Klein*, in: FS Taeger, 235 (241 ff.); ähnlich auch *Wolff*, in: Schantz/Wolff, Das neue Datenschutzrecht, Rn. 546 ff.

Teil 2: Art. 6 Abs. 1 UAbs. 1 lit. b Alt. 1 DSGVO

Nach Art. 6 Abs. 1 UAbs. 1 lit. b Alt. 1 DSGVO ist eine Verarbeitung rechtmäßig, die „für die Erfüllung eines Vertrags, dessen Vertragspartei die betroffene Person ist […] erforderlich [ist]".

Die folgenden Abschnitte beleuchten die einzelnen Tatbestandsmerkmale dieser Rechtsgrundlage. Dabei geht die Untersuchung zunächst der Frage nach, was ein Vertrag im Sinne der Norm ist.[22] Im Anschluss daran wird das Merkmal Vertragspartei behandelt.[23] Sodann wird ermittelt, welche Verarbeitungssituationen der Begriff „Erfüllung" erfasst.[24] Schließlich wird das Erforderlichkeitsmerkmal betrachtet.[25]

A. Vertrag

Von der Auslegung des Vertragsbegriffs hängt ab, welche Verhältnisse überhaupt unter Art. 6 Abs. 1 UAbs. 1 lit. b Alt. 1 DSGVO fallen.[26] Die Verordnung verwendet den Begriff „Vertrag" nicht nur in Art. 6 Abs. 1 UAbs. 1 lit. b Alt. 1 DSGVO, sondern auch in zahlreichen weiteren Normen.[27] Die DSGVO enthält jedoch keine Definition des Vertragsbegriffs.[28]

Die folgenden Abschnitte untersuchen zunächst, ob der Vertragsbegriff autonom zu bilden ist oder zur Begriffsbildung auf das Recht der Mitgliedstaaten verweist.[29] Anschließend wird der Vertragsbegriff

---

22 Teil 2:A.
23 Teil 2:B.
24 Teil 2:C.
25 Teil 2:D.
26 *Korch*, ZEuP 2021, 792 (815).
27 Die DSGVO nimmt unter anderem in Art. 7 Abs. 4, Art. 8 Abs. 3, Art. 9 Abs. 2 lit. h, Art. 20 Abs. 1 lit. a, Art. 22 Abs. 2 lit. a, Art. 28 Abs. 3 und Art. 49 Abs. 1 UAbs. 1 lit. b und lit. c auf Verträge Bezug.
28 *Velmede*, Verschränkung von europäischem Verordnungsrecht und nationalen Normen, S. 285.
29 Teil 2:A.I.

bestimmt.[30] Das Ergebnis wird sodann an ausgewählten Rechtsverhältnissen erprobt.[31] Schließlich wird untersucht, ob ein Vertrag nach Art. 6 Abs. 1 UAbs. 1 lit. b Alt. 1 DSGVO nach nationalem Recht wirksam sein muss.[32]

I. Autonom oder Verweis?

Eine typische Vorfrage der Auslegung von Sekundärrecht ist, ob eine Regelung unionsautonom auszulegen ist oder ob sie auf das Recht der Mitgliedstaaten verweist.[33] Die unionsautonome Auslegung ist kein „allgemeines Auslegungskriterium".[34] Sie ist vielmehr eine normative Vorgabe.[35] Bei der unionsautonomen Auslegung wird einem Begriff ein „eigenständige[r] europarechtliche[r] Sinn" gegeben.[36]

Der Unionsgesetzgeber kann für die eingangs genannte Frage Vorgaben machen.[37] So betont etwa Erwägungsgrund 11 S. 2 Rom II-VO,[38] dass der Begriff des außervertraglichen Schuldverhältnisses autonom ausgelegt werden soll.[39] Wenn der Verordnungsgeber demgegenüber

---

30 Teil 2:A.II.
31 Teil 2:A.III.
32 Teil 2:A.IV.
33 *Riesenhuber*, in: Riesenhuber, Europäische Methodenlehre, § 10 Rn. 4.
34 *Gebauer*, in: Gebauer/Wiedmann, Europäisches Zivilrecht, Kap. 3 Rn. 20.
35 *Gebauer*, in: Gebauer/Wiedmann, Europäisches Zivilrecht, Kap. 3 Rn. 20.
36 *Scheibeler*, Begriffsbildung durch den Europäischen Gerichtshof, S. 17; vgl. aus der jüngeren Rechtsprechung beispielsweise EuGH, Urteil vom 16.2.2023, C-393/21, EU:C:2023:104, Rn. 31 – Lufthansa Technik AERO Alzey: „autonomer Begriff des Unionsrechts [der] im Gebiet der Union einheitlich auszulegen ist"; vgl. ferner EuGH, Urteil vom 6.10.2021, C-561/19, EU:C:2021:799, Rn. 45 – Consorzio Italian Management e Catania Multiservizi: „das Unionsrecht [verwendet] eine eigene, besondere Terminologie und autonome Begriffe […], die nicht unbedingt den gleichen Gehalt wie die entsprechenden Begriffe haben, die in den nationalen Rechtsordnungen bestehen können".
37 *Riesenhuber*, in: Riesenhuber, Europäische Methodenlehre, § 10 Rn. 4 mit weiteren Beispielen.
38 Verordnung (EG) Nr. 864/2007 des Europäischen Parlaments und des Rates vom 11.7.2007 über das auf außervertragliche Schuldverhältnisse anzuwendende Recht (Rom II).
39 *J. Schmidt*, in: BeckOGK, Rom II-VO, Art. 1 Rn. 18; Erwägungsgrund 11 S. 2 Rom II-VO lautet: „Der Begriff des außervertraglichen Schuldverhältnisses ist von Mitgliedstaat zu Mitgliedstaat verschieden definiert. Im Sinne dieser Ver-

für die Begriffsdefinition auf das Recht der Mitgliedstaaten verweist, kommt eine unionsautonome Auslegung nicht in Frage.[40]

Für viele Begriffe gibt es jedoch weder eigene Definitionen noch Verweise.[41] Auch die DSGVO enthält keine ausdrücklichen Aussagen dazu, ob der Vertragsbegriff in Art. 6 Abs. 1 UAbs. 1 lit. b Alt. 1 DSGVO autonom auszulegen ist oder zur Begriffsbildung auf das Recht der Mitgliedstaaten verweist.[42] Fehlen entsprechende Anweisungen des Unionsgesetzgebers, muss dies durch Auslegung ermittelt werden.[43]

Dabei können verschiedene – im Folgenden behandelte – Indizien herangezogen werden.[44] Vor diesem Hintergrund lassen sich zunächst Argumente für eine Auslegung nach dem Recht der Mitgliedstaaten finden.[45] Daran anschließend werden Argumente für eine unionsautonome Auslegung identifiziert.[46]

1. Verweis auf das Recht der Mitgliedstaaten

Ein Teil der Literatur legt den Vertragsbegriff des Art. 6 Abs. 1 UAbs. 1 lit. b Alt. 1 DSGVO nach dem Recht der Mitgliedstaaten aus.[47] Hierfür wird angeführt, dass es kein unionseinheitliches Vertragsverständnis

---

ordnung sollte der Begriff des außervertraglichen Schuldverhältnisses daher als autonomer Begriff verstanden werden.".

40 *Riesenhuber*, in: Riesenhuber, Europäische Methodenlehre, § 10 Rn. 4.

41 *Riesenhuber*, in: Riesenhuber, Europäische Methodenlehre, § 10 Rn. 5.

42 Wohl in diese Richtung *Velmede*, Verschränkung von europäischem Verordnungsrecht und nationalen Normen, S. 285, die lediglich von einem „stille[n] Verweis" auf das Recht der Mitgliedstaaten ausgeht.

43 Vgl. *Franzen*, Privatrechtsangleichung, S. 495.

44 *Scheibeler*, Begriffsbildung durch den Europäischen Gerichtshof, S. 285 f.

45 Teil 2:A.I.1.

46 Teil 2:A.I.2.

47 *Taeger*, in: Taeger/Gabel, DSGVO, Art. 6 Rn. 70; *Velmede*, Verschränkung von europäischem Verordnungsrecht und nationalen Normen, S. 285; wohl auch *Bunnenberg*, Privates Datenschutzrecht, S. 47, der jedoch mwN fordert, dass das mitgliedstaatliche Zivilrecht „nur im Sinne der Verordnung zur Geltung kommen darf"; tendenziell auch *Jahnel*, in: Jahnel, DSGVO, Art. 6 Rn. 25; unklar bei *Reimer*, in: Sydow/Marsch, DSGVO, Art. 6 Rn. 22, der jedenfalls einen „autonomen Gehalt" in Art. 6 Abs. 1 UAbs. 1 lit. b Alt. 1 DSGVO sieht.

gebe.[48] Zudem soll das Fehlen einer Definition des Vertragsbegriffs in der DSGVO für diese Auslegung sprechen.[49]

a. Kein einheitliches Begriffsverständnis

Zunächst wird argumentiert, dass es kein unionseinheitliches Verständnis davon gebe, was ein Vertrag ist.[50] Eine „Orientierung an einer verordnungskonformen Auslegung" könne es folglich nicht geben.[51] Die Norm verweise daher auf das nationale Zivilrecht.[52] Die nationalen Besonderheiten, etwa das deutsche Abstraktionsprinzip würden insoweit „durchschlagen".[53] Wenn jegliche unionsrechtliche Anhaltspunkte für die Auslegung fehlen, kann dies grundsätzlich ein Indiz für einen Verweis auf nationale Rechtsordnungen sein.[54]

Zwar trifft es zu, dass es keinen Vertragsbegriff in einem europäischen Vertragsrecht gibt.[55] Insbesondere kann nicht auf die Definition in Art. 2 lit. a des Entwurfs über ein gemeinsames Europäisches Kaufrecht[56] zurückgegriffen werden.[57] Dieser Entwurf ist in Folge der

---

48 Teil 2:A.I.1.a.
49 Teil 2:A.I.1.b.
50 *Taeger*, in: Taeger/Gabel, DSGVO, Art. 6 Rn. 70; *Velmede*, Verschränkung von europäischem Verordnungsrecht und nationalen Normen, S. 285.
51 *Taeger*, in: Taeger/Gabel, DSGVO, Art. 6 Rn. 70; aA *Klein*, in: FS Taeger, 235 (241), der das Tatbestandsmerkmal daher autonom auslegt.
52 *Bunnenberg*, Privates Datenschutzrecht, S. 47, der jedoch mwN fordert, dass das mitgliedstaatliche Zivilrecht „nur im Sinne der Verordnung zur Geltung kommen darf"; *Velmede*, Verschränkung von europäischem Verordnungsrecht und nationalen Normen, S. 285.
53 *Taeger*, in: Taeger/Gabel, DSGVO, Art. 6 Rn. 70.
54 *Scheibeler*, Begriffsbildung durch den Europäischen Gerichtshof, S. 286.
55 *Gutmann*, in: Arnold, Grundlagen eines europäischen Vertragsrechts, 19 (19).
56 Vorschlag für eine Verordnung des Europäischen Parlaments und des Rates über ein Gemeinsames Europäisches Kaufrecht, KOM (2011) 635 endg.; Art. 2 lit. a GEK-VO-E definierte Vertrag als „eine Vereinbarung, die darauf abzielt, Verpflichtungen oder andere rechtliche Wirkungen herbeizuführen"; zu diesem Vertragsbegriff *Schmidt-Kessel*, in: Schmidt-Kessel, GEK-VO-E, Art. 2 Rn. 10 f.; ebenso dazu *Kähler*, in: Arnold, Grundlagen eines europäischen Vertragsrechts, 79 (87 ff.).
57 Vgl. für den Vertragsbegriff in Art. 7 Nr. 1 Brüssel Ia-VO *Leible*, in: Rauscher, Brüssel Ia-VO, Art. 7 Rn. 19: „der ohnehin gescheiterten Verordnung über ein Gemeinsames Europäisches Kaufrecht [fehlt es] an einem hinreichend umfassenden Ansatz.".

Rücknahme durch die Kommission nie zu geltendem Recht geworden.[58] Mangels Verbindlichkeit scheidet auch ein Rückgriff auf den „Draft Common Frame of Reference"[59] aus.[60]

Schwierigkeiten bei der Definition des Vertragsbegriffs bestehen auch im europäischen Zivilverfahrensrecht und im europäischen internationalen Privatrecht.[61] So enthält etwa die Rom I-VO[62] in Art. 1 Abs. 1 S. 1 Rom I-VO den – dem Vertragsbegriff in Art. 6 Abs. 1 UAbs. 1 lit. b Alt. 1 DSGVO verwandten – Begriff „vertragliches Schuldverhältnis".[63] Der EuGH legt sowohl diesen Begriff als auch den Begriff „Vertrag" in Art. 7 Nr. 1 lit. a Brüssel Ia-VO autonom aus.[64] Insoweit greift der bloße Verweis auf einen fehlenden Anknüpfungspunkt im Unionsrecht für den Vertragsbegriff in Art. 6 Abs. 1 UAbs. 1 lit. b Alt. 1 DSGVO zu kurz.[65]

b. Fehlende Definition

Auch die fehlende Begriffsdefinition innerhalb der DSGVO soll für einen Verweis auf das Recht der Mitgliedstaaten sprechen.[66] Generell hat der Verordnungsgeber Art. 6 Abs. 1 UAbs. lit. b Alt. 1 DSGVO ver-

---

58 Rücknahme von Vorschlägen der Kommission 2020/C 321/03, Abl. C 321 vom 29.9.2020, S. 37–40.

59 *von Bar/Clive/Schulte-Nölke*, Principles, Definitions and Model Rules of European Private Law, S. 183 (Art. II. – 1:101 Abs. 1 DCFR): „A contract is an agreement which is intended to give rise to a binding legal relationship or to have some other legal effect. It is a bilateral or multilateral juridical act.".

60 Vgl. für den Vertragsbegriff in Art. 7 Nr. 1 Brüssel Ia-VO *Leible*, in: Rauscher, Brüssel Ia-VO, Art. 7 Rn. 19.

61 Zu den jeweiligen Vertragsbegriffen und entsprechender Kritik unter Teil 2:A. II.2.

62 Verordnung (EG) Nr. 593/2008 des Europäischen Parlaments und des Rates vom 17.6.2008 über das auf vertragliche Schuldverhältnisse anzuwendende Recht (Rom I).

63 *Schwartmann/Klein*, in: Schwartmann/Jaspers/Thüsing/Kugelmann, DSGVO, Art. 6 Rn. 46.

64 Siehe hierzu Teil 2:A.II.2.

65 Zu einer möglichen Anknüpfung an die Kriterien der Rechtsprechung des EuGH für den Vertragsbegriff in Art. 6 Abs. 1 UAbs. 1 lit. b Alt. 1 DSGVO unter Teil 2:A.II.3.

66 *Velmede*, Verschränkung von europäischem Verordnungsrecht und nationalen Normen, S. 285; vgl. zu einer fehlenden europarechtlichen Konkretisierung im Kontext von Art. 6 Abs. 1 UAbs. 1 lit. b DSGVO *Kazemi*, DSGVO in der an-

glichen mit der datenschutzrechtlichen Einwilligung in Art. 6 Abs. 1 UAbs. 1 lit. a DSGVO weitaus weniger detailliert ausgestaltet.[67] Das Vorhandensein einer unionsrechtlichen Definition wäre zwar ein starkes Argument für eine unionsautonome Auslegung des entsprechenden Begriffs.[68] Allerdings folgt aus dem Fehlen einer Definition nicht, dass ein Begriff nach nationalen Maßstäben bestimmt werden muss.[69] Auch für die bereits angesprochenen Begriffe in Art. 7 Nr. 1 lit. a Brüssel Ia-VO sowie Art. 1 Abs. 1 S. 1 Rom I-VO existieren keine Legaldefinitionen.[70] Darüber hinaus hat der EuGH etwa den Begriff „Versicherungsvertrag" in Art. 3 Abs. 2 lit. d der RL 85/577[71] autonom ausgelegt, obwohl diese Richtlinie weder eine Definition noch einen Verweis auf das Recht der Mitgliedstaaten hierfür vorsieht.[72]

2. Unionsautonome Auslegung

Überzeugender ist letztlich eine autonome Auslegung des Vertragsbegriffs in Art. 6 Abs. 1 UAbs. 1 lit. b Alt. 1 DSGVO allein anhand

---

waltlichen Beratungspraxis, § 4 Rn. 138, der dieses Argument jedoch letztlich ablehnt.

67 Allgemein *Wendehorst/von Westphalen*, NJW 2016, 3745 (3745); ebenso *Sattler*, Informationelle Privatautonomie, S. 180.

68 EuGH, Urteil vom 14.5.1985, C-139/84, EU:C:1985:195, Rn. 16 – Van Dijk's Boekhuis/Staatsecretaris van Financiën; zustimmend *Riesenhuber*, in: Riesenhuber, Europäische Methodenlehre, § 10 Rn. 4; ebenso *Scheibeler*, Begriffsbildung durch den Europäischen Gerichtshof, S. 285; kritisch *Franzen*, Privatrechtsangleichung, S. 495, nach dem das Vorhandensein beziehungsweise Nicht-Vorhandensein von Definitionen „allenfalls erste Indizien" seien.

69 *Franzen*, Privatrechtsangleichung, S. 495 unter Bezug auf die Rechtsprechung des EuGH.

70 Für die Brüssel Ia-VO Generalanwalt *Saugmandsgaard Øe*, Schlussanträge vom 10.9.2020, C-59/19, EU:C:2020:688, Rn. 28 – Wikingerhof; für die Rom I-VO *von Hein*, in: Rauscher, Rom I-VO, Art. 1 Rn. 9 mwN zu kritischen Literaturstimmen hierzu; von einer mittelbaren Definition in Art. 12 Rom I-VO gehen *Stadler/Krüger*, in: Musielak/Voit, ZPO, Brüssel Ia-VO, Art. 7 Rn. 2 aus.

71 Richtlinie 85/577/EWG des Rates vom 20.12.1985 betreffend den Verbraucherschutz im Falle von außerhalb von Geschäftsräumen geschlossenen Verträgen.

72 EuGH, Urteil vom 1.3.2012, C-166/11, EU:C:2012:119, Rn. 25 – González Alonso.

unionsrechtlicher Maßstäbe.[73] Insoweit formuliert *Gebauer* – wenn auch nicht zur DSGVO – anschaulich: „Was aber als ein Vertrag […] nach Vorstellung des […] deutschen Rechts einzuordnen ist, kann nicht ausschlaggebend für die Frage sein, was diese[r] Begriff[…] im Unionsrecht zu bedeuten ha[t].“[74]

Dies ergibt sich zunächst aus der mit der DSGVO angestrebten Rechtsvereinheitlichung.[75] Zudem spricht ein Umkehrschluss aus Art. 6 Abs. 2, 3 DSGVO für eine autonome Auslegung.[76] Auch die Erwägungsgrunde 10 S. 3[77] sowie 40 DSGVO[78] stützen diese These.

a. Rechtsvereinheitlichung als Zielsetzung

Der Unionsgesetzgeber hat die DSGVO zur Rechtsvereinheitlichung als Verordnung ausgestaltet.[79] Als europäische Verordnung gilt sie nach Art. 288 Abs. 2 AEUV unmittelbar.[80] Schon die bloße Verwen-

---

73 OLG Hamm, Urteil vom 26.4.2023, 8 U 94/22, ZD 2023, 684, Rn. 63; *Kohler*, RDIPP 52/2 (2016), 653 (665 f.); *Schantz*, in: Simitis/Hornung/Spiecker gen. Döhmann, Datenschutzrecht, DSGVO, Art. 6 Rn. 16; *Loosen*, Die Rückabwicklung des Vertrages Daten gegen Leistung, S. 68; *Korch*, ZEuP 2021, 792 (815); *Scheibenpflug*, Personenbezogene Daten als Gegenleistung, S. 219; *Wolff/ Kosmider*, ZD 2021, 13 (13); *Bernzen*, in: Korch/Köhler, Schwärme im Recht, 145 (154); unter Bezugnahme auf Rechtsprechung des EuGH zur Rom I-VO *Golland*, ZD 2020, 397 (401); *Knüppel*, Datenfinanzierte Apps als Gegenstand des Datenschutzrechts, S. 224; *Rank-Haedler*, in: Schmidt-Kessel/Kramme, Hdb. Verbraucherrecht, Kap. 18 Rn. 75; *Chatard/Horn*, ZIP 2019, 2242 (2245); implizit auch *Kramer*, in: Eßer/Kramer/von Lewinski, DSGVO, Art. 6 Rn. 32: „Vertrag im unionsrechtlichen Sinne“; wohl auch *Albers/Veit*, in: BeckOK Datenschutzrecht, DSGVO, Art. 6 Rn. 42; ebenso wohl *Schwartmann/Klein*, in: Schwartmann/Jaspers/Thüsing/Kugelmann, DSGVO, Art. 6 Rn. 46; wohl *Assion/Nolte/Veil*, in: Gierschmann/Schlender/Stentzel/Veil, DSGVO, Art. 6 Rn. 85; ebenso wohl Arbeitsgruppe „Digitaler Neustart", Bericht vom 15.5.2017, S. 218; zudem wohl *Kastelitz/Hötzendorfer/Tschohl*, in: Knyrim, DatKomm, DSGVO, Art. 6 Rn. 34; zu Art. 6 Abs. 1 UAbs. 1 lit. b Alt. 1 DSGVO insgesamt *Klein*, in: FS Taeger, 235 (241).
74 *Gebauer*, in: Gebauer/Wiedmann, Europäisches Zivilrecht, Kap. 3 Rn. 20.
75 Teil 2:A.I.2.a.
76 Teil 2:A.I.2.b.
77 Teil 2:A.I.2.c.
78 Teil 2:A.I.2.d.
79 *Golland*, MMR 2018, 130 (132).
80 Ausführlich *Kühling/Martini*, EuZW 2016, 448 (448).

dung eines Begriffs in einer unmittelbar anwendbaren Verordnung spricht für eine unionsautonome Begriffsbildung.[81]

Zudem ist Art. 6 DSGVO die „zentrale materielle Norm" der DSGVO.[82] Die Festlegung der Rechtmäßigkeitsvoraussetzungen für eine Datenverarbeitung ist die „zentrale Stellschraube" im Datenschutzrecht.[83] Gerade bei den datenschutzrechtlichen Rechtsgrundlagen sind keine Abweichungen durch mitgliedstaatliche Regelungen beziehungsweise durch ein mitgliedstaatliches Verständnis vorgesehen.[84]

Für eine unionsautonome Auslegung spricht auch ein Vergleich mit der Vorgängerregelung in Art. 7 lit. b DS-RL.[85] Allgemein zeigt die Entscheidung für eine Verordnung anstelle einer Richtlinie, dass der Unionsgesetzgeber der einheitlichen Anwendung besondere Bedeutung beimisst.[86] Ein Beweggrund für die Wahl des Instruments der Verordnung war, die zuvor unter Geltung der DS-RL bestehenden Unterschiede zu verringern.[87] Diese weitere Harmonisierung sollte auch den freien Datenverkehr im Binnenmarkt fördern.[88] Die einheitliche Auslegung und Anwendung der DSGVO wäre jedoch durch einen

---

81 *Scheibeler*, Begriffsbildung durch den Europäischen Gerichtshof, S. 285; ähnlich *Klein*, in: FS Taeger, 235 (239): „Für ein solches Verständnis spricht bereits, dass die DSGVO europäisches Gesetz ist.".

82 *Albrecht*, in: Simitis/Hornung/Spiecker gen. Döhmann, Datenschutzrecht, DSGVO, Einf. zu Art. 6 Rn. 1; in diesem Sinne auch *Pötters/Rauer*, in: Wybitul, Hdb. DSGVO, Teil IV Art. 6 Rn. 1; ebenso *Niggl*, in: Selzer, Datenschutzrecht, DSGVO, Art. 6 Rn. 1.

83 *Buchner*, DuD 2016, 155 (157).

84 *Klein*, in: FS Taeger, 235 (239).

85 Vgl. die Argumentation bei *Klein*, in: FS Taeger, 235 (239 f.) mwN; vgl. allgemein zur autonomen Auslegung als Konsequenz des Wechsels hin zur DSGVO *Ziegenhorn/von Heckel*, NVwZ 2016, 1585 (1586).

86 EuGH, Urteil vom 25.6.2009, C-14/08, EU:C:2009:395, Rn. 49 – Roda Golf & Beach Resort; EuGH, Urteil vom 8.11.2005, C-443/03, EU:C:2005:665, Rn. 46 – Leffler; allgemein zur DSGVO *Selmayr/Ehmann*, in: Ehmann/Selmayr, DSGVO, Einführung Rn. 75 ff.

87 Im Kontext der autonomen Auslegung darauf hinweisend *Klein*, in: FS Taeger, 235 (239) unter Bezug auf Erwägungsgründe 3 und 9 DSGVO; vgl. allgemein *Schantz*, NJW 2016, 1841 (1841) mit Verweis auf die Erwägungsgründe 9 ff. DSGVO.

88 Vgl. allgemein *Schantz*, NJW 2016, 1841 (1841) mit Verweis auf Art. 1 DSGVO.

Verweis auf das Recht der Mitgliedstaaten bei Art. 6 Abs. 1 UAbs. 1 lit. b DSGVO in Gefahr.[89]

b. Umkehrschluss aus Art. 6 Abs. 2, 3 DSGVO

Aus systematischer Sicht spricht ein Umkehrschluss aus Art. 6 Abs. 2, 3 DSGVO für eine unionsautonome Auslegung des Vertragsbegriffs.[90] Art. 6 Abs. 2, 3 DSGVO erlauben mitgliedstaatliche Konkretisierungen bei Datenverarbeitungen zur Erfüllung einer öffentlichen Aufgabe beziehungsweise zur Erfüllung einer gesetzlichen Pflicht.[91] Das Verhältnis der beiden Absätze ist umstritten.[92] Für den hier vorgenommenen Umkehrschluss ist es jedoch unerheblich.

Jedenfalls sehen Art. 6 Abs. 2, 3 DSGVO für Art. 6 Abs. 1 UAbs. 1 lit. b Alt. 1 DSGVO gerade keine Konkretisierungsmöglichkeit im Recht der Mitgliedstaaten vor.[93] Vielmehr ist der Anwendungsbereich auf Verarbeitungen nach Art. 6 Abs. 1 UAbs. 1 lit. c und lit. e DSGVO beschränkt.[94] Dieser Verweis kann auch nicht auf andere Rechtsgrundlagen übertragen werden.[95] Eine vereinzelte und selektive Verweisung auf das nationale Recht spricht vielmehr dafür, dass eine solche im Übrigen gerade nicht gewollt ist.[96]

c. Erwägungsgrund 10 S. 3 DSGVO

Erwägungsgrund 10 S. 3 DSGVO verstärkt diesen Eindruck. Er hebt hervor, dass für Verarbeitungen nach Art. 6 Abs. 1 UAbs. 1 lit. c beziehungsweise lit. e DSGVO „die Mitgliedstaaten die Möglichkeit haben [sollten], nationale Bestimmungen, mit denen die Anwendung der Vorschriften dieser Verordnung genauer festgelegt wird, beizubehal-

---

89 *Klein*, in: FS Taeger, 235 (240 f.); *Niggl*, in: Selzer, Datenschutzrecht, DSGVO, Art. 6 Rn. 15.

90 Insoweit übertragbar *Golland*, MMR 2018, 130 (132), der diesen Umkehrschluss an Abs. 2 festmacht und im Kontext des Erforderlichkeitsmaßstabs anführt.

91 *Wolff*, in: Schantz/Wolff, Das neue Datenschutzrecht, Rn. 219.

92 Ausführlich dazu *Helmke/Link*, DuD 2023, 708 (708 ff.).

93 *Golland*, MMR 2018, 130 (132) im Kontext des Erforderlichkeitsmaßstabs.

94 *Heberlein*, in: Ehmann/Selmayr, DSGVO, Art. 6 Rn. 37.

95 *Heberlein*, in: Ehmann/Selmayr, DSGVO, Art. 6 Rn. 37.

96 Allgemein zur Auslegung von Sekundärrecht *Riesenhuber*, in: Riesenhuber, Europäische Methodenlehre, § 10 Rn. 6.

ten oder einzuführen.". Auch hier ist kein Verweis auf das nationale Recht für Art. 6 Abs. 1 UAbs. 1 lit. b Alt. 1 DSGVO vorgesehen.[97]

d. Erwägungsgrund 40 DSGVO

In diesem Zusammenhang[98] spricht auch Erwägungsgrund 40 DSGVO für eine unionsautonome Auslegung. Er betont zunächst, dass „personenbezogene Daten mit Einwilligung der betroffenen Person oder auf einer sonstigen zulässigen Rechtsgrundlage verarbeitet werden [müssen]". Diese Rechtsgrundlagen können „sich aus dieser Verordnung oder – wann immer in dieser Verordnung darauf Bezug genommen wird – aus dem sonstigen Unionsrecht oder dem Recht der Mitgliedstaaten [ergeben]".

Entscheidend ist dabei der Einschub „wann immer in dieser Verordnung darauf Bezug genommen wird". Die Formulierung lässt sich als Hinweis darauf verstehen, dass die Rechtsgrundlagen in erster Linie durch die DSGVO geregelt sind. Ein Verweis auf das sonstige Unionsrecht und – für die hier zu klärende Frage wichtiger – das Recht der Mitgliedstaaten ist grundsätzlich nicht vorgesehen. Etwas anderes soll nur gelten, wenn es sich ausdrücklich aus der DSGVO ergibt.

II. Begriffsbestimmung

Die folgenden Abschnitte nähern sich der Bestimmung des Vertragsbegriffs in drei Schritten: Zunächst wird zur Strukturierung der Diskussion ein Überblick zu möglichen Definitionen gegeben. Dabei wird die Rechtsprechung des EuGH im europäischen Zivilverfahrensrecht sowie im internationalen Privatrecht als möglicher Anknüpfungspunkt identifiziert.[99] Nach einer kurzen Darstellung dieser Rechtsprechung[100] untersucht der folgende Abschnitt, inwieweit die

---

97 Allgemein *Sattler*, Informationelle Privatautonomie, S. 182, Fn. 143, der hieraus eine geringe Relevanz von Art. 6 Abs. 1 UAbs. 1 lit. b DSGVO gegenüber der datenschutzrechtlichen Einwilligung ableitet.

98 Vgl. *Albers/Veit*, in: BeckOK Datenschutzrecht, DSGVO, Art. 6 Rn. 22, nach denen Erwägungsgrund 40 DSGVO „im Lichte" von Art. 6 Abs. 2, 3 DSGVO zu sehen ist.

99 Teil 2:A.II.1.

100 Teil 2:A.II.2.

dort entwickelten Kriterien tatsächlich Anhaltspunkt für den hier behandelten Vertragsbegriff sein können.[101]

1. Überblick

Zwischen den im Schrifttum vorgeschlagenen Definitionen bestehen erhebliche Unterschiede. Dabei erschweren (teilweise) fehlende Herleitungen der Definitionen die Bewertung der jeweiligen Ansätze.

So wird vorgeschlagen, ein Vertrag sei „eine zivilrechtliche Vereinbarung von einer oder zwischen mehreren Parteien, bei denen der Begriff des ‚Vertrages' nichts anderes darstellt als die Umschreibung der rechtlichen Rahmenbedingungen für eine Transaktion".[102] Daneben wird das Vertragsverhältnis als „eine Rechtsbeziehung zwischen mindestens zwei Personen, die durch übereinstimmende Willenserklärungen begründet wurde und kraft derer der eine (Gläubiger) berechtigt ist, von dem anderen (Schuldner) ein Tun, Dulden oder Unterlassen zu verlangen" charakterisiert.[103] Teilweise werden auch sehr weite Auffassungen vertreten: ein Vertrag könne „zunächst jedes Schuldverhältnis sein".[104] Andere sind der Auffassung, dass „jedenfalls rechtsgeschäftliche oder rechtsgeschäftsähnliche Schuldverhältnisse" erfasst seien.[105] Für wieder andere Teile der Literatur ist eine privatautonome Entscheidung der betroffenen Person das wesentliche Merkmal des Vertragsbegriffs.[106]

---

101 Teil 2:A.II.3.
102 *Klein*, in: FS Taeger, 235 (241).
103 *Wolff*, in: Schantz/Wolff, Das neue Datenschutzrecht, Rn. 546.
104 *Plath/Struck*, in: Plath, DSGVO, Art. 6 Rn. 12.
105 *Albers/Veit*, in: BeckOK Datenschutzrecht, DSGVO, Art. 6 Rn. 42.
106 *Schantz*, in: Simitis/Hornung/Spiecker gen. Döhmann, Datenschutzrecht, DSGVO, Art. 6 Abs. 1 Rn. 16; *Schmidt*, in: Freund/Schmidt/Heep/Roschek, DSGVO, Art. 6 Rn. 39; *Buchner/Petri*, in: Kühling/Buchner, DSGVO, Art. 6 Rn. 30; *Niggl*, in: Selzer, Datenschutzrecht, DSGVO, Art. 6 Rn. 16; *Specht*, in: Specht/Mantz, Hdb. Europäisches und deutsches Datenschutzrecht, § 9 Rn. 47; *Loosen*, Die Rückabwicklung des Vertrages Daten gegen Leistung, S. 68; *Arning*, in: Moos/Schefzig/Arning, Praxishdb. DSGVO, Kap. 5 Rn. 27; *Chatard/ Horn*, ZIP 2019, 2242 (2245); ähnlich *Bergmann/Möhrle/Herb*, DSGVO, Art. 6 Rn. 30, die neben „zwei übereinstimmende[n] Willenserklärungen" fordern, dass der Vertrag „auf der freien Entscheidung zweier Personen [beruht].‟; wohl auch *Indenhuck/Britz*, BB 2019, 1091 (1095), die insoweit in Richtung einer datenschutzrechtlichen Notwendigkeit für einen „Schutz des Schwächeren" ar-

Der EuGH hat sowohl in Entscheidungen zum europäischen Zivilverfahrensrecht (Art. 7 Nr. 1 lit. a Brüssel Ia-VO) als auch zum Internationalen Privatrecht (Art. 1 Abs. 1 S. 1 Rom I-VO) eine autonome Definition des Vertragsbegriffs entwickelt.[107] *Kohler* schlägt vor, zur Definition des Vertragsbegriffs in Art. 6 Abs. 1 UAbs. 1 lit. b Alt. 1 DSGVO auf diese Rechtsprechung zurückzugreifen.[108] Auch *Golland* nimmt zur Auslegung des Vertragsbegriffs auf die Rechtsprechung des EuGH zur Rom I-VO Bezug.[109] In der Literatur findet bislang jedoch keine weitere Diskussion darüber statt, ob diese Rechtsprechung des EuGH als Anhaltspunkt zur Bildung eines Vertragsbegriffs in Art. 6 Abs. 1 UAbs. 1 lit. b Alt. 1 DSGVO dienen kann.

Dieser Ansatz ist gleichwohl vielversprechend. Die genannte Rechtsprechung wäre „ein praktisch erprobtes Referenzsystem".[110] Dies bietet für den Vertragsbegriff in Art. 6 Abs. 1 UAbs. 1 lit. b Alt. 1 DSGVO die Chance, dem Eindruck der Beliebigkeit bei der Definitionsfindung vorzubeugen.

2. *Kriterien des EuGH*

Um eine Untersuchungsgrundlage für eine mögliche Anknüpfung an die genannte Rechtsprechung zu schaffen, behandeln die folgenden Abschnitte die Rechtsprechung des EuGH zu den Vertragsbegriffen in

---

gumentieren; jedenfalls für die Einordnung vertragsähnlicher Verhältnisse als Vertrag im Sinne von Art. 6 Abs. 1 UAbs. 1 lit. b Alt. 1 DSGVO *Kühling/Klar/Sackmann*, Datenschutzrecht, Kap. 2 Rn. 380; in diese Richtung auch *Kramer*, in: Eßer/Kramer/von Lewinski, DSGVO, Art. 6 Rn. 32 f.
107 Siehe hierzu unter Teil 2:A.II.2.
108 *Kohler*, RDIPP 52/2 (2016), 653 (665 f.) mit Verweis auf die Rechtsprechung des EuGH zum europäischen Zivilverfahrensrecht; auch *Sun*, Personality Merchandising and the GDPR: An Insoluble Conflict?, S. 147 führt im Zusammenhang mit der Einordnung einseitiger Rechtsgeschäfte eine Entscheidung des EuGH zum europäischen Zivilverfahrensrecht an, scheint sich aber nicht für eine Anknüpfung an diese Rechtsprechung auszusprechen.
109 *Golland*, ZD 2020, 397 (401).
110 *Schmidt-Kessel*, ZEuP 2004, 1019 (1031) im Zusammenhang mit der Übertragbarkeit des Vertragsbegriffs in Art. 5 Nr. 1 Brüssel I-VO auf ein „allgemeines Gemeinschaftsprivatrecht".

Art. 7 Nr. 1 lit. a Brüssel Ia-VO[111] und Art. 1 Abs. 1 S. 1 Rom I-VO.[112] Die Betrachtung beschränkt sich auf einen Überblick.

a. Art. 7 Nr. 1 lit. a Brüssel Ia-VO

Die Brüssel Ia-VO[113] – auch EuGVVO genannt[114] – ist „das Kernstück des Europäischen Zivilprozessrechts".[115] Sie regelt insbesondere die internationale, teilweise aber auch die örtliche Zuständigkeit.[116]

Die Brüssel Ia-VO verwendet den Begriff „Vertrag" in Art. 7 Nr. 1 lit. a Brüssel Ia-VO.[117] Nach Art. 7 Nr. 1 lit. a Brüssel Ia-VO kann „[e]ine Person, die ihren Wohnsitz im Hoheitsgebiet eines Mitgliedstaats hat, [...] in einem anderen Mitgliedstaat verklagt werden: wenn ein Vertrag oder Ansprüche aus einem Vertrag den Gegenstand des Verfahrens bilden, vor dem Gericht des Ortes, an dem die Verpflichtung erfüllt worden ist oder zu erfüllen wäre".

Der Schuldner einer Leistung kann nach dieser Norm also am Erfüllungsort der Leistung verklagt werden.[118] Art. 7 Nr. 1 Brüssel Ia-VO regelt sowohl die internationale als auch die örtliche Zuständigkeit.[119]

---

111 Teil 2:A.II.2.a.
112 Teil 2:A.II.2.b.
113 Verordnung (EU) Nr. 1215/2012 des Europäischen Parlaments und des Rates vom 12.12.2012 über die gerichtliche Zuständigkeit und die Anerkennung und Vollstreckung von Entscheidungen in Zivil- und Handelssachen.
114 *Thole*, in: Stein/Jonas, ZPO, EuGVVO, vor Art. 1 Rn. 4.
115 *Thole*, in: Stein/Jonas, ZPO, EuGVVO, vor Art. 1 Rn. 1; zum Begriff des Europäischen Zivilprozessrechts *Stadler*, in: Musielak/Voit, ZPO, Europäisches Zivilprozessrecht, A. Rn. 1.
116 *Wagner*, EuZW 2021, 572 (573).
117 Auch Art. 17 Abs. 1 Brüssel Ia-VO enthält den Begriff „Vertrag". Der Anwendungsbereich von Art. 7 Nr. 1 Brüssel Ia-VO ist nach Ansicht des EuGH weiter als der Anwendungsbereich von Art. 17 Abs. 1 Brüssel Ia-VO, vgl. etwa EuGH, Urteil vom 14.5.2009, C-180/06, EU:C:2009:303, Rn. 57 – Ilsinger sowie *Leible*, in: Rauscher, Brüssel Ia-VO, Art. 7 Rn. 20. Da Art. 6 Abs. 1 UAbs. 1 lit. b Alt. 1 DSGVO keine mit Art. 17 Abs. 1 Brüssel Ia-VO vergleichbare Einschränkung auf Verbraucherverträge enthält, liegt der Fokus im Folgenden ausschließlich auf dem Vertragsbegriff in Art. 7 Nr. 1 Brüssel Ia-VO.
118 *Gottwald*, in: MüKo-ZPO, Brüssel Ia-VO, Art. 7 Rn. 1.
119 *Leible*, in: Rauscher, Brüssel Ia-VO, Art. 7 Rn. 4; *Gottwald*, in: MüKo-ZPO, Brüssel Ia-VO, Art. 7 Rn. 1.

Besonders relevant ist die Abgrenzung zu dem deliktischen Gerichtsstand in Art. 7 Nr. 2 Brüssel Ia-VO.[120]

Die Brüssel Ia-VO enthält keine Definition des Begriffs „Vertrag".[121] Auch in diesem Zusammenhang kann nicht auf einen unionsweiten Vertragsbegriff zurückgegriffen werden.[122] Vielmehr hat der EuGH den Vertragsbegriff in seiner Rechtsprechung entwickelt.[123] Der EuGH versteht den Begriff „Vertrag" in Art. 7 Nr. 1 Brüssel Ia-VO (beziehungsweise den entsprechenden Vorgängerregelungen) als eine freiwillig eingegangene Verpflichtung.[124] Für seine autonome Auslegung des Vertragsbegriffs berücksichtigt der EuGH die Systematik und die Zielsetzungen der Verordnung.[125]

Die autonome Auslegung des Vertragsbegriffs sowie der Vertragsbegriff als solcher werden in der Literatur sehr unterschiedlich be-

---

120 *Gebauer*, in: Wieczorek/Schütze, ZPO, Bd. 14, Brüssel Ia-VO, Art. 7 Rn. 15; zur Abgrenzung auch *Geimer*, in: Geimer/Schütze, Europäisches Zivilverfahrensrecht, EuGVVO, Art. 7 Rn. 218 ff.

121 Generalanwalt *Saugmandsgaard Øe*, Schlussanträge vom 10.9.2020, C-59/19, EU:C:2020:688, Rn. 28 – Wikingerhof.

122 *Leible*, in: Rauscher, Brüssel Ia-VO, Art. 7 Rn. 14.

123 Generalanwalt *Saugmandsgaard Øe*, Schlussanträge vom 10.9.2020, C-59/19, EU:C:2020:688, Rn. 28 ff. – Wikingerhof; *Wipping*, Der europäische Gerichtsstand des Erfüllungsortes – Art. 5 Nr. 1 EuGVVO, S. 85 ff.; *Stürner/Wendelstein*, JZ 2018, 1083 (1085).

124 EuGH, Urteil vom 9.12.2021, C-242/20, EU:C:2021:985, Rn. 44 – HRVATSKE ŠUME; EuGH, Urteil vom 24.11.2020, C-59/19, EU:C:2020:950, Rn. 23 – Wikingerhof; EuGH, Urteil vom 11.11.2020, C-433/19, EU:C:2020:900, Rn. 37 – Ellmes Property Services Limited; EuGH, Urteil vom 26.3.2020, C-215/18, EU:C:2020:235, Rn. 43 – Primera Air Scandinavia; EuGH, Urteil vom 5.12.2019, C-421/18, EU:C:2019:1053, Rn. 26 – Ordre des avocats du barreau de Dinant; EuGH, Urteil vom 8.5.2019, C-25/18, EU:C:2019:376, Rn. 24 – Kerr; EuGH, Urteil vom 4.10.2018, C-337/17, EU:C:2018:805, Rn. 39 – Feniks; EuGH, Urteil vom 21.4.2016, C-572/14, EU:C:2016:286, Rn. 35 – Austro-Mechana; EuGH, Urteil vom 10.9.2015, C-47/17, EU:C:2015:574, Rn. 52 – Holterman Ferho Exploitatie; EuGH, Urteil vom 18.7.2013, C-147/12, EU:C:2013:490, Rn. 33 – ÖFAB; EuGH, Urteil vom 14.3.2013, C-419/11, EU:C:2013:165, Rn. 46 – Česká spořitelna; EuGH, Urteil vom 20.1.2005, C-27/02, EU:C:2005:33, Rn. 51 – Engler; EuGH, Urteil vom 17.9.2002, C-334/00, EU:C:2002:499, Rn. 22 – Tacconi; EuGH, Urteil vom 27.10.1998, C-51/91, EU:C:1998:509, Rn. 17 – Réunion européenne; EuGH, Urteil vom 17.6.1992, C-26/91, EU:C:1992:268, Rn. 15 – Handte.

125 EuGH, Urteil vom 24.11.2020, C-59/19, EU:C:2020:950, Rn. 25 mwN aus der eigenen Rechtsprechung – Wikingerhof.

urteilt.[126] Jedenfalls bereite die autonome Definition des Vertragsbegriffs „nahezu unüberwindliche Schwierigkeiten".[127] Aus der Brüssel Ia-VO lasse sich kein Vertragsbegriff entnehmen.[128] Die Rechtsprechung des EuGH falle daher kasuistisch aus.[129] Der EuGH habe keine „umfassende Definition des Vertragsbegriffs" entwickelt.[130]

b. Art. 1 Abs. 1 S. 1 Rom I-VO

Das internationale Privatrecht regelt, welche Rechtsordnung auf einen privatrechtlichen Fall mit Auslandsbezug Anwendung findet.[131] Als Kollisionsrecht enthält es sogenannte Kollisionsnormen.[132] Diese enthalten keine materiell-rechtlichen Rechtsfolgen, sondern bestimmen lediglich, nach welchem nationalen Sachrecht ein Sachverhalt beurteilt wird.[133] Die praktisch bedeutendste Rechtsquelle ist dabei die Rom I-VO.[134]

Nach Art. 1 Abs. 1 S. 1 Rom I-VO gilt die Verordnung „für vertragliche Schuldverhältnisse in Zivil- und Handelssachen, die eine Verbindung zum Recht verschiedener Staaten aufweisen." Der Vertragsbegriff ist das wesentliche Kriterium für die Anwendbarkeit der Rom I-VO sowie zur Abgrenzung vom Anwendungsbereich der Rom II-VO.[135]

---

126 Ausführlich zum Meinungsstand *Menden*, Der Anwendungsbereich des deliktischen Gerichtsstands gemäß Art. 7 Nr. 2 EuGVVO, S. 42 ff. mwN; zur Kritik an der autonomen Auslegung ferner *Wipping*, Der europäische Gerichtsstand des Erfüllungsortes – Art. 5 Nr. 1 EuGVVO, S. 81 ff. mwN; *Horn*, Vis attractiva contractus, S. 34 geht sogar von einer dauerhaften Aufgabe des funktionalen Vertragsbegriffs aus.

127 *Stadler/Krüger*, in: Musielak/Voit, ZPO, Brüssel Ia-VO, Art. 7 Rn. 2.

128 *Stadler/Krüger*, in: Musielak/Voit, ZPO, Brüssel Ia-VO, Art. 7 Rn. 2; für die Vorgängerregelung *Martiny*, in: FS Geimer, 641 (646): „nur höchst mittelbar".

129 *Stadler/Krüger*, in: Musielak/Voit, ZPO, Brüssel Ia-VO, Art. 7 Rn. 2.

130 Für die Entwicklung bis zu Art. 5 Nr. 1 EuGVVO *Reiher*, Der Vertragsbegriff im europäischen Internationalen Privatrecht, S. 70.

131 *Lorenz*, in: BeckOK BGB, EGBGB, Einleitung zum IPR, Rn. 1; *Weller/Hategan*, JuS 2016, 969 (969); *von Hein*, in: MüKO-BGB, Einl. IPR, Rn. 1.

132 *Lorenz*, in: BeckOK BGB, EGBGB, Einleitung zum IPR, Rn. 1; zum Begriff Kollisionsrecht *Looschelders*, in: Staudinger, Einl. IPR, Rn. 26 mwN.

133 *Lorenz*, in: BeckOK BGB, EGBGB, Einleitung zum IPR, Rn. 2; *Schmidt-Kessel*, ZEuP 2004, 1019 (1032); *Weller/Hategan*, JuS 2016, 969 (969).

134 *Junker*, Internationales Privatrecht, § 2 Rn. 8.

135 Ausführlich *Reiher*, Der Vertragsbegriff im europäischen Internationalen Privatrecht, S. 22 ff., der auf S. 26 resümiert: „Davon ausgehend, dass nur außer-

Die Rom II-VO gilt gemäß Art. 1 Rom II-VO für „außervertragliche Schuldverhältnisse in Zivil- und Handelssachen."

Der EuGH legt den Begriff „vertragliches Schuldverhältnis" in der Rom I-VO ebenfalls autonom aus.[136] Hierfür greift der EuGH auf seine Rechtsprechung zum europäischen Zivilverfahrensrecht zurück.[137] Dies begründet der EuGH insbesondere mit Erwägungsgrund 7 Rom I-VO und Erwägungsgrund 7 Rom II-VO.[138] Diese sehen eine „Anwendungskohärenz" sowohl zwischen den Rom-Verordnungen als auch im Verhältnis zu den hier behandelten Regelungen des europäischen Zivilverfahrensrechts vor.[139] Entsprechend geht der EuGH davon aus, „dass der Begriff ‚vertragliches Schuldverhältnis' im Sinne von Art. 1 Rom I-VO eine von einer Person gegenüber einer anderen freiwillig eingegangene rechtliche Verpflichtung bezeichnet."[140]

Teile der Literatur kritisieren diesen Gleichlauf der Vertragsbegriffe im europäischen Zivilverfahrensrecht und im internationalem Privatrecht.[141] Hierfür werden neben den unterschiedlichen Funktionen der Vertragsbegriffe auch die abweichenden Zwecke der Verordnungen selbst angeführt.[142] Das europäische Zivilverfahrensrecht solle einen Interessensausgleich der Prozessparteien herbeiführen und den Be-

---

vertraglich sein kann, was nicht vertraglich ist, kann letzten Endes nur ein einheitlicher, beiden Verordnungen zugrunde liegender Vertragsbegriff über ihre Reichweite entscheiden.".

136 EuGH, Urteil vom 28.7.2016, C-191/15, EU:C:2016:612, Rn. 36 – Verein für Konsumenteninformation; EuGH, Urteil vom 21.1.2016, C-359/14 und C-475/14, EU:C:2016:40, Rn. 43 – ERGO Insurance.

137 EuGH, Urteil vom 21.1.2016, C-359/14 und C-475/14, EU:C:2016:40, Rn. 44 – ERGO Insurance.

138 EuGH, Urteil vom 21.1.2016, C-359/14 und C-475/14, EU:C:2016:40, Rn. 43 f. – ERGO Insurance.

139 Zur Brüssel I-VO EuGH, Urteil vom 21.1.2016, C-359/14 und C-475/14, EU:C:2016:40, Rn. 43 f. – ERGO Insurance.

140 EuGH, Urteil vom 21.1.2016, C-359/14 und C-475/14, EU:C:2016:40, Rn. 44 – ERGO Insurance.

141 Zu Art. 5 Nr. 1 Brüssel I-VO *Schmidt-Kessel*, ZEuP 2004, 1019 (1032); *Reiher*, Der Vertragsbegriff im europäischen Internationalen Privatrecht, S. 82 f.

142 Zu Art. 5 Nr. 1 Brüssel I-VO *Schmidt-Kessel*, ZEuP 2004, 1019 (1032); *Reiher*, Der Vertragsbegriff im europäischen Internationalen Privatrecht, S. 80 ff.; *Urlaub*, Einseitig verpflichtende Rechtsgeschäfte im internationalen Privatrecht, S. 128.

klagten vor Klagen im Ausland schützen.[143] Es weise einen Sachverhalt einer staatlichen Hoheitsgewalt zu.[144] Demgegenüber zielten die Vorschriften der Rom I-VO darauf ab, das jeweils anwendbare Recht für einen Sachverhalt zu bestimmen.[145]

3. Anknüpfungspunkte

Die folgenden Abschnitte untersuchen, ob sich aus den in dieser Rechtsprechung entwickelten Kriterien Anknüpfungspunkte für den Vertragsbegriff in Art. 6 Abs. 1 UAbs. 1 lit. b Alt. 1 DSGVO ergeben.[146] Dabei werden zunächst Schwierigkeiten und Chancen einer möglichen Anknüpfung identifiziert.[147] Die daran anschließenden Abschnitte untersuchen anhand der Systematik der DSGVO,[148] ob der hier behandelte Vertragsbegriff ein Freiwilligkeits-[149] und ein Verpflichtungselement[150] enthält. Diese Elemente werden in Ansätzen bereits unabhängig von der Rechtsprechung des EuGH diskutiert.[151] Um

---

143 *Urlaub*, Einseitig verpflichtende Rechtsgeschäfte im internationalen Privatrecht, S. 128.

144 *Schmidt-Kessel*, ZEuP 2004, 1019 (1032).

145 *Urlaub*, Einseitig verpflichtende Rechtsgeschäfte im internationalen Privatrecht, S. 128; *Schmidt-Kessel*, ZEuP 2004, 1019 (1032).

146 In eine ähnliche Richtung *Herden*, GPR 2013, 272 (274 ff.), die unter anderem eine Übertragung des Vertragsbegriffs aus Art. 5 Brüssel I-VO auf Art. 2 Nr. 1 ADR-RL untersucht, für das damalige materielle Datenschutzrecht im BDSG aF jedoch keine Relevanz des Gleichlaufs der Vertragsbegriffs aus Art. 5 Brüssel I-VO und Art. 1 Abs. 1 S. 1 Rom I-VO sah, da „sich das anwendbare Datenschutzrecht nicht aus der Rom I-VO ergibt (was die vertragliche Qualifikation voraussetzen würde), sondern aus der besonderen datenschutzrechtlichen Rechtsanwendungsnorm des BDSG in § 1 V BDSG."; vgl. zudem *Reiher*, Der Vertragsbegriff im europäischen Internationalen Privatrecht, S. 59 ff., der einen ähnlichen Ansatz für die Begriffsbildung im Internationalen Privatrecht verfolgt und nach einer Untersuchung unter anderem der Rechtsprechung des EuGH im europäischen Zivilverfahrensrecht (S. 59 ff.) aus den Merkmalen Freiwilligkeit, Verpflichtung und Konsens einen eigenen Vertragsbegriff bildet (S. 151 ff.).

147 Teil 2:A.II.3.a.

148 Vgl. allgemein zu einer sekundärrechtsaktspezifischen Begriffsbildung *Stürner*, Europäisches Vertragsrecht, § 2 Rn. 15.

149 Teil 2:A.II.3.b.

150 Teil 2:A.II.3.c.

151 In diese Richtung etwa OLG Hamm, Urteil vom 26.4.2023, 8 U 94/22, ZD 2023, 684, Rn. 63: „Maßgeblich ist [...], ob das Rechtsverhältnis privatauto-

den Fokus auf datenschutzrechtlichen Aspekten beizubehalten, wird von einer allgemeinen historischen und dogmatischen Darstellung von Vertragsmodellen abgesehen.[152]

a. Schwierigkeiten und Chancen

Eine Anknüpfung an die Kriterien der dargestellten Rechtsprechung für den Vertragsbegriff in Art. 6 Abs. 1 UAbs. 1 lit. b Alt. 1 DSGVO begegnet zunächst Bedenken.[153] So enthält die DSGVO keinen Erwägungsgrund oder sonstige Hinweise auf einen Gleichlauf des Vertragsbegriffs zu Art. 1 Abs. 1 S. 1 Rom I-VO beziehungsweise Art. 7 Nr. 1 lit. a Brüssel Ia-VO. Die Erwägungsgründe nehmen für den Vertragsbegriff auch nicht auf die Rechtsprechung des Gerichtshofs Bezug, obwohl die DSGVO derartige Verweise – beispielsweise in Erwägungsgrund 146 S. 3 DSGVO[154] – durchaus nutzt.

Zudem verfolgt der Unionsgesetzgeber mit der DSGVO andere Zwecke als mit der Brüssel Ia-VO sowie der Rom I-VO. Das europäische Zivilprozessrecht weist einen Sachverhalt „konkret der Hoheitsgewalt eines Staates" zu, während das internationale Privatrecht den Sachver-

---

nom begründet ist und die maßgebliche Verpflichtung daher als Ausdruck der Selbstbestimmung legitimiert ist"; ebenso *Buchner/Petri*, in: Kühling/Buchner, DSGVO, Art. 6 Rn. 30, Fn. 68, die sowohl die Notwendigkeit einer autonomen Entscheidung als auch einer Verpflichtung betonen; siehe zur Freiwilligkeit als maßgebliches Element des Vertragsbegriffs bereits die Nachweise in Fn. 106 sowie sogleich in Teil 2:A.II.3.b; den verbindlichen Charakter des Tatbestands insgesamt hebt etwa *Bunnenberg*, Privates Datenschutzrecht, S. 57 f. hervor; ähnlich *Reimer*, in: Sydow/Marsch, DSGVO, Art. 6 Rn. 27, nach dem Regelungsabsicht der Norm sei, eine „verbindliche[...] Einwilligung" zu schaffen; zur Verpflichtung im Übrigen sogleich Teil 2:A.II.3.c.

152 Siehe hierfür etwa den Überblick bei *Reiher*, Der Vertragsbegriff im europäischen Internationalen Privatrecht, S. 95 ff.

153 Vgl. allgemein *Schmidt-Kessel*, ZEuP 2004, 1019 (1030 f.): „Hinsichtlich der Übertragbarkeit solcher Ergebnisse auf ein allgemeines Gemeinschaftsprivatrecht ist angesichts der besonderen Funktionalität des Vertragsbegriffs in Art. 5 EuGVÜ/Brüssel I-VO Vorsicht geboten."; restriktiv auch *Herden*, GPR 2013, 272 (275), die eine Übertragung der Kriterien zu Art. 5 Nr. 1 Brüssel I-VO auf „andere[...] prozessrechtliche[...] Unionsrechtsakte" für möglich hält.

154 Erwägungsgrund 146 S. 3 DSGVO lautet: „Der Begriff des Schadens sollte im Lichte der Rechtsprechung des Gerichtshofs weit auf eine Art und Weise ausgelegt werden, die den Zielen dieser Verordnung in vollem Umfang entspricht.".

halt „abstrakt einer Rechtsordnung" zuweist.[155] Die DSGVO enthält demgegenüber nach Art. 1 Abs. 1 DSGVO „Vorschriften zum Schutz natürlicher Personen bei der Verarbeitung personenbezogener Daten und zum freien Verkehr solcher Daten".

Auf der anderen Seite ergibt sich aus einer Anknüpfung die Chance, dass die Rechtsprechung des EuGH im europäischen Zivilverfahrensrecht sowie dem europäischen internationalen Privatrecht als Orientierung herangezogen werden kann.[156]

b. Freiwilligkeit

Anders als bei der datenschutzrechtlichen Einwilligung hat der Verordnungsgeber für Art. 6 Abs. 1 UAbs. 1 lit. b Alt. 1 DSGVO kein besonderes Freiwilligkeitskriterium normiert.[157] Die folgenden Abschnitte untersuchen, inwieweit die DSGVO dennoch Rückschlüsse auf ein Freiwilligkeitselement zulässt. Anhaltspunkte bieten zunächst Sinn und Zweck der Vorschrift.[158] Weitere Erkenntnisse lassen sich aus der Abgrenzung zu Art. 6 Abs. 1 UAbs. 1 lit. c DSGVO gewinnen.[159] Bei der Konkretisierung müssen schließlich datenschutzrechtliche Besonderheiten berücksichtigt werden.[160]

aa. Normzweck

Art. 6 Abs. 1 UAbs. 1 lit. b Alt. 1 DSGVO dient dazu, privatautonome Entscheidungen datenschutzrechtlich zu legitimieren.[161] Dieser Norm-

---

155 *Schmidt-Kessel*, ZEuP 2004, 1019 (1032).
156 Vgl. allgemein *Schmidt-Kessel*, ZEuP 2004, 1019 (1030 f.), der im Zusammenhang mit der Übertragbarkeit des Vertragsbegriffs in Art. 5 Nr. 1 Brüssel I-VO auf ein „allgemeines Gemeinschaftsprivatrecht" die Formulierung „praktisch erprobtes Referenzsystem" verwendet.
157 *Assion/Nolte/Veil*, in: Gierschmann/Schlender/Stentzel/Veil, DSGVO, Art. 6 Rn. 87.
158 Teil 2:A.II.3.b.aa.
159 Teil 2:A.II.3.b.bb.
160 Teil 2:A.II.3.b.cc.
161 BGH, Beschluss vom 23.6.2020, KVR 69/19, BGHZ 226, 67, Rn. 108 = MMR 2021, 48, Rn. 108; *Ziegenhorn/von Heckel*, NVwZ 2016, 1585 (1588); *Schulz*, in: Gola/Heckmann, DSGVO, Art. 6 Rn. 27; *Heckmann/Scheurer*, in: jurisPK Internetrecht, Kap. 9 Rn. 365; *Heinzke/Engel*, ZD 2020, 189 (189); *Wagner*, ZD-Aktuell 2018, 06103; *Schantz*, in: Simitis/Hornung/Spiecker gen. Döh-

zweck kann als Basis für die Begriffsbestimmung dienen.[162] Insoweit zeigt das Telos von Art. 6 Abs. 1 UAbs. 1 lit. b Alt. 1 DSGVO, dass der Vertragsbegriff ein Freiwilligkeitselement beinhaltet.[163]

bb. Abgrenzung zu Art. 6 Abs. 1 UAbs. 1 lit. c DSGVO

Während Art. 6 Abs. 1 UAbs. 1 lit. c DSGVO den Fall einer „Verpflichtung kraft Rechts der Union oder eines Mitgliedstaates" betrifft, erfasst Art. 6 Abs. 1 UAbs. 1 lit. b DSGVO vertragliche Verpflichtungen auf Basis einer autonom getroffenen Entscheidung.[164] Art. 6 Abs. 1 UAbs. 1 lit. c DSGVO umfasst keine vertraglich begründeten Pflichten.[165] Gleichzeitig fallen gesetzliche Schuldverhältnisse nicht unter Art. 6 Abs. 1 UAbs. 1 lit. b DSGVO.[166] Sie bestehen gerade nicht aufgrund einer autonomen Entscheidung der betroffenen Person.[167] Art. 6

---

mann, Datenschutzrecht, DSGVO, Art. 6 Abs. 1 Rn. 15; *Indenhuck/Britz*, BB 2019, 1091 (1093 f.); *Scheibenpflug*, Personenbezogene Daten als Gegenleistung, S. 219; *Zehelein*, NJW 2019, 3047 (3048); wohl auch *Steinmetz*, Kontrollsperre bei Verträgen über immaterielle Gegenstände, S. 306; in diese Richtung auch *Buchner/Petri*, in: Kühling/Buchner, DSGVO, Art. 6 Rn. 26 ff.; ähnlich *Kramer*, in: Eßer/Kramer/von Lewinski, DSGVO, Art. 6 Rn. 29, der darüber hinaus auch noch den „objektiv übereinstimmenden Willen der Vertragsparteien" als maßgeblich ansieht; ähnlich *Spindler/Dalby*, in: Spindler/Schuster, Recht der elektronischen Medien, DSGVO, Art. 6 Rn. 5, die die Basis in der „willensgetragenen Vereinbarung des Betroffenen mit seinem Vertragspartner" sehen.

162 *Niggl*, in: Selzer, Datenschutzrecht, DSGVO, Art. 6 Rn. 16; den Normzweck ebenfalls zur Auslegung des Vertragsbegriffs heranziehend *Albers/Veit*, in: BeckOK Datenschutzrecht, DSGVO, Art. 6 Rn. 42.

163 *Niggl*, in: Selzer, Datenschutzrecht, DSGVO, Art. 6 Rn. 16.

164 VG Hannover, Urteil vom 9.11.2021, 10 A 502/19, ZD 2022, 182, Rn. 32. Das OVG Lüneburg hat den Antrag auf Zulassung der Berufung gegen dieses Urteil abgelehnt, OVG Lüneburg, Beschluss vom 23.1.2024, 14 LA 1/24, PharmR 2024, 178.

165 *Wolff*, in: Schantz/Wolff, Das neue Datenschutzrecht, Rn. 591; *Feiler/Forgó*, DSGVO, Art. 6 Rn. 11.

166 *Wolff*, in: Schantz/Wolff, Das neue Datenschutzrecht, Rn. 546; *Schantz*, in: Simitis/Hornung/Spiecker gen. Döhmann, Datenschutzrecht, DSGVO, Art. 6 Abs. 1 Rn. 17; *Kramer*, in: Eßer/Kramer/von Lewinski, DSGVO, Art. 6 Rn. 34; *Schulz*, in: Gola/Heckmann, DSGVO, Art. 6 Rn. 27; *Loosen*, Die Rückabwicklung des Vertrages Daten gegen Leistung, S. 68.

167 *Schantz*, in: Simitis/Hornung/Spiecker gen. Döhmann, Datenschutzrecht, DSGVO, Art. 6 Abs. 1 Rn. 17; *Kramer*, in: Eßer/Kramer/von Lewinski, DSGVO, Art. 6 Rn. 34.

Abs. 1 UAbs. 1 lit. b DSGVO setzt Disponibilität voraus, die Art. 6 Abs. 1 UAbs. 1 lit. c DSGVO fremd ist.[168]

cc. Freiwilligkeit der betroffenen Person

In datenschutzrechtlicher Hinsicht ist gerade die Freiwilligkeit der betroffenen Person maßgeblich.[169] Die DSGVO fordert im Rahmen von Art. 6 Abs. 1 UAbs. 1 lit. b Alt. 1 DSGVO eine „aktive Beteiligung" der betroffenen Person.[170] Dies wird besonders daran deutlich, dass diese Vertragspartei sein muss.[171]

Der besondere Stellenwert der Freiwilligkeit der betroffenen Person in Art. 6 Abs. 1 UAbs. 1 lit. b Alt. 1 DSGVO muss auch bei der Bestimmung des Vertragsbegriffs berücksichtigt werden.[172] Dem entsprechen die Überlegungen in der Literatur, nur einseitig verpflichtende Rechtsgeschäfte unter den Vertragsbegriff des Art. 6 Abs. 1 UAbs. 1 lit. b Alt. 1 DSGVO zu fassen, die durch die betroffene Person eingegangen wurden.[173]

c. Verpflichtung

Im Folgenden wird gezeigt, dass sich aus der DSGVO Rückschlüsse auf ein Verpflichtungs-, beziehungsweise Verbindlichkeitselement[174] ergeben. Hierfür werden zunächst Art. 28 Abs. 3 UAbs. 1 S. 1, Abs. 4 DSGVO,[175] Art. 40 Abs. 3 S. 2 DSGVO sowie Art. 42 Abs. 2

---

168 *Schwartmann/Klein*, in: Schwartmann/Jaspers/Thüsing/Kugelmann, DSGVO, Art. 6 Rn. 41 unter Verweis auf EDSA, Leitlinien 2/2019, Rn. 13.
169 Siehe hierzu die Nachweise in Fn. 106.
170 *Kazemi*, DSGVO in der anwaltlichen Beratungspraxis, § 4 Rn. 139.
171 *Kazemi*, DSGVO in der anwaltlichen Beratungspraxis, § 4 Rn. 139; zum Zusammenhang zwischen der Stellung als Vertragspartei und der informationellen Selbstbestimmung auch *Ziegenhorn/von Heckel*, NVwZ 2016, 1585 (1588).
172 Siehe hierzu die Nachweise in Fn. 106 sowie dazu, dass der Normzweck Ausgangsunkt der Begriffsbestimmung sein kann Fn. 162.
173 Teil 2:A.III.2 sowie die Nachweise in Fn. 240.
174 Vgl. Generalanwalt *Jacobs*, Schlussanträge vom 8.7.2004, C-27/02, EU:C:2004:414, Rn. 39 – Engler, der in diesem Sinne die Rechtsprechung des EuGH im europäischen Zivilverfahrensrecht zusammenfasst und feststellt, dass „[v]ertragliche Ansprüche […] freiwillig eingegangene bindende Verpflichtungen [sind].".
175 Teil 2:A.II.3.c.aa.

S. 2 DSGVO[176] und Art. 13 Abs. 2 lit. e DSGVO[177] betrachtet. Im Anschluss wird das fehlende Widerrufs-[178] beziehungsweise Widerspruchsrecht[179] bei auf Art. 6 Abs. 1 UAbs. 1 lit. b Alt. 1 DSGVO gestützten Verarbeitungen behandelt. Schließlich wird der Zusammenhang zwischen Vertragserfüllung und Verpflichtung thematisiert.[180]

aa. Art. 28 Abs. 3 UAbs. 1 S. 1, Abs. 4 DSGVO

Erkenntnisse für die Auslegung des Vertragsbegriffs in Art. 6 Abs. 1 UAbs. 1 lit. b Alt. 1 DSGVO liefern zunächst die Regelungen zur Auftragsverarbeitung, insbesondere Art. 28 Abs. 3 UAbs. 1 S. 1 DSGVO.[181] Die Auftragsverarbeitung betrifft nach Art. 4 Nr. 8 DSGVO Szenarien, in denen „eine natürliche oder juristische Person, Behörde, Einrichtung oder andere Stelle, [...] personenbezogene Daten im Auftrag des Verantwortlichen verarbeitet".

In der datenschutzrechtlichen Praxis werden personenbezogene Daten häufig arbeitsteilig verarbeitet.[182] So kann der Auftragsverarbeiter als Dienstleister etwa bestimmte Verarbeitungsschritte übernehmen oder Infrastruktur bereitstellen.[183] Die Vorschriften zur Auftragsverarbeitung berücksichtigen diese arbeitsteilige Situation.[184] Ihr Zweck besteht darin, die Auslagerung von Datenverarbeitungen „unter zugleich erleichterten und sachbereichsspezifisch erschwerten Voraussetzungen zu ermöglichen".[185]

---

176 Teil 2:A.II.3.c.bb.
177 Teil 2:A.II.3.c.cc.
178 Teil 2:A.II.3.c.dd.
179 Teil 2:A.II.3.c.ee.
180 Teil 2:A.II.3.c.ff.
181 Vgl. zu den systematischen Unterschieden, insbesondere hinsichtlich der Vorgabe von Vertragsinhalten *Britz/Indenhuck*, in: Heinze, Daten, Plattformen und KI als Dreiklang unserer Zeit, 47 (56), die aus Art. 28 Abs. 3 DSGVO den Umkehrschluss ziehen, dass für Art. 6 Abs. 1 UAbs. 1 lit. b Alt. 1 DSGVO gerade keine Vorgaben zum Vertragsinhalt bestehen. Siehe hierzu unter Teil 2:D.II.1 bzw. Teil 2:D.IV.1.; ebenso *Britz/Indenhuck*, ZD 2023, 13 (16).
182 *Gabel/Lutz*, in: Taeger/Gabel, DSGVO, Art. 28 Rn. 1.
183 *Bertermann*, in: Ehmann/Selmayr, DSGVO, Art. 28 Rn. 1.
184 *Gabel/Lutz*, in: Taeger/Gabel, DSGVO, Art. 28 Rn. 1.
185 *Spoerr*, in: BeckOK Datenschutzrecht, DSGVO, Art. 28 Rn. 1.

Nach Art. 28 Abs. 3 UAbs. 1 S. 1 DSGVO erfolgt die Auftragsverarbeitung „auf der Grundlage eines Vertrags oder eines anderen Rechtsinstruments nach dem Unionsrecht oder dem Recht der Mitgliedstaaten, der bzw. das den Auftragsverarbeiter in Bezug auf den Verantwortlichen bindet". Dabei ist die Bindungswirkung des Auftragsverarbeiters im Verhältnis zum Verantwortlichen wesentlich.[186] Die Formulierung von Art. 28 Abs. 3 UAbs. 1 S. 1 DSGVO zeigt, dass der Verordnungsgeber von der Notwendigkeit einer Bindungswirkung des Vertrags ausgegangen ist. Dies hebt der Einschub „der bzw. das" nochmals hervor.

Der Auftragsverarbeiter kann unter den Voraussetzungen von Art. 28 Abs. 2 und Abs. 4 DSGVO weitere (Unter-)auftragsverarbeiter einschalten.[187] Dem weiteren Auftragsverarbeiter werden „im Wege eines Vertrags […] dieselben Datenschutzpflichten auferlegt, die in dem Vertrag […] zwischen dem Verantwortlichen und dem Auftragsverarbeiter gemäß Absatz 3 festgelegt sind". Auch diese Formulierung spricht dafür, dass der Verordnungsgeber das Instrument des Vertrags unmittelbar mit Pflichten in Verbindung bringt.

Diese Verbindlichkeitserwägungen lassen sich auf den Vertragsbegriff in Art. 6 Abs. 1 UAbs. 1 lit. b Alt. 1 DSGVO übertragen. Die Regelungen in Art. 28 Abs. 3 UAbs. 1 S. 1, Abs. 4 DSGVO sprechen insoweit dafür, dass auch ein Vertrag im Sinne von Art. 6 Abs. 1 UAbs. 1 lit. b Alt. 1 DSGVO eine Verpflichtung voraussetzt.

bb. Art. 40 Abs. 3 S. 2, Art. 42 Abs. 2 S. 2 DSGVO

Der Wortlaut von Art. 40 Abs. 3 S. 2 DSGVO beziehungsweise Art. 42 Abs. 2 S. 2 DSGVO unterstreicht diese Wertung. Die Vorschriften zu Verhaltensregeln in Art. 40 DSGVO sowie zur Zertifizierung in Art. 42 DSGVO betreffen den Fall der (regulierten) Selbstregulierung.[188] Sowohl Art. 40 Abs. 3 S. 2 DSGVO als auch Art. 42 Abs. 2 S. 2 DSGVO fordern – für dort näher bestimmte Fälle – eine „mittels vertraglicher oder sonstiger rechtlich bindender Instrumente […] verbindliche und durchsetzbare Verpflichtung".

---

186 *Klug*, in: Gola/Heckmann, DSGVO, Art. 28 Rn. 7.
187 *Martini*, in: Paal/Pauly, DSGVO, Art. 28 Rn. 59.
188 Siehe hierzu den Überblick bei *Stürmer*, Regulierte Selbstregulierung im europäischen Datenschutzrecht, S. 63 ff. mwN.

cc. Art. 13 Abs. 2 lit. e DSGVO

Auch Art. 13 Abs. 2 lit. e DSGVO bringt Vertrag und Verpflichtung miteinander in Verbindung. Nach Art. 13 DSGVO muss der Verantwortliche die betroffene Person über den Rahmen der Datenverarbeitung informieren.[189] Nach Art. 13 Abs. 2 lit. e DSGVO besteht insbesondere eine Informationspflicht darüber, „ob die Bereitstellung der personenbezogenen Daten gesetzlich oder vertraglich vorgeschrieben oder für einen Vertragsabschluss erforderlich ist, ob die betroffene Person verpflichtet ist, die personenbezogenen Daten bereitzustellen, und welche möglichen Folgen die Nichtbereitstellung hätte". Zwar irritiert der Wortlaut der Vorschrift und trägt weder zu einer klaren Struktur noch zu einem einfachen Verständnis bei.[190] Eine Bereitstellungspflicht im Sinne der Vorschrift kann jedoch gerade bei einem Vertrag im Sinne von Art. 6 Abs. 1 UAbs. 1 lit. b Alt. 1 DSGVO vorliegen.[191] Daran wird erneut deutlich, dass die DSGVO von einem Vertragsverständnis mit Verpflichtungselement ausgeht. Besonders betont das die Formulierung „vertraglich vorgeschrieben" in Art. 13 Abs. 2 lit. e DSGVO.

dd. Kein Widerrufsrecht

Schließlich zeigt ein Vergleich mit der datenschutzrechtlichen Einwilligung, dass Verbindlichkeit ein wesentliches Prinzip im Rahmen von Art. 6 Abs. 1 UAbs. 1 lit. b Alt. 1 DSGVO ist.[192] Nach Art. 7 Abs. 3 S. 1 DSGVO kann die betroffene Person ihre Einwilligung jederzeit widerrufen. Im Gegensatz dazu besteht bei Art. 6 Abs. 1 UAbs. 1 lit. b Alt. 1 DSGVO kein Widerrufsrecht.[193]

---

189 *Schantz*, in: Schantz/Wolff, Das neue Datenschutzrecht, Rn. 1150.

190 *Bäcker*, in: Kühling/Buchner, DSGVO, Art. 13 Rn. 41; ähnlich *Schmidt-Wudy*, in: BeckOK Datenschutzrecht, DSGVO, Art. 13 Rn. 75; *Kamlah*, in: Plath, DSGVO, Art. 13 Rn. 22 sieht die Vorschrift als „gänzlich missglückt".

191 *Bäcker*, in: Kühling/Buchner, DSGVO, Art. 13 Rn. 43; *Mester*, in: Taeger/Gabel, DSGVO, Art. 13 Rn. 23.

192 *Bunnenberg*, Privates Datenschutzrecht, S. 57 f.; zum Verhältnis von Art. 6 Abs. 1 UAbs. 1 lit. b Alt. 1 DSGVO zur datenschutzrechtlichen Einwilligung unter Teil 2:D.IV.

193 *Wendehorst/von Westphalen*, NJW 2016, 3745 (3747); *Bunnenberg*, Privates Datenschutzrecht, S. 57; *Uecker*, ZD 2019, 248 (249); zu § 28 Abs. 1 S. 1 Nr. 1 BDSG aF *Langhanke*, Daten als Leistung, S. 103.

ee. Kein Widerspruchsrecht

Der Verordnungsgeber hat ebenfalls davon abgesehen, der betroffenen Person ein Widerspruchsrecht bei auf Art. 6 Abs. 1 UAbs. 1 lit. b Alt. 1 DSGVO gestützten Datenverarbeitungen zuzugestehen.[194] Ein Widerspruchsrecht besteht nur bei einer Verarbeitung nach Art. 6 Abs. 1 UAbs. 1 lit. f oder lit. e DSGVO und gerade nicht in den Fällen von Art. 6 Abs. 1 UAbs. 1 lit. a–d DSGVO.[195]

ff. Vertragserfüllung und Verpflichtung

Auch die Systematik von Art. 6 Abs. 1 UAbs. 1 lit. b Alt. 1 DSGVO selbst weist ein Verpflichtungselement auf. Das zeigt das Tatbestandsmerkmal „Erfüllung eines Vertrags".[196] Der EuGH geht in ständiger Rechtsprechung davon aus, dass für die Anwendbarkeit des Gerichtsstands des Erfüllungsortes „die Feststellung einer Verpflichtung unerlässlich [ist], da sich die gerichtliche Zuständigkeit […] nach dem Ort bestimmt, an dem die […] Verpflichtung erfüllt worden ist oder zu erfüllen wäre."[197] Zwar geht das Merkmal der „Erfüllung eines Vertrags" in Art. 6 Abs. 1 UAbs. 1 lit. b Alt. 1 DSGVO über die bloße Erfüllung von Pflichten hinaus.[198] Allerdings zeigt die Rechtsprechung des EuGH unabhängig von der Auslegung der jeweiligen Erfüllungsbegriffe, dass Verpflichtung und Vertragserfüllung in einem engen Zusammenhang stehen.

d. Zwischenergebnis

Die in der Rechtsprechung des EuGH entwickelte Vertragsdefinition liefert trotz bestehender Bedenken auch Chancen für die Bestimmung

---

194 *Uecker*, ZD 2019, 248 (249).

195 *Forgó*, in: BeckOK Datenschutzrecht, DSGVO, Art. 21 Rn. 16 f.

196 Angedeutet bei *Buchner/Petri*, in: Kühling/Buchner, DSGVO, Art. 6 Rn. 30, Fn. 68.

197 EuGH, Urteil vom 11.11.2020, C-433/19, EU:C:2020:900, Rn. 37 – Ellmes Property Services Limited; EuGH, Urteil vom 5.12.2019, C-421/18, EU:C:2019:1053, Rn. 26 – Ordre des avocats du barreau de Dinant; ähnlich EuGH, Urteil vom 8.5.2019, C-25/18, EU:C:2019:376, Rn. 24 – Kerr; ähnlich EuGH, Urteil vom 17.9.2002, C-334/00, EU:C:2002:499, Rn. 22 – Tacconi.

198 Siehe hierzu unten Teil 2:C.

des Vertragsbegriffs in Art. 6 Abs. 1 UAbs. 1 lit. b Alt. 1 DSGVO.[199] Eine systematische Untersuchung der DSGVO bestätigt, dass der Vertragsbegriff in Art. 6 Abs. 1 UAbs. 1 lit. b Alt. 1 DSGVO ein Freiwilligkeits-[200] und ein Verpflichtungselement[201] enthält.[202]

Der Vertragsbegriff des EuGH kann jedoch nicht uneingeschränkt übertragen werden. Als datenschutzrechtliche Besonderheit muss berücksichtigt werden, dass die Freiwilligkeit der betroffenen Person maßgeblich ist.[203] Die von *Kohler*[204] und *Golland*[205] angesprochenen Kriterien der Rechtsprechung des EuGH müssen um die bestehenden Überlegungen zum besonderen Stellenwert der Freiwilligkeit der betroffenen Person[206] ergänzt werden. Ein „Vertrag" im Sinne von Art. 6 Abs. 1 UAbs. 1 lit. b Alt. 1 DSGVO ist daher eine durch die betroffene Person freiwillig eingegangene Verpflichtung.

III. Ausgewählte Rechtsverhältnisse

Diese Definition wird in den folgenden Abschnitten kritisch erprobt. Hierfür werden ausgewählte Rechtsverhältnisse des deutschen Zivilrechts darauf untersucht, ob sie unter den identifizierten Vertragsbegriff fallen. Dabei wird jeweils die bestehende datenschutzrechtliche Diskussion um diese Rechtsverhältnisse aufgegriffen, um gegebenenfalls weiteren Anpassungsbedarf zu identifizieren.

Der Fokus liegt auf Rechtsverhältnissen, deren Einordnung im europäischen Zivilverfahrensrecht und dem internationalen Privatrecht besonders diskutiert wird.[207] Um den unionsrechtlichen Fokus der Arbeit

---

199 Teil 2:A.II.3.a.
200 Teil 2:A.II.3.b.
201 Teil 2:A.II.3.c.
202 Siehe zu entsprechenden Ansätzen bereits die Nachweise in Fn. 151.
203 Teil 2:A.II.3.b.cc.
204 *Kohler*, RDIPP 52/2 (2016), 653 (665 f.).
205 *Golland*, ZD 2020, 397 (401).
206 Teil 2:A.II.3.b.cc.
207 Siehe hierzu beispielsweise den Überblick bei *Leible*, in: Rauscher, Brüssel Ia-VO, Art. 7 Rn. 26 ff; ebenso bei *Gottwald*, in: MüKo-ZPO, Brüssel Ia-VO, Art. 7 Rn. 5 ff.; siehe ferner die Diskussion bei *Reiher*, Der Vertragsbegriff im europäischen Internationalen Privatrecht, S. 71 ff./156 ff.

beizubehalten, werden bestehende Streitigkeiten im nationalen Zivilrecht nicht im Einzelnen nachgezeichnet.

Vor diesem Hintergrund wird die Einordnung von Gefälligkeitsverhältnissen,[208] einseitig verpflichtenden Rechtsgeschäften,[209] Verträgen unter Kontrahierungszwang[210] und Mitgliedschaften[211] behandelt. Schließlich werden die Geschäftsführung ohne Auftrag[212] sowie verfügende Verträge[213] darauf untersucht, ob sie Verträge im Sinne von Art. 6 Abs. 1 UAbs. 1 lit. b Alt. 1 DSGVO sind.

1. Gefälligkeitsverhältnisse

Gefälligkeitsverhältnisse zeichnen sich durch Unverbindlichkeit aus.[214] Es fehlt also gerade an einem Verpflichtungselement.[215] Ob daneben auch Gefälligkeitsverhältnisse mit rechtsgeschäftlichem Charakter mit Schutzpflichten nach § 241 Abs. 2 BGB zivilrechtlich anzuerkennen sind, ist umstritten.[216]

Nach einer Ansicht sind Gefälligkeitsverhältnisse Verträge im Sinne von Art. 6 Abs. 1 UAbs. 1 lit. b Alt. 1 DSGVO.[217] Zwar sei ein Gefälligkeitsverhältnis mangels Rechtsbindungswillens kein Vertrag im Sinne des deutschen Schuldrechts, dies sei wegen der unionsautono-

---

208 Teil 2:A.III.1.
209 Teil 2:A.III.2.
210 Teil 2:A.III.3.
211 Teil 2:A.III.4.
212 Teil 2:A.III.5.
213 Teil 2:A.III.6.
214 *Olzen*, in: Staudinger, BGB, § 241 Rn. 71 mwN; *Bachmann*, in: MüKo-BGB, § 241 Rn. 232 mwN.
215 Siehe im Kontext des IPR für seinen aus den Merkmalen „Freiwilligkeit", „Verpflichtung" und „Konsens" bestehenden Vertragsbegriff *Reiher*, Der Vertragsbegriff im europäischen Internationalen Privatrecht, S. 156 f. mwN.
216 Zum Begriff und Meinungsstand *Bachmann*, in: MüKo-BGB, § 241 Rn. 234 und 247 ff. mwN; *Olzen*, in: Staudinger, BGB, § 241 Rn. 404 ff. mwN.
217 *Bernzen*, in: Korch/Köhler, Schwärme im Recht, 145 (154); *Arning*, in: Moos/Schefzig/Arning, Praxishdb. DSGVO, Kap. 5 Rn. 27; *Wilmer*, in: Jandt/Steinle, Datenschutz im Internet, Kap. B.II. Rn. 29 jedenfalls „[s]oweit diese auf einer autonomen Entscheidung des Betroffenen beruhen"; ähnlich *Mantz/Marosi*, in: Specht/Mantz, Hdb. Europäisches und deutsches Datenschutzrecht, § 3 Rn. 59, nach denen die autonome Entscheidung für die Einordnung maßgeblich sei; wohl auch *Niggl*, in: Selzer, Datenschutzrecht, DSGVO, Art. 6 Rn. 18.

men Auslegung des Vertragsbegriffs jedoch irrelevant.[218] Auch spreche die Systematik von Art. 6 Abs. 1 UAbs. 1 lit. b DSGVO dafür.[219] Denn Art. 6 Abs. 1 UAbs. 1 lit. b Alt. 2 DSGVO erfasse die Durchführung vorvertraglicher Maßnahmen, ohne dass in diesem Stadium Rechte und Pflichten der Parteien bestehen.[220] Zudem liege bereits in der Entscheidung ein Gefälligkeitsverhältnis einzugehen eine autonome Entscheidung der betroffenen Person.[221] Die „grundrechtlich geschützte[…] Selbstbestimmung der betroffenen Person" rechtfertige insoweit ein Überwinden eines Verpflichtungselements.[222]

Überzeugender ist jedoch, Gefälligkeitsverhältnisse nicht grundsätzlich als Verträge im Sinne von Art. 6 Abs. 1 UAbs. 1 lit. b Alt. 1 DSGVO anzusehen.[223] Voraussetzung hierfür ist vielmehr, dass das Gefälligkeitsverhältnis mit (Neben-)Pflichten einhergeht.[224] Das setzt freilich voraus, dass man diese Kategorie zivilrechtlich anerkennt.[225]

---

218 *Bernzen*, in: Korch/Köhler, Schwärme im Recht, 145 (154) mit Verweis auf *Grüneberg*, in: Grüneberg, BGB, 81. Aufl. 2022, vor § 241 Rn. 7 mwN für die Abgrenzung von Gefälligkeitsverhältnis und Vertrag im deutschen Schuldrecht.

219 *Bernzen*, in: Korch/Köhler, Schwärme im Recht, 145 (154).

220 *Bernzen*, in: Korch/Köhler, Schwärme im Recht, 145 (154) mit Verweis auf *Buchner/Petri*, in: Kühling/Buchner, DSGVO, 3. Auflage 2020, Art. 6 Rn. 35 dafür, dass Art. 6 Abs. 1 UAbs. 1 lit. b Alt. 2 DSGVO keine rechtlich verbindlichen Erklärungen fordere.

221 *Bernzen*, in: Korch/Köhler, Schwärme im Recht, 145 (154) mwN dafür, dass Art. 6 Abs. 1 UAbs. 1 lit. b Alt. 1 DSGVO eine autonome Entscheidung für eine rechtmäßige Datenverarbeitung voraussetzt; *Kühling/Klar/Sackmann*, Datenschutzrecht, Kap. 2 Rn. 380; *Niggl*, in: Selzer, Datenschutzrecht, DSGVO, Art. 6 Rn. 18; *Arning*, in: Moos/Schefzig/Arning, Praxishdb. DSGVO, Kap. 5 Rn. 27.

222 *Bernzen*, in: Korch/Köhler, Schwärme im Recht, 145 (154).

223 *Buchner/Petri*, in: Kühling/Buchner, DSGVO, Art. 6 Rn. 30; *Golland*, ZD 2020, 397 (401); jedenfalls „reine Gefälligkeitsverhältnisse" (Hervorhebung im Original) sind nach *Reimer*, in: Sydow/Marsch, DSGVO, Art. 6 Rn. 22, Fn. 62 nicht erfasst.

224 *Buchner/Petri*, in: Kühling/Buchner, DSGVO, Art. 6 Rn. 30; *Golland*, ZD 2020, 397 (401); *Albers/Veit*, in: BeckOK Datenschutzrecht, DSGVO, Art. 6 Rn. 42, die wegen „des vergleichbaren Schutzbedarfs […] auch Gefälligkeitsverhältnisse mit rechtsgeschäftlichem Charakter erfass[en]"; zustimmend *Heckmann/Scheurer*, in: jurisPK Internetrecht, Kap. 9 Rn. 367.

225 Siehe zum Meinungsstand die Nachweise bei *Bachmann*, in: MüKo-BGB, § 241 Rn. 248.

Jedenfalls spricht aus datenschutzrechtlicher Sicht für eine solche Einordnung, dass Art. 6 Abs. 1 UAbs. 1 lit. b Alt. 1 DSGVO die Erfüllung eines Vertrags und damit das Bestehen von erfüllbaren vertraglichen Pflichten voraussetzt.[226] Eine „reine Gefälligkeit" ohne Rechtspflichten ist kein Vertrag.[227] Auch der Vergleich mit Art. 6 Abs. 1 UAbs. 1 lit. b Alt. 2 DSGVO überzeugt nicht. Selbst wenn ein Gefälligkeitsverhältnis unter die zweite Alternative der Norm zu fassen wäre,[228] ergeben sich hieraus keine Rückschlüsse für den Vertragsbegriff der ersten Alternative. Das Abarbeiten des Pflichtenprogramms steht bei der ersten Alternative – anders als bei der zweiten – gerade im Vordergrund.[229]

2. Einseitig verpflichtende Rechtsgeschäfte

Als einseitig verpflichtende Rechtsgeschäfte sind zunächst die Auslobung (§ 657 BGB) und das Preisausschreiben (§ 661 BGB) einzuordnen.[230] Die Einordnung der Gewinnzusage (§ 661a BGB) ist umstritten, sie kann jedoch ebenfalls als einseitig verpflichtendes Rechtsgeschäft qualifiziert werden.[231]

Die Kriterien aus der Rechtsprechung des EuGH erlauben eine vertragliche Qualifikation von einseitig verpflichtenden Rechtsgeschäf-

---

226 In diese Richtung *Buchner/Petri*, in: Kühling/Buchner, DSGVO, Art. 6 Rn. 30, Fn. 68.

227 *Golland*, ZD 2020, 397 (401); im Ergebnis auch *Buchner/Petri*, in: Kühling/ Buchner, DSGVO, Art. 6 Rn. 30.

228 Dafür wohl *Bernzen*, in: Korch/Köhler, Schwärme im Recht, 145 (154); dagegen *Schulz*, in: Gola/Heckmann, DSGVO, Art. 6 Rn. 33.

229 Vgl. allgemein hierzu *Wolff*, in: Schantz/Wolff, Das neue Datenschutzrecht, Rn. 568; vgl. allgemein zum fehlenden Pflichtenprogramm bei Alt. 2 *Schantz*, in: Simitis/Hornung/Spiecker gen. Döhmann, Datenschutzrecht, DSGVO, Art. 6 Abs. 1 Rn. 39.

230 Siehe zur Einordnung den Überblick bei *Urlaub*, Einseitig verpflichtende Rechtsgeschäfte im internationalen Privatrecht, S. 9 ff. mwN; vgl. auch *Bergmann/Möhrle/Herb*, DSGVO, Art. 6 Rn. 31, die diese Beispiele heranziehen.

231 Siehe den Überblick zum Streitstand bei *Urlaub*, Einseitig verpflichtende Rechtsgeschäfte im internationalen Privatrecht, S. 14 ff. mwN, zur Einordnung siehe S. 31; vgl. auch *Bergmann/Möhrle/Herb*, DSGVO, Art. 6 Rn. 31, die diese Beispiele heranziehen.

ten.[232] Insbesondere hat der EuGH die Gewinnzusage als vertraglich eingeordnet.[233]

In der datenschutzrechtlichen Literatur wird die Einordnung einseitiger Rechtsgeschäfte als Vertrag im Sinne des Art. 6 Abs. 1 UAbs. 1 lit. b Alt. 1 DSGVO teilweise abgelehnt.[234]

Nach anderer Ansicht fallen auch einseitig verpflichtende Rechtsgeschäfte unter den Vertragsbegriff in Art. 6 Abs. 1 UAbs. 1 lit. b Alt. 1 DSGVO.[235] Der Vertragsbegriff dürfe nicht zu eng verstanden werden.[236] Es könne keinen Unterschied machen, ob eine seitens des Verantwortlichen initiierte Datenverarbeitung in einseitigen oder aber in mehrseitigen Schuldverhältnissen erfolgt.[237] Die Gegenansicht verkenne, dass Art. 6 Abs. 1 UAbs. 1 lit. b DSGVO eine Gestattungsnorm zugunsten des Verantwortlichen und keine Schutznorm zugunsten der betroffenen Person sei.[238] Es genüge bereits, dass die betroffene Per-

---

232 *Urlaub*, Einseitig verpflichtende Rechtsgeschäfte im internationalen Privatrecht, S. 132; hierzu auch *Kropholler/von Hein*, Europäisches Zivilprozessrecht, Art. 5 EuGVO Rn. 10; *Wagner*, in: Stein/Jonas, EuGVVO, Art. 7 Rn. 26.

233 EuGH, Urteil vom 20.1.2005, C-27/02, EU:C:2005:33, Rn. 50 ff. – Engler; vgl. zur Einordnung dieser Rechtsprechung *Urlaub*, Einseitig verpflichtende Rechtsgeschäfte im internationalen Privatrecht, S. 132 ff.; kritisch zur Rechtsprechung des EuGH *Geimer*, in: Geimer/Schütze, Europäisches Zivilverfahrensrecht, EuGVVO, Art. 7 Rn. 70 mwN.

234 *Mantz/Marosi*, in: Specht/Mantz, Hdb. Europäisches und deutsches Datenschutzrecht, § 3 Rn. 59; *Bergmann/Möhrle/Herb*, DSGVO, Art. 6 Rn. 31; *Spindler/Dalby*, in: Spindler/Schuster, Recht der elektronischen Medien, DSGVO, Art. 6 Rn. 5; tendenziell auch *Buchner/Petri*, in: Kühling/Buchner, DSGVO, Art. 6 Rn. 28, die die Anwendbarkeit von Art. 6 Abs. 1 UAbs. 1 lit. b Alt. 1 DSGVO jedenfalls bei einseitiger Begründung durch den Verantwortlichen ablehnen; ähnlich *Albers/Veit*, in: BeckOK Datenschutzrecht, DSGVO, Art. 6 Rn. 42.

235 *Schwartmann/Klein*, in: Schwartmann/Jaspers/Thüsing/Kugelmann, DSGVO, Art. 6 Rn. 48; *Plath/Struck*, in: Plath, DSGVO, Art. 6 Rn. 12; *Sartor*, in: Spiecker gen. Döhmann/Papakonstantinou/Hornung/De Hert, GDPR, Art. 6 Rn. 34; wohl auch *Sun*, Personality Merchandising and the GDPR: An Insoluble Conflict?, S. 147; im Einzelnen unklar bei *Schulz*, in: Gola/Heckmann, DSGVO, Art. 6 Rn. 31, der einerseits eine Anwendbarkeit „nur für die Auslobung iSv §§ 657 f. BGB" sieht, sich sodann jedoch argumentativ auch auf das Preisausschreiben bezieht.

236 *Plath/Struck*, in: Plath, DSGVO, Art. 6 Rn. 12.

237 *Schulz*, in: Gola/Heckmann, DSGVO, Art. 6 Rn. 31.

238 *Schulz*, in: Gola/Heckmann, DSGVO, Art. 6 Rn. 31.

son beispielsweise freiwillig entscheiden kann, ob sie an einem Preisausschreiben teilnehmen möchte.[239]

Vorzugswürdig ist jedoch die wieder andere Ansicht, nach der nur einseitige Rechtsgeschäfte unter den Vertragsbegriff fallen, bei denen sich die betroffene Person einseitig verpflichtet hat.[240] Eine einseitige Begründung durch den Verantwortlichen genügt insoweit nicht, nötig ist vielmehr eine autonome Entscheidung der betroffenen Person.[241] Dies ergibt sich aus dem Telos der Norm.[242] Wenn diese Voraussetzung nicht vorliegt, muss auf Art. 6 Abs. 1 UAbs. 1 lit. f DSGVO zurückgegriffen werden.[243]

3. Verträge unter Kontrahierungszwang

Der Begriff „Kontrahierungszwang" wird nicht einheitlich definiert.[244] Es fehlt aber jedenfalls auf der Seite einer Partei an Freiwilligkeit.[245] Ein Kontrahierungszwang besteht beispielsweise nach § 21 Abs. 2 S. 3 LuftVG.[246] In der datenschutzrechtlichen Literatur werden Verträge unter Kontrahierungszwang bislang nicht vertieft diskutiert.[247]

---

239 *Schulz*, in: Gola/Heckmann, DSGVO, Art. 6 Rn. 31.
240 *Kramer*, in: Eßer/Kramer/von Lewinski, DSGVO, Art. 6 Rn. 33; *Schantz*, in: Simitis/Hornung/Spiecker gen. Döhmann, Datenschutzrecht, DSGVO, Art. 6 Abs. 1 Rn. 16; *Arning*, in: Moos/Schefzig/Arning, Praxishdb. DSGVO, Kap. 5 Rn. 28 f.; *Schmidt*, in: Freund/Schmidt/Heep/Roschek, DSGVO, Art. 6 Rn. 39; vgl. zur Darstellung dieser Ansicht auch *Niggl*, in: Selzer, Datenschutzrecht, DSGVO, Art. 6 Rn. 17.
241 *Albers/Veit*, in: BeckOK Datenschutzrecht, DSGVO, Art. 6 Rn. 42; *Kramer*, in: Eßer/Kramer/von Lewinski, DSGVO, Art. 6 Rn. 33; ähnlich auch *Arning*, in: Moos/Schefzig/Arning, Praxishdb. DSGVO, Kap. 5 Rn. 29.
242 *Albers/Veit*, in: BeckOK Datenschutzrecht, DSGVO, Art. 6 Rn. 42.
243 *Kramer*, in: Eßer/Kramer/von Lewinski, DSGVO, Art. 6 Rn. 33; *Arning*, in: Moos/Schefzig/Arning, Praxishdb. DSGVO, Kap. 5 Rn. 28.
244 *Kilian*, AcP 180 (1980), 47 (50); zum Begriff und den verschiedenen Definitionen *Busche*, Privatautonomie und Kontrahierungszwang, S. 110 f.
245 *Kilian*, AcP 180 (1980), 47 (50); *Schmidt-Kessel*, ZEuP 2004, 1019 (1031); *Reiher*, Der Vertragsbegriff im europäischen Internationalen Privatrecht, S. 173.
246 Siehe für einen Überblick zu verschiedenen Kategorien von Kontrahierungszwängen sowie entsprechenden Beispielen *Busche*, in: MüKo-BGB, Vor § 145 Rn. 14 ff.
247 Von einer Erfassung solcher Verträge durch Art. 6 Abs. 1 UAbs. 1 lit. b Alt. 1 DSGVO geht jedoch *Schulz*, in: Gola/Heckmann, DSGVO, Art. 7 Rn. 21 aus.

Aus datenschutzrechtlicher Perspektive ergibt sich eine Besonderheit. Das Eingehen der entsprechenden Verpflichtung erfolgt auf Seiten der betroffenen Person in vielen Fällen eines Kontrahierungszwangs freiwillig. Typischerweise unterliegt in erster Linie der Vertragspartner der betroffenen Person dem Konrahierungszwang.

Auch darüber hinaus erscheint es sachgerecht, Verträge unter Kontrahierungszwang im Ergebnis unter den Vertragsbegriff in Art. 6 Abs. 1 UAbs. 1 lit. b Alt. 1 DSGVO zu fassen.[248] Denn Kontrahierungszwang hebt nicht den vertraglichen Charakter von Verträgen unter Kontrahierungszwang auf.[249] So spricht § 21 Abs. 2 S. 3 LuftVG nach wie vor von einem „Beförderungsvertrag".[250] Das Freiwilligkeitskriterium findet daher – wie auch bei dem Vertragsbegriff in Art. 7 Nr. 1 lit. a Brüssel Ia-VO[251] – in dem hier behandelten Sonderfall keine Anwendung.

4. Mitgliedschaften

Ansprüche aus einem Mitgliedschaftsverhältnis[252] zwischen Verein und Mitgliedern hat der EuGH im europäischen Zivilverfahrensrecht als vertraglich eingeordnet.[253] Der Gerichtshof begründet dies damit, dass „der Beitritt zu einem privatrechtlichen Verein zwischen den Mit-

---

248 Vgl. für eine solche Einordnung *Schulz*, in: Gola/Heckmann, DSGVO, Art. 7 Rn. 21.

249 *Bydlinski*, AcP 180 (1980), 1 (21 ff.); *Reiher*, Der Vertragsbegriff im europäischen Internationalen Privatrecht, S. 174.

250 *Reiher*, Der Vertragsbegriff im europäischen Internationalen Privatrecht, S. 174, Fn. 882.

251 *Martiny*, in: FS Geimer, 641 (650); *Leible*, in: Rauscher, Brüssel Ia-VO, Art. 7 Rn. 23, 32 jedenfalls, solange die Parteien noch selbst Willenserklärungen abgegeben haben; für den Vertragsbegriff im Internationalen Privatrecht wohl *Reiher*, Der Vertragsbegriff im europäischen Internationalen Privatrecht, S. 173 f., der bei Kontrahierungszwang jedenfalls von einer vertraglichen Qualifizierung ausgeht und hierfür überdies am Beispiel von § 22 PersBefördG bei einem Taxifahrer eine Vorverlagerung des Freiwilligkeitskriteriums auf den „Zeitpunkt der Stellung des Taxilizenzvertrags" vornimmt; kritisch *Schmidt-Kessel*, ZEuP 2004, 1019 (1031), der darauf hinweist, dass dies praktisch überzeuge, dogmatisch aber nicht zwingend sei.

252 Zum Begriff der Mitgliedschaft *Schöpflin*, in: BeckOK BGB, § 38 Rn. 2 mwN.

253 EuGH, Urteil vom 20.1.2005, C-27/02, EU:C:2005:33, Rn. 47 – Engler; EuGH, Urteil vom 22.3.1983, C-34/82, EU:C:1983:87, Rn. 13 und 15 – Peters.

gliedern enge Bindungen gleicher Art schafft, wie sie zwischen den Parteien eines Vertrags bestehen".[254]

Teile der datenschutzrechtlichen Literatur vertreten, dass eine Mitgliedschaft kein Vertrag im Sinne von Art. 6 Abs. 1 UAbs. 1 lit. b Alt. 1 DSGVO sei.[255] Hiergegen spreche bereits der Wortlaut.[256] Die Konstellationen sollen vielmehr von Art. 6 Abs. 1 UAbs. 1 lit. f DSGVO erfasst sein.[257] Hier lasse sich ein sachgerechter Interessensausgleich im Rahmen der Abwägung erreichen.[258]

Überzeugender ist jedoch die Ansicht der Rechtsprechung sowie der Literatur, nach der auch die Mitgliedschaft unter den Vertragsbegriff in Art. 6 Abs. 1 UAbs. 1 lit. b Alt. 1 DSGVO fällt.[259] Für eine solche Einbeziehung von Mitgliedschaften spricht insbesondere die autonom getroffene Entscheidung der betroffenen Person.[260] Zudem besteht eine gewisse Nähe zu rechtsgeschäftlichen Schuldverhältnissen.[261]

---

254 EuGH, Urteil vom 20.1.2005, C-27/02, EU:C:2005:33, Rn. 47 – Engler; im Ergebnis auch EuGH, Urteil vom 22.3.1983, C-34/82, EU:C:1983:87, Rn. 13 und 15 – Peters.

255 *Bergmann/Möhrle/Herb*, DSGVO, Art. 6 Rn. 34; gegen eine Einordnung von Mitgliedschaften als vorvertragliche Maßnahme *Schulz*, in: Gola/Heckmann, 2. Auflage 2018, DSGVO, Art. 6 Rn. 31.

256 *Bergmann/Möhrle/Herb*, DSGVO, Art. 6 Rn. 34.

257 *Bergmann/Möhrle/Herb*, DSGVO, Art. 6 Rn. 34.

258 *Bergmann/Möhrle/Herb*, DSGVO, Art. 6 Rn. 34.

259 BGH, Beschluss vom 24.10.2023, II ZB 3/23, WM 2024, 20, Rn. 25; BGH, Beschluss vom 19.11.2019, II ZR 263/18, NZG 2020, 381, Rn. 30; OLG Hamm, Urteil vom 26.4.2023, 8 U 94/22, ZD 2023, 684, Rn. 64; *Buchner/Petri*, in: Kühling/Buchner, DSGVO, Art. 6 Rn. 30; *Schantz*, in: Simitis/Hornung/Spiecker gen. Döhmann, Datenschutzrecht, DSGVO, Art. 6 Abs. 1 Rn. 16; *Kazemi*, DSGVO in der anwaltlichen Beratungspraxis, § 4 Rn. 141; *Kühling/Klar/Sackmann*, Datenschutzrecht, Kap. 2 Rn. 380; *Arning*, in: Moos/Schefzig/Arning, Praxishdb. DSGVO, Kap. 5 Rn. 27; *Reimer*, in: Sydow/Marsch, DSGVO, Art. 6 Rn. 22; *Chatard/Horn*, ZIP 2019, 2242 (2245); *Wedde*, in: Däubler/Wedde/Weichert/Sommer, DSGVO, Art. 6 Rn. 29; *Korch*, ZEuP 2021, 792 (815); implizit *Nowak/Bornholdt*, RDV 2023, 362 (366); ebenso *Uecker*, ZD 2019, 248 (250); *Kramer*, in: Eßer/Kramer/von Lewinski, DSGVO, Art. 6 Rn. 32 jedenfalls „bei autonomer Entscheidung der betroffenen Person".

260 *Buchner/Petri*, in: Kühling/Buchner, DSGVO, Art. 6 Rn. 30; *Schantz*, in: Simitis/Hornung/Spiecker gen. Döhmann, Datenschutzrecht, DSGVO, Art. 6 Abs. 1 Rn. 16; *Kazemi*, DSGVO in der anwaltlichen Beratungspraxis, § 4 Rn. 141.

261 *Kazemi*, DSGVO in der anwaltlichen Beratungspraxis, § 4 Rn. 141.

5. Geschäftsführung ohne Auftrag

Die Geschäftsführung ohne Auftrag ist in den § 677 ff. BGB geregelt. Dabei besorgt der Geschäftsführer ein Geschäft für den Geschäftsherren „ohne von ihm beauftragt oder ihm gegenüber sonst dazu berechtigt zu sein".[262]

Datenverarbeitungen im Zusammenhang mit der Geschäftsführung ohne Auftrag werden teilweise dem Anwendungsbereich von Art. 6 Abs. 1 UAbs. 1 lit. b Alt. 1 DSGVO zugeordnet.[263] Hierfür spreche, dass die Geschäftsführung ohne Auftrag auf „freie Willensentschlüsse" beziehungsweise auf die Interessen der Beteiligten zurückzuführen sei.[264]

Die besseren Argumente sprechen jedoch dagegen, die Geschäftsführung ohne Auftrag als Vertrag im Sinne der Norm einzuordnen.[265] Es fehlt gerade eine privatautonome Entscheidung der betroffenen Person.[266] Das bloße Interesse des Geschäftsherrn genügt nicht.[267] Insoweit ist Art. 6 Abs. 1 UAbs. 1 lit. f DSGVO einschlägig.[268]

---

262 *Brox/Walker*, Besonderes Schuldrecht, § 35 Rn. 1 unter Bezugnahme auf den Wortlaut von § 677 BGB.

263 *Schwartmann/Klein*, in: Schwartmann/Jaspers/Thüsing/Kugelmann, DSGVO, Art. 6 Rn. 48; *Niggl*, in: Selzer, Datenschutzrecht, DSGVO, Art. 6 Rn. 18.

264 *Niggl*, in: Selzer, Datenschutzrecht, DSGVO, Art. 6 Rn. 18.

265 *Buchner/Petri*, in: Kühling/Buchner, DSGVO, Art. 6 Rn. 31; *Bergmann/Möhrle/Herb*, DSGVO, Art. 6 Rn. 31; *Frenzel*, in: Paal/Pauly, DSGVO, Art. 6 Rn. 13; *Mantz/Marosi*, in: Specht/Mantz, Hdb. Europäisches und deutsches Datenschutzrecht, § 3 Rn. 59; *Spindler/Dalby*, in: Spindler/Schuster, Recht der elektronischen Medien, DSGVO, Art. 6 Rn. 5; vgl. im europäischen Zivilverfahrensrecht OLG Köln, Urteil vom 13.5.2009, 6 U 217/08, IPRax 2011, 174, Rn. 6 f. mwN.

266 *Buchner/Petri*, in: Kühling/Buchner, DSGVO, Art. 6 Rn. 31.

267 *Buchner/Petri*, in: Kühling/Buchner, DSGVO, Art. 6 Rn. 31.

268 *Buchner/Petri*, in: Kühling/Buchner, DSGVO, Art. 6 Rn. 31; *Frenzel*, in: Paal/Pauly, DSGVO, Art. 6 Rn. 13; wohl auch *Bergmann/Möhrle/Herb*, DSGVO, Art. 6 Rn. 32.

6. Verfügende Verträge

Verfügende Verträge[269] fallen nicht in den Anwendungsbereich des Art. 7 Nr. 1 Brüssel Ia-VO.[270] Hierfür fehlt es an dem notwendigen Verpflichtungselement.[271] Für das Datenschutzrecht muss diese Besonderheit ebenfalls berücksichtigt werden. Verfügungsgeschäfte stellen wegen des fehlenden Verpflichtungselements keinen Vertrag im Sinne von Art. 6 Abs. 1 UAbs. 1 lit. b Alt. 1 DSGVO dar.

Gleichwohl können Datenverarbeitungen im Zusammenhang mit einem Verfügungsgeschäft in den Anwendungsbereich von Art. 6 Abs. 1 UAbs. 1 lit. b Alt. 1 DSGVO fallen. Dies ist jedenfalls der Fall, sofern das Verfügungsgeschäft der Erfüllung der Pflichten aus dem Vertrag dient.

7. Zwischenergebnis

Die Erprobung der hier vertretenen Definition[272] führt zu sachgerechten Ergebnissen. Demnach unterfallen Gefälligkeitsverhältnisse grundsätzlich nicht dem Vertragsbegriff.[273] Anders liegt es, wenn Gefälligkeitsverhältnisse mit (Neben)Pflichten einhergehen.[274] Dies setzt jedoch voraus, dass diese Kategorie überhaupt zivilrechtlich anerkannt wird.[275] Einseitig verpflichtende Rechtsgeschäfte können Verträge im Sinne von Art. 6 Abs. 1 UAbs. 1 lit. b Alt. 1 DSGVO sein, wenn sich die betroffene Person einseitig verpflichtet hat.[276] Verträge unter Kontrahierungszwang lassen sich ebenfalls unter den Vertragsbegriff fas-

---

269 Zum Begriff *Herresthal*, in: BeckOGK, BGB, § 311 Rn. 38: „Verfügungen (verfügende Verträge) sollen hingegen auf ein bestehendes Recht oder Rechtsverhältnis einwirken, indem sie dieses inhaltlich verändern, aufheben oder die Schuldner- oder Gläubigerstellung auf einen Dritten übertragen.".

270 *Leible*, in: Rauscher, Brüssel Ia-VO, Art. 7 Rn. 36; *Reiher*, Der Vertragsbegriff im europäischen Internationalen Privatrecht, S. 65 f. mwN; *Stadler/Krüger*, in: Musielak/Voit, ZPO, Brüssel Ia-VO, Art. 7 Rn. 4.

271 *Reiher*, Der Vertragsbegriff im europäischen Internationalen Privatrecht, S. 65 f. mwN.

272 Teil 2:A.II.3.d.

273 Teil 2:A.III.1.

274 Teil 2:A.III.1.

275 Teil 2:A.III.1.

276 Teil 2:A.III.2.

sen.[277] Auch Mitgliedschaften fallen unter den Vertragsbegriff.[278] Keine Verträge im Sinne von Art. 6 Abs. 1 UAbs. 1 lit. b Alt. 1 DSGVO sind die Geschäftsführung ohne Auftrag[279] sowie verfügende Verträge.[280]

IV. Wirksamkeit

Die folgenden Abschnitte behandeln die Wirksamkeitsanforderungen. Sie zeigen zunächst, dass ein Vertrag im Sinne von Art. 6 Abs. 1 UAbs. 1 lit. b Alt. 1 DSGVO wirksam sein muss.[281] Anschließend wird dargestellt, wie diese Wirksamkeit zu bestimmen ist.[282]

1. Wirksamkeit als Voraussetzung

Teilweise wird vertreten, dass ein Vertrag im Sinne von Art. 6 Abs. 1 UAbs. 1 lit. b Alt. 1 DSGVO auch nichtige und fehlerhafte Vertragsverhältnisse umfassen müsse.[283] Andernfalls könnte eine ex-tunc-Nichtigkeit wegen Irrtumsanfechtung (§ 142 Abs. 1 BGB) dazu führen, dass der Verantwortliche mit Wirkung für die Vergangenheit personenbezogene Daten ohne Rechtsgrundlage verarbeitet habe.[284] Art. 6 Abs. 1 UAbs. 1 lit. f DSGVO biete in diesem Fall keine adäquate Alternative, da dies für den Verantwortlichen mit zusätzlichen Risiken verbunden sei.[285]

Die besseren Argumente sprechen jedoch dafür, dass der Vertrag im Sinne von Art. 6 Abs. 1 UAbs. 1 lit. b Alt. 1 DSGVO wirksam sein muss.[286] Art. 6 Abs. 1 UAbs. 1 lit. b Alt. 1 DSGVO ist eine „Schar-

---

277 Teil 2:A.III.3.
278 Teil 2:A.III.4.
279 Teil 2:A.III.5.
280 Teil 2:A.III.6.
281 Teil 2:A.IV.1.
282 Teil 2:A.IV.2.
283 *Schwartmann/Klein*, in: Schwartmann/Jaspers/Thüsing/Kugelmann, DSGVO, Art. 6 Rn. 46.
284 *Schwartmann/Klein*, in: Schwartmann/Jaspers/Thüsing/Kugelmann, DSGVO, Art. 6 Rn. 46.
285 *Schwartmann/Klein*, in: Schwartmann/Jaspers/Thüsing/Kugelmann, DSGVO, Art. 6 Rn. 46.
286 *Kohler*, RDIPP 52/2 (2016), 653 (666); *Wendehorst/von Westphalen*, NJW 2016, 3745 (3749); *Hacker*, Datenprivatrecht, S. 262; *Heckmann/Scheurer*, in: jurisPK Internetrecht, Kap. 9 Rn. 367; *Specht*, in: Specht/Mantz, Hdb. Europäi-

niernorm zwischen dem Datenschutzrecht und dem allgemeinen Zivilrecht".[287] Nur bei einem wirksamen Vertrag besteht ein legitimes Interesse an der Datenverarbeitung.[288] Eine Datenverarbeitung auf Basis eines unwirksamen Vertrags ist nicht erforderlich im Sinne der Norm.[289] Das ergibt sich auch aus dem Telos der Vorschrift.[290] Dafür, dass Art. 6 Abs. 1 UAbs. 1 lit. b DSGVO von einem wirksamen Vertrag ausgeht, spricht zudem eine ansonsten bestehende Missbrauchsgefahr.[291] Ohne Wirksamkeitserfordernis könnte der Verantwortliche die Datenverarbeitung mit der bloßen Behauptung rechtfertigen, dass ein Vertrag mit der betroffenen Person bestehe.[292]

sches und deutsches Datenschutzrecht, § 9 Rn. 47; *Buchner/Petri*, in: Kühling/Buchner, DSGVO, Art. 6 Rn. 31; *Scheibenpflug*, Personenbezogene Daten als Gegenleistung, S. 218; *Heinzke/Engel*, ZD 2020, 189 (190); *Wilmer*, in: Jandt/Steidle, Datenschutz im Internet, Kap. B.II. Rn. 32; *Heberlein*, in: Ehmann/Selmayr, DSGVO, Art. 6 Rn. 13; *Schantz*, in: Simitis/Hornung/Spiecker gen. Döhmann, Datenschutzrecht, DSGVO, Art. 6 Abs. 1 Rn. 17; *Lüttringhaus*, ZVglRWiss 117 (2018), 50 (57); *Lüttringhaus*, in: Gebauer/Wiedmann, Europäisches Zivilrecht, Kap. 30 Rn. 52; *Feiler/Forgó*, DSGVO, Art. 6 Rn. 7; *Loosen*, Die Rückabwicklung des Vertrages Daten gegen Leistung, S. 68; *Knüppel*, Datenfinanzierte Apps als Gegenstand des Datenschutzrechts, S. 223; *Veit*, Einheit und Vielfalt im europäischen Datenschutzrecht, S. 233; EDSA, Leitlinien 2/2019, Rn. 26; dem EDSA grundsätzlich zustimmend *Arning*, in: Moos/Schefzig/Arning, Praxishdb. DSGVO, Kap. 5 Rn. 31; *Schrader*, Datenschutz Minderjähriger, S. 172; *Britz/Indenhuck*, in: Heinze, Daten, Plattformen und KI als Dreiklang unserer Zeit, 47 (52); *Nettesheim*, EU Law Live Weekend Edition (129) 2023, 3 (9); *Nettesheim*, Data Protection in Contractual Relationships (Art. 6 (1) (b) GDPR), S. 89; implizit auch *Nettesheim*, VerfBlog 12.10.22, Digitale Autonomie in Vertragsbeziehungen, Abschnitt IV.; *Mehlan*, MMR 2023, 552 (554); *Martini*, in: Martini/Möslein/Rostalski, Recht der Digitalisierung, § 2 Rn. 52, Fn. 64; dies als allgemeine Ansicht einordnend *Britz/Indenhuck*, ZD 2023, 13 (15); wohl ähnlich *Spindler/Dalby*, in: Spindler/Schuster, Recht der elektronischen Medien, DSGVO, Art. 6 Rn. 5, die jedenfalls „Rechtsgeschäfte die aufgrund von Willensmängeln nichtig sind" nicht unter Art. 6 Abs. 1 UAbs. 1 lit. b Alt. 1 DSGVO fassen.
287 *Hacker*, Datenprivatrecht, S. 262.
288 *Hacker*, Datenprivatrecht, S. 262.
289 *Kohler*, RDIPP 52/2 (2016), 653 (666); zustimmend *Lüttringhaus*, ZVglRWiss 117 (2018), 50 (57).
290 *Specht*, in: Specht/Mantz, Hdb. Europäisches und deutsches Datenschutzrecht, § 9 Rn. 47.
291 Vgl. wohl *Lüttringhaus*, in: Gebauer/Wiedmann, Europäisches Zivilrecht, Kap. 30 Rn. 52.
292 *Lüttringhaus*, in: Gebauer/Wiedmann, Europäisches Zivilrecht, Kap. 30 Rn. 52.

Trotz ex-tunc Wirkung der Anfechtung nach § 142 Abs. 1 BGB[293] wird die Datenverarbeitung auf Basis von Art. 6 Abs. 1 UAbs. 1 lit. b Alt. 1 DSGVO lediglich ex-nunc unwirksam, wenn sich die Anfechtbarkeit aus § 119 BGB oder § 120 BGB ergibt.[294] Dies ist wegen des Risikos der ansonsten – vorbehaltlich des Vorliegens anderer Rechtsgrundlagen – rückwirkend rechtsgrundlosen Datenverarbeitung sachgerecht.[295] Bei Anfechtbarkeit wegen arglistiger Täuschung oder widerrechtlicher Drohung im Sinne von § 123 BGB gilt dies nicht.[296]

Im Zeitpunkt des Wirksamwerdens des Vertrags beginnt die Anwendbarkeit von Art. 6 Abs. 1 UAbs. 1 lit. b Alt. 1 DSGVO.[297] Der Vertrag muss also jedenfalls wirksam zustande gekommen sein.[298] Die Wirksamkeit des Vertrags dient insoweit auch als maßgebliches Abgrenzungskriterium zwischen Art. 6 Abs. 1 UAbs. 1 lit. b Alt. 1 und Alt. 2 DSGVO.[299]

---

293 Hiervon werden teilweise Ausnahmen gemacht, siehe hierzu den Überblick bei *Busche*, in: MüKo-BGB, § 142 Rn. 17 ff. mwN; siehe ferner *Roth*, in: Staudinger, BGB, § 142 Rn. 32 ff. mwN.

294 Für eine Korrektur bei sämtlichen ex-tunc wirkenden Gestaltungsrechten *Feiler/Forgó*, DSGVO, Art. 6 Rn. 7; für § 119 Abs. 1 BGB *Specht*, in: Specht/Mantz, Hdb. Europäisches und deutsches Datenschutzrecht, § 9 Rn. 47; für § 119 BGB *Korch*, ZEuP 2021, 792 (816), Fn. 144; insoweit unklar bei *Schantz*, in: Simitis/Hornung/Spiecker gen. Döhmann, Datenschutzrecht, DSGVO, Art. 6 Rn. 17 nachdem jedenfalls nach Anfechtung kein Rückgriff mehr auf Art. 6 Abs. 1 UAbs. 1 lit. b Alt. 1 DSGVO möglich ist.

295 *Korch*, ZEuP 2021, 792 (816), Fn. 144.

296 Tendenziell *Specht*, in: Specht/Mantz, Hdb. Europäisches und deutsches Datenschutzrecht, § 9 Rn. 47: „Etwas anderes ließe sich wohl nur für den Fall der arglistigen Täuschung begründen."; implizit wohl auch *Korch*, ZEuP 2021, 792 (816), Fn. 144, der eine entsprechende Korrektur nur im Fall von § 119 BGB vornimmt; implizit wohl auch *Buchner/Petri*, in: Kühling/Buchner, DSGVO, Art. 6 Rn. 31, nach denen Art. 6 Abs. 1 UAbs. 1 lit. b Alt. 1 DSGVO „regelmäßig nicht in Betracht" kommt, wenn ein Fall der arglistigen Täuschung beziehungsweise Drohung nach § 123 BGB vorliegt; aA wohl *Feiler/Forgó*, DSGVO, Art. 6 Rn. 7.

297 In diese Richtung *Albers/Veit*, in: BeckOK Datenschutzrecht, DSGVO, Art. 6 Rn. 43, die jedenfalls voraussetzen, dass der Vertrag wirksam entstanden ist.

298 *Albers/Veit*, in: BeckOK Datenschutzrecht, DSGVO, Art. 6 Rn. 43.

299 Vgl. zum Vertragsschluss als zeitliches Abgrenzungskriterium der zweiten Alternative *Schantz*, in: Simitis/Hornung/Spiecker gen. Döhmann, Datenschutzrecht, DSGVO, Art. 6 Abs. 1 Rn. 40; zur zeitlichen Anwendbarkeit von Art. 6 Abs. 1 UAbs. 1 lit. b Alt. 2 DSGVO unter Teil 3:A.III.

Damit gelten andere Anforderungen als bei Art. 1 Abs. 1 S. 1 Rom I-VO, wo kein wirksamer Vertrag bestehen muss.[300] Auch für die Anwendbarkeit von Art. 7 Nr. 1 lit. a Brüssel Ia-VO ist kein wirksam zustande gekommener Vertrag erforderlich.[301]

2. Bestimmung der Wirksamkeit

Die Wirksamkeit eines Vertrags richtet sich nach nationalem Recht.[302] Das jeweils maßgebliche nationale Recht wird nach dem anwendbaren internationalen Privatrecht ermittelt.[303] Der Vertragsbegriff in Art. 6 Abs. 1 UAbs. 1 lit. b Alt. 1 DSGVO umfasst auch Verträge, die dem Recht von Staaten außerhalb des EWR unterliegen.[304]

Die DSGVO zielt nicht darauf ab, das nationale Vertragsrecht zu verändern.[305] Sie knüpft vielmehr daran an.[306] Daher enthält sie keine Ansatzpunkte zu Abschlussmodalitäten von Verträgen.[307] Auch finden sich in der DSGVO keine Wirksamkeitskriterien für Verträge.[308]

---

300 *von Hein*, in: Rauscher, Rom I-VO, Art. 1 Rn. 9 mwN.
301 *Wagner*, in: Stein/Jonas, EuGVVO, Art. 7 Rn. 28 mwN aus der Rechtsprechung des EuGH.
302 *Kohler*, RDIPP 52/2 (2016), 653 (662 f.); *Lüttringhaus*, ZVglRWiss 117 (2018), 50 (57); *Assion/Nolte/Veil*, in: Gierschmann/Schlender/Stentzel/Veil, DSGVO, Art. 6 Rn. 85; zustimmend *Borges/Steinrötter*, in: BeckOK IT-Recht, DSGVO, Art. 6 Rn. 19; *Schantz*, in: Simitis/Hornung/Spiecker gen. Döhmann, Datenschutzrecht, DSGVO, Art. 6 Abs. 1 Rn. 21; *Kramer*, in: Eßer/Kramer/von Lewinski, DSGVO, Art. 6 Rn. 29; *Loosen*, Die Rückabwicklung des Vertrages Daten gegen Leistung, S. 68 f.; *Scheibenpflug*, Personenbezogene Daten als Gegenleistung, S. 219; EDSA, Leitlinien 2/2019, Rn. 9/13; *Indenhuck/Britz*, BB 2019, 1091 (1093) mwN; *Britz/Indenhuck*, in: Heinze, Daten, Plattformen und KI als Dreiklang unserer Zeit, 47 (52); *Britz/Indenhuck*, ZD 2023, 13 (15); für die jeweilige Willenserklärung *Rank-Haedler*, RDi 2021, 448 (449); *Feiler/Forgó*, DSGVO, Art. 6 Rn. 7; wohl auch *Heinzke/Engel*, ZD 2020, 189 (190 f.).
303 *Kohler*, RDIPP 52/2 (2016), 653 (662 f.), der in diesem Zusammenhang von einer regelmäßigen Anwendbarkeit der Rom I-VO ausgeht; ebenso *Lüttringhaus*, ZVglRWiss 117 (2018), 50 (57).
304 EDSA, Leitlinien 2/2019, Rn. 13; zustimmend *Borges/Steinrötter*, in: BeckOK IT-Recht, DSGVO, Art. 6 Rn. 19.
305 *Martini*, in: Paal/Pauly, DSGVO, Art. 22 Rn. 31b.
306 *Martini*, in: Paal/Pauly, DSGVO, Art. 22 Rn. 31b.
307 *Hacker*, Datenprivatrecht, S. 389 f.
308 *Hacker*, Datenprivatrecht, S. 371.

Der Verweis auf das nationale Recht für die Beurteilung der Wirksamkeit entspricht auch den Regelungen in Art. 3 Abs. 10 Digitale-Inhalte-RL[309] sowie Art. 3 Abs. 6 Warenkauf-RL[310].[311] In anderem Zusammenhang zeigt Art. 8 Abs. 3 DSGVO, dass die DSGVO insoweit zwischen unionaler Datenschutzebene und nationalem Recht trennt.[312] Nach Art. 8 Abs. 3 DSGVO bleibt für die Einwilligung Minderjähriger[313] „das allgemeine Vertragsrecht der Mitgliedstaaten, wie etwa die Vorschriften zur Gültigkeit, zum Zustandekommen oder zu den Rechtsfolgen eines Vertrags in Bezug auf ein Kind, unberührt." Auch wenn sich Art. 8 Abs. 3 DSGVO (zunächst) nur auf Art. 8 Abs. 1 DSGVO bezieht, lässt sich der Norm „eine dem europäischen Daten-

---

309 Richtlinie (EU) 2019/770 des Europäischen Parlaments und des Rates vom 20.5.2019 über bestimmte vertragsrechtliche Aspekte der Bereitstellung digitaler Inhalte und digitaler Dienstleistungen. Art. 3 Abs. 10 dieser RL lautet: „Diese Richtlinie lässt die Freiheit der Mitgliedstaaten zur Regelung von Aspekten des allgemeinen Vertragsrechts, wie der Bestimmungen über das Zustandekommen, die Wirksamkeit, die Nichtigkeit oder die Wirkungen eines Vertrags einschließlich der Folgen der Vertragsbeendigung, soweit diese Aspekte nicht in dieser Richtlinie geregelt werden, oder zur Regelung des Rechts auf Schadensersatz unberührt.".
310 Richtlinie (EU) 2019/771 des Europäischen Parlaments und des Rates vom 20.5.2019 über bestimmte vertragsrechtliche Aspekte des Warenkaufs, zur Änderung der Verordnung (EU) 2017/2394 und der Richtlinie 2009/22/EG sowie zur Aufhebung der Richtlinie 1999/44/EG. Art. 3 Abs. 6 dieser RL lautet: „Diese Richtlinie berührt nicht die Freiheit der Mitgliedstaaten zur Regelung von Aspekten des allgemeinen Vertragsrechts, wie der Bestimmungen über das Zustandekommen, die Wirksamkeit, die Nichtigkeit oder die Wirkungen eines Vertrags einschließlich der Folgen der Vertragsbeendigung, soweit diese Aspekte nicht in dieser Richtlinie geregelt werden, oder zur Regelung des Rechts auf Schadensersatz.".
311 *Hacker*, Datenprivatrecht, S. 371.
312 *Martini*, in: Paal/Pauly, DSGVO, Art. 22 Rn. 31b; *Schantz*, in: Simitis/Hornung/Spiecker gen. Döhmann, Datenschutzrecht, DSGVO, Art. 6 Abs. 1 Rn. 21; *Korch*, ZEuP 2021, 792 (816); auf diese Trennung weist auch *Velmede*, Verschränkung von europäischem Verordnungsrecht und nationalen Normen, S. 285 hin, zieht (wohl auch) daraus jedoch den Schluss, dass für den Vertragsbegriff in Art. 6 Abs. 1 UAbs. 1 lit. b Alt. 1 DSGVO still auf das Recht der Mitgliedstaaten verwiesen würde.
313 *Schantz*, in: Simitis/Hornung/Spiecker gen. Döhmann, Datenschutzrecht, DSGVO, Art. 6 Abs. 1 Rn. 21.

schutzrecht insgesamt zugrundeliegende Trennung von Vertragsrecht und Datenschutzrecht [entnehmen]".[314]

V. Ergebnis

Der Vertragsbegriff in Art. 6 Abs. 1 UAbs. 1 lit. b Alt. 1 DSGVO ist autonom auszulegen.[315] Ein Vertrag im Sinne von Art. 6 Abs. 1 UAbs. 1 lit. b Alt. 1 DSGVO ist eine durch die betroffene Person freiwillig eingegangene Verpflichtung.[316] Der Vertrag muss nach anwendbarem nationalem Recht wirksam zustande gekommen sein.[317]

B. Vertragspartei

Nach dem Wortlaut von Art. 6 Abs. 1 UAbs. 1 lit. b Alt. 1 DSGVO muss die betroffene Person Vertragspartei sein.[318] Die nächsten Abschnitte stellen zunächst fest, dass dieses Merkmal autonom auszulegen ist.[319] Sodann untersuchen sie zwei typische Fragen[320] im Zusammehang mit diesem Merkmal: Erstens ob auf Basis der Norm auch die Daten Dritter verarbeitet werden können.[321] Zweitens ob auch der Verantwortliche Vertragspartei sein muss.[322] Rechtsgeschäftliche oder gesetzliche Änderungen der Vertragsparteien stellen Sonderkonstellationen dar.[323] Sie werden im Folgenden nicht behandelt.

---

314 *Velmede*, Verschränkung von europäischem Verordnungsrecht und nationalen Normen, S. 285.
315 Teil 2:A.I.
316 Teil 2:A.II.3.d.
317 Teil 2:A.IV.
318 *Albers/Veit*, in: BeckOK Datenschutzrecht, DSGVO, Art. 6 Rn. 42.
319 Teil 2:B.I.
320 Eine vergleichbar aufgebaute Prüfung dieses Merkmals nehmen etwa *Plath/Struck*, in: Plath, DSGVO, Art. 6 Rn. 14 ff. vor; ausführlich insbesondere auch *Britz/Indenhuck*, in: Taeger, Rechtsfragen digitaler Transformation, 231; ebenso *Britz/Indenhuck*, PinG 2019, 44; ebenso *Wolff/Kosmider*, ZD 2021, 13.
321 Teil 2:B.II.
322 Teil 2:B.III.
323 Vgl. etwa für den Erbfall BGH, Urteil vom 12.7.2018, III ZR 183/17, BGHZ 219, 243, Rn. 94 = NJW 2018, 3178, Rn. 94; umfangreich auch *Cordes*, Ge-

I. Autonom oder Verweis?

Im Einklang mit den bisherigen Erkenntnissen ist auch das Merkmal „Vertragspartei" unionsautonom auszulegen.[324]

II. Betroffene Person

Der Begriff „betroffene Person" ist in Art. 4 Nr. 1 DSGVO definiert.[325] Betroffene Person ist „die identifizierte oder identifizierbare natürliche Person, auf die sich die in den personenbezogenen Daten enthaltenen Informationen beziehen."[326] Mit anderen Worten ist die betroffene Person „[d]ie natürliche Person, um deren Daten es geht".[327]

In der Praxis treten vielfach Fälle auf, in denen nicht nur die Daten der Vertragsparteien, sondern auch Drittdaten verarbeitet werden.[328] Derartige Verarbeitungssituationen können etwa bei Verträgen zu Gunsten Dritter oder aber bei der Datenerfassung in Smart Homes auftreten.[329]

Teile der Literatur vertreten, dass auch die Verarbeitung von personenbezogenen Daten Dritter unter Art. 6 Abs. 1 UAbs. 1 lit. b Alt. 1 DSGVO falle.[330] So sei etwa zulässig, dass die betroffene Person den

---

samtrechtsnachfolge, Datenschutzrecht und Vertragsgestaltung, S. 126 ff.; vgl. für gesetzlichen Übergang sowie zur Vertragsübernahme *Wolff*, in: Schantz/Wolff, Das neue Datenschutzrecht, Rn. 547 f.; vgl. zu Gesamt- und Einzelrechtsnachfolge auch *Schantz*, in: Simitis/Hornung/Spiecker gen. Döhmann, Datenschutzrecht, DSGVO, Art. 6 Abs. 1 Rn. 23; vgl. zur Änderung der Vertragspartner auch *Wedde*, in: Däubler/Wedde/Weichert/Sommer, DSGVO, Art. 6 Rn. 35.

324 Zu Art. 6 Abs. 1 UAbs. 1 lit. b Alt. 1 DSGVO insgesamt *Klein*, in: FS Taeger, 235 (241); zur autonomen Auslegung des Vertragsbegriffs Teil 2:A.I.

325 *Albrecht/Jotzo*, Das neue Datenschutzrecht, Teil 3 Rn. 3; *Arning/Rothkegel*, in: Taeger/Gabel, DSGVO, Art. 4 Rn. 15; aA *Wolff/Kosmider*, ZD 2021, 13 (14), die in der DSGVO keine ausdrückliche Definition für den Begriff sehen.

326 *Wolff/Kosmider*, ZD 2021, 13 (14).

327 *Schild*, in: BeckOK Datenschutzrecht, DSGVO, Art. 4 Rn. 28; so auch *Wolff/Kosmider*, ZD 2021, 13 (14).

328 *Buchner/Petri*, in: Kühling/Buchner, DSGVO, Art. 6 Rn. 32a; *Wolff/Kosmider*, ZD 2021, 13 (13).

329 *Wolff/Kosmider*, ZD 2021, 13 (13).

330 *Schwartmann/Klein*, in: Schwartmann/Jaspers/Thüsing/Kugelmann, DSGVO, Art. 6 Rn. 50; *Klein*, in: FS Taeger, 235 (242 f.); *Wybitul*, DSGVO im Unter-

Vertrag für einen Dritten schließt.[331] Ein Ansatz geht davon aus, dass die betroffene Person nicht einmal Vertragspartei sein müsse.[332] Es genüge vielmehr, dass die betroffene Person „Begünstigte einer Vertragsbeziehung" sei.[333] Nach einem anderen Ansatz spreche hierfür, dass die betroffene Person nach dem Wortlaut der Vorschrift lediglich Vertragspartei sein müsse, es aber gerade nicht erforderlich sei, dass es sich auch um Daten der betroffenen Person handele.[334]

Eine wieder andere Ansicht knüpft dogmatisch am Merkmal „Vertragspartei" an und befürwortet eine weite Auslegung.[335] Vertragspartei sei demnach eine betroffene Person, die ein Interesse an der mit der Datenverarbeitung verbundenen Transaktion hat.[336] Zudem reiche aus, dass eine Person für die Vertragserfüllung zu einem Unterlassen oder einer Duldung verpflichtet ist.[337] Diese weite Interpretation verhindere Unstimmigkeiten zwischen Datenschutzrecht und Vertragsrecht.[338] Denn andernfalls müsse auf Art. 6 Abs. 1 UAbs. 1 lit. f DSGVO zurückgegriffen werden, was nicht interessengerecht wäre.[339]

---

nehmen, Kap. V Rn. 250; ebenso *Wybitul*, in: Wybitul, Hdb. DSGVO, Teil 1 Rn. 252; *Taeger*, in: Taeger/Gabel, DSGVO, Art. 6 Rn. 72; *Specht*, in: Specht/Mantz, Hdb. Europäisches und deutsches Datenschutzrecht, § 9 Rn. 47 mit Verweis auf *Albers/Veit*, in: BeckOK Datenschutzrecht, DSGVO, 24. Edition 2018, Art. 6 Rn. 30; *Krzysztofek*, GDPR, S. 84.

331 *Taeger*, in: Taeger/Gabel, DSGVO, Art. 6 Rn. 72.
332 *Wybitul*, DSGVO im Unternehmen, Kap. V Rn. 250; *Wybitul*, in: Wybitul, Hdb. DSGVO, Teil 1 Rn. 252.
333 *Wybitul*, DSGVO im Unternehmen, Kap. V Rn. 250; *Wybitul*, in: Wybitul, Hdb. DSGVO, Teil 1 Rn. 252.
334 *Specht*, in: Specht/Mantz, Hdb. Europäisches und deutsches Datenschutzrecht, § 9 Rn. 47 mit Verweis auf *Albers/Veit*, in: BeckOK Datenschutzrecht, 24. Edition 2018, DSGVO, Art. 6 Rn. 30.
335 *Schwartmann/Klein*, in: Schwartmann/Jaspers/Thüsing/Kugelmann, DSGVO, Art. 6 Rn. 49 ff; *Klein*, in: FS Taeger, 235 (242 f.).
336 *Schwartmann/Klein*, in: Schwartmann/Jaspers/Thüsing/Kugelmann, DSGVO, Art. 6 Rn. 53; *Klein*, in: FS Taeger, 235 (242).
337 *Schwartmann/Klein*, in: Schwartmann/Jaspers/Thüsing/Kugelmann, DSGVO, Art. 6 Rn. 52.
338 *Schwartmann/Klein*, in: Schwartmann/Jaspers/Thüsing/Kugelmann, DSGVO, Art. 6 Rn. 51.
339 *Schwartmann/Klein*, in: Schwartmann/Jaspers/Thüsing/Kugelmann, DSGVO, Art. 6 Rn. 51; *Klein*, in: FS Taeger, 235 (242 f.).

Die Vertreter dieser Ansicht begründen dies vor allem mit den Konsequenzen des der betroffenen Person dann nach Art. 21 Abs. 1 S. 1 DSGVO zustehenden Widerspruchsrechts.[340] Würde die betroffene Person ihr Widerspruchsrecht nach Art. 21 DSGVO wirksam ausüben, so würde die Vertragserfüllung für den Verantwortlichen – jedenfalls bei entsprechender Akzessorietät – unmöglich.[341] Auch, wenn man nicht von einer Akzessorietät zwischen datenschutzrechtlicher und vertraglicher Vereinbarung ausgehe, müsste der Verantwortliche entweder seine vertragliche Pflicht gegenüber dem Dritten erfüllen, ohne zur Datenverarbeitung berechtigt zu sein.[342] Alternativ müsste er einen solchen Widerspruch stets zurückweisen, was das Widerspruchsrecht wertlos werden ließe.[343] Der Verantwortliche würde zudem das Risiko tragen, von seiner eigenen vertraglichen Verpflichtung gegenüber dem Dritten frei zu werden.[344] Zwar sei dieser Fall in der Praxis nicht realistisch, aber in der Theorie rechtlich jedenfalls möglich.[345]

Die überzeugenderen Gründe sprechen gegen diese Ansätze.[346] Es widerspricht dem Wortlaut von Art. 6 Abs. 1 UAbs. 1 lit. b Alt. 1 DSGVO, eine Verarbeitung personenbezogener Daten auf einen Vertrag zu stüt-

---

340 *Schwartmann/Klein*, in: Schwartmann/Jaspers/Thüsing/Kugelmann, DSGVO, Art. 6 Rn. 51; *Klein*, in: FS Taeger, 235 (242 f.).
341 *Schwartmann/Klein*, in: Schwartmann/Jaspers/Thüsing/Kugelmann, DSGVO, Art. 6 Rn. 51; *Klein*, in: FS Taeger, 235 (243).
342 *Klein*, in: FS Taeger, 235 (243).
343 *Klein*, in: FS Taeger, 235 (243).
344 *Schwartmann/Klein*, in: Schwartmann/Jaspers/Thüsing/Kugelmann, DSGVO, Art. 6 Rn. 51, die als mögliche Szenarien etwa eine Kündigung des oder den Rücktritt vom Vertrag mit dem Vertragspartner anführen.
345 *Klein*, in: FS Taeger, 235 (243).
346 VG Mainz, Urteil vom 20.2.2020, 1 K 467/19.MZ, CR 2020, 390, Rn. 30; *Plath/Struck*, in: Plath, DSGVO, Art. 6 Rn. 14; *Assion/Nolte/Veil*, in: Gierschmann/Schlender/Stentzel/Veil, DSGVO, Art. 6 Rn. 86; *Wolff/Kosmider*, ZD 2021, 13 (14 f.) mwN; *Britz/Indenhuck*, in: Taeger, Rechtsfragen digitaler Transformation, 231 (235 f.); *Britz/Indenhuck*, PinG 2019, 44 (46); *Buchner/Petri*, in: Kühling/Buchner, DSGVO, Art. 6 Rn. 32a; *Wedde*, in: Däubler/Wedde/Weichert/Sommer, DSGVO, Art. 6 Rn. 28/32; *Heberlein*, in: Ehmann/Selmayr, DSGVO, Art. 6 Rn. 13; *Kramer*, in: Eßer/Kramer/von Lewinski, DSGVO, Art. 6 Rn. 30; *Helfrich*, in: Forgó/Helfrich/Schneider, Betrieblicher Datenschutz, Teil VII. Kap. 3, Rn. 37 ff.; *Grasmück/Schirmbacher*, GmbHR 2021, R368 (R369); *Bernzen*, in: Korch/Köhler, Schwärme im Recht, 145 (155); *Albers/Veit*, in: BeckOK Datenschutzrecht, DSGVO, Art. 6 Rn. 47; *Kühling/Klar/Sackmann*, Datenschutzrecht, Kap. 2 Rn. 381; *Rank-Haedler*, in: Schmidt-Kessel/Kram-

zen, an dem die betroffene Person nicht beteiligt ist.[347] Es kommt auch keine analoge Anwendung[348] der Vorschrift in Betracht.[349] Es besteht bereits keine vergleichbare Interessenlage, da die betroffene Person die Verarbeitungsgrundlage in einer Drittverarbeitungs-Situation nicht in gleicher Weise beeinflusst.[350] Zudem besteht keine planwidrige Regelungslücke, da die Verarbeitung auf andere Rechtsgrundlagen gestützt werden kann.[351]

In systematischer Hinsicht spricht ein Umkehrschluss aus Art. 49 Abs. 1 UAbs. 1 lit. c DSGVO gegen eine weite Interpretation des Begriffs „Vertragspartei".[352] Die Vorschrift gestattet eine „Übermittlung […] personenbezogener Daten an ein Drittland oder an eine internationale Organisation", wenn „die Übermittlung […] zum Abschluss oder zur Erfüllung eines im Interesse der betroffenen Person von dem Verantwortlichen mit einer anderen natürlichen oder juristischen Person geschlossenen Vertrags erforderlich [ist]". Daneben betrifft Art. 49 Abs. 1 UAbs. 1 lit. b DSGVO „die Übermittlung […] für die Erfüllung eines Vertrags zwischen der betroffenen Person und dem Verantwortlichen". Die DSGVO differenziert also zwischen einem Vertrag zu

---

me, Hdb. Verbraucherrecht, Kap. 18 Rn. 75; *Redeker*, IT-Recht, Rn. 1080; *Guggenberger*, Irrweg informationelle Privatautonomie, S. 208.

347 *Britz/Indenhuck*, in: Taeger, Rechtsfragen digitaler Transformation, 231 (236); *Britz/Indenhuck*, PinG 2019, 44 (46); *Buchner/Petri*, in: Kühling/Buchner, DSGVO, Art. 6 Rn. 32a; *Wolff/Kosmider*, ZD 2021, 13 (14); *Bernzen*, in: Korch/Köhler, Schwärme im Recht, 145 (155); im Ergebnis auch *Rank-Haedler*, in: Schmidt-Kessel/Kramme, Hdb. Verbraucherrecht, Kap. 18 Rn. 75.

348 Allgemein zur Analogie und deren Voraussetzungen *Möllers*, Juristische Methodenlehre, § 6 Rn. 94 ff. mwN.

349 *Britz/Indenhuck*, in: Taeger, Rechtsfragen digitaler Transformation, 231 (236); *Britz/Indenhuck*, PinG 2019, 44 (46).

350 *Britz/Indenhuck*, in: Taeger, Rechtsfragen digitaler Transformation, 231 (236); *Britz/Indenhuck*, PinG 2019, 44 (46).

351 *Britz/Indenhuck*, in: Taeger, Rechtsfragen digitaler Transformation, 231 (236), die hierfür insbesondere Art. 6 Abs. 1 UAbs. 1 lit. f DSGVO anführen; ebenso *Britz/Indenhuck*, PinG 2019, 44 (46).

352 *Schantz*, in: Simitis/Hornung/Spiecker gen. Döhmann, Datenschutzrecht, DSGVO, Art. 6 Abs. 1 Rn. 20; dieses Argument berichtend auch *Wolff/Kosmider*, ZD 2021, 13 (14).

Gunsten der betroffenen Person und einem Vertrag mit der betroffenen Person.[353]

Zudem spricht das Telos von Art. 6 Abs. 1 UAbs. 1 lit. b Alt. 1 DSGVO gegen eine weite Auslegung.[354] Zwar kann der durch einen Vertrag Begünstigte ein ausgeprägtes Interesse an der Verarbeitung haben.[355] Die Vorschrift beruht jedoch auf dem Gedanken, privatautonom getroffene Entscheidungen datenschutzrechtlich zu legitimieren.[356] An einer solchen freien Entscheidung fehlt es, wenn die betroffene Person keinen Vertrag abgeschlossen hat.[357] Es gibt daher keinen Anknüpfungspunkt für die datenschutzrechtliche Zulässigkeit nach Art. 6 Abs. 1 UAbs. 1 lit. b Alt. 1 DSGVO.[358] Ein Vertrag, der die betroffene Person begünstigt, ohne dass diese Partei des Vertrags ist, fällt nicht unter Art. 6 Abs. 1 UAbs. 1 lit. b DSGVO.[359] Zusammengefasst muss „[d]er Vertrag, um dessen Erfüllung es geht, […] mit der Person, deren Daten verarbeitet werden, geschlossen worden sein."[360]

---

353 *Schantz*, in: Simitis/Hornung/Spiecker gen. Döhmann, Datenschutzrecht, DSGVO, Art. 6 Abs. 1 Rn. 20.

354 *Britz/Indenhuck*, in: Taeger, Rechtsfragen digitaler Transformation, 231 (236); *Britz/Indenhuck*, PinG 2019, 44 (46); *Buchner/Petri*, in: Kühling/Buchner, DSGVO, Art. 6 Rn. 32a; *Bernzen*, in: Korch/Köhler, Schwärme im Recht, 145 (155).

355 *Schantz*, in: Simitis/Hornung/Spiecker gen. Döhmann, Datenschutzrecht, DSGVO, Art. 6 Abs. 1 Rn. 20.

356 OLG München, Urteil vom 16.1.2019, 7 U 342/18, ZD 2019, 171, Rn. 30; *Buchner/Petri*, in: Kühling/Buchner, DSGVO, Art. 6 Rn. 32a; *Wolff/Kosmider*, ZD 2021, 13 (14); *Britz/Indenhuck*, in: Taeger, Rechtsfragen digitaler Transformation, 231 (236); *Britz/Indenhuck*, PinG 2019, 44 (46); siehe zudem unter Teil 2:A.II.3.b.aa.

357 *Wolff/Kosmider*, ZD 2021, 13 (14); *Buchner/Petri*, in: Kühling/Buchner, DSGVO, Art. 6 Rn. 32a; *Britz/Indenhuck*, in: Taeger, Rechtsfragen digitaler Transformation, 231 (236); *Britz/Indenhuck*, PinG 2019, 44 (46); *Bernzen*, in: Korch/Köhler, Schwärme im Recht, 145 (155).

358 *Wolff/Kosmider*, ZD 2021, 13 (14); *Schantz*, in: Simitis/Hornung/Spiecker gen. Döhmann, Datenschutzrecht, DSGVO, Art. 6 Abs. 1 Rn. 20.

359 *Arning*, in: Moos/Schefzig/Arning, Praxishdb. DSGVO, Kap. 5 Rn. 32; ausführlich zu alternativen Rechtsgrundlagen *Wolff/Kosmider*, ZD 2021, 13 (15 ff.) mwN; ebenso *Britz/Indenhuck*, in: Taeger, Rechtsfragen digitaler Transformation, 231 (236); ebenso *Britz/Indenhuck*, PinG 2019, 44 (46); *Buchner/Petri*, in: Kühling/Buchner, DSGVO, Art. 6 Rn. 32a.

360 VG Mainz, Urteil vom 20.2.2020, 1 K 467/19.MZ, CR 2020, 390, Rn. 30.

III. Verantwortlicher

Der Verantwortliche muss demgegenüber nicht Vertragspartei sein.[361]
So kann es nach Art. 6 Abs. 1 UAbs. 1 lit. b DSGVO zulässig sein, dass
ein Logistikdienstleister die Daten eines Kunden auf Basis des Vertrags zwischen dem Kunden und dem Versandhändler verarbeitet.[362]
Der Wortlaut setzt nicht voraus, dass das Vertragsverhältnis zwischen
Verantwortlichem und betroffener Person besteht.[363] Eine Verarbeitung durch einen dritten Verantwortlichen ist daher von Art. 6 Abs. 1
UAbs. 1 lit. b Alt. 1 DSGVO umfasst.[364] Dies zeigt auch die Formulierung der Norm, nach der es lediglich auf die „Erfüllung **eines** Vertrags" ankommt.[365] Eine teleologische Betrachtung rechtfertigt kein
anderes Ergebnis.[366]

Schließlich unterstreicht auch ein Vergleich mit beziehungsweise
Umkehrschluss aus Art. 49 Abs. 1 UAbs. 1 lit. b DSGVO und Art. 22
Abs. 2 lit. a DSGVO diese Wertung.[367] Art. 6 Abs. 1 UAbs. 1 lit. b

---

361 VG Mainz, Urteil vom 20.2.2020, 1 K 467/19.MZ, CR 2020, 390, Rn. 30;
Schulz, in: Gola/Heckmann, DSGVO, Art. 6 Rn. 30; *Schantz*, in: Simitis/
Hornung/Spiecker gen. Döhmann, Datenschutzrecht, DSGVO, Art. 6 Abs. 1
Rn. 22; *Kosmider*, Die Verantwortlichkeit im Datenschutz, S. 134; *Dienst*, in:
Rücker/Kugler, New European General Data Protection Regulation, Rn. 369;
Plath/Struck, in: Plath, DSGVO, Art. 6 Rn. 15; *Arning*, in: Moos/Schefzig/Ar-
ning, Praxishdb. DSGVO, Kap. 5 Rn. 32; *Wolff*, in: Schantz/Wolff, Das neue
Datenschutzrecht, Rn. 545, 550; *Wolff/Kosmider*, ZD 2021, 13 (14); *Kramer*,
in: Eßer/Kramer/von Lewinski, DSGVO, Art. 6 Rn. 37; wohl auch *Thode*, in:
Schläger/Thode, Hdb. Datenschutz und IT-Sicherheit, Kap. A Rn. 99; *Kühling/
Klar/Sackmann*, Datenschutzrecht, Kap. 2 Rn. 381; *Feiler/Forgó*, DSGVO,
Art. 6 Rn. 8; *Redeker*, IT-Recht, Rn. 1079; *Burfeind*, PinG 2023, 146 (147);
Rank-Haedler, in: Schmidt-Kessel/Kramme, Hdb. Verbraucherrecht, Kap. 18
Rn. 75; *Zehelein*, NJW 2019, 3047 (3048); *Bernzen*, in: Korch/Köhler, Schwärme im Recht, 145 (155); *Sartor*, in: Spiecker gen. Döhmann/Papakonstantinou/
Hornung/De Hert, GDPR, Art. 6 Rn. 35; kritisch *Jahnel*, in: Jahnel, DSGVO,
Art. 6 Rn. 33.
362 Vgl. für dieses Beispiel *Plath/Struck*, in: Plath, DSGVO, Art. 6 Rn. 15.
363 *Wolff*, in: Schantz/Wolff, Das neue Datenschutzrecht, Rn. 550.
364 *Wolff*, in: Schantz/Wolff, Das neue Datenschutzrecht, Rn. 550.
365 *Albers/Veit*, in: BeckOK Datenschutzrecht, DSGVO, Art. 6 Rn. 42, Hervorhebung im Original.
366 *Bernzen*, in: Korch/Köhler, Schwärme im Recht, 145 (155).
367 Zu Art. 49 Abs. 1 UAbs. 1 lit. b DSGVO und wohl Art. 22 Abs. 2 lit. a DSGVO
Schantz, in: Simitis/Hornung/Spiecker gen. Döhmann, Datenschutzrecht,

Alt. 1 DSGVO fordert, dass „Vertragspartei die betroffene Person ist".
Art. 22 Abs. 2 lit. a DSGVO und Art. 49 Abs. 1 UAbs. 1 lit. b DSGVO
setzen „eine[n] Vertrag[…] zwischen der betroffenen Person und dem
Verantwortlichen" voraus. Eine Begrenzung auf Verträge mit dem
Verantwortlichen gibt es in Art. 6 Abs. 1 UAbs. 1 lit. b Alt. 1 DSGVO
hingegen nicht.[368] Dieser Umkehrschluss ergibt sich beispielsweise
auch in der englischen Sprachfassung.[369]

Abzulehnen ist auch die Forderung, dass die betroffene Person den
nicht am Vertrag beteiligten Verantwortlichen „eingeschaltet" haben
müsse.[370] Der Wortlaut von Art. 6 Abs. 1 UAbs. 1 lit. b Alt. 1 DSGVO
enthält kein derartiges Erfordernis.[371] Zudem bietet das Kriterium
der Erforderlichkeit ein ausreichendes Korrektiv.[372] Eine weitere
Einschränkung ist nicht nötig.[373] Schließlich bestehen nach Art. 14
DSGVO auch entsprechende Informationspflichten.[374]

Schantz weist zunächst darauf hin, dass der Verantwortliche die betroffene Person nach Art. 13 Abs. 1 lit. e DSGVO beziehungsweise
Art. 14 Abs. 1 lit. f DSGVO bezüglich der Übermittlung an den Dritten

---

DSGVO, Art. 6 Abs. 1 Rn. 22; zu dem Umkehrschluss aus Art. 22 Abs. 2 lit. a
DSGVO *Britz/Indenhuck*, in: Taeger, Rechtsfragen digitaler Transformation,
231 (233), Fn. 7; ebenso *Britz/Indenhuck*, PinG 2019, 44 (45), Fn. 7.

368 *Schantz*, in: Simitis/Hornung/Spiecker gen. Döhmann, Datenschutzrecht,
DSGVO, Art. 6 Abs. 1 Rn. 22; *Britz/Indenhuck*, in: Taeger, Rechtsfragen digitaler Transformation, 231 (233), Fn. 7; ebenso *Britz/Indenhuck*, PinG 2019, 44
(45), Fn. 7.

369 Art. 6 Abs. 1 UAbs. 1 lit. b DSGVO: „a contract to which the data subject is par-
ty", Art. 22 Abs. 2 lit. a, 49 Abs. 1 UAbs. 1 lit. b DSGVO: „a contract between
the data subject and the controller".

370 *Plath/Struck*, in: Plath, DSGVO, Art. 6 Rn. 16; *Jahnel*, in: Jahnel, DSGVO,
Art. 6 Rn. 37; *Rank-Haedler*, Handel mit personenbezogenen Daten in Deutschland und Italien, S. 98 f.; aA *Reimer*, in: Sydow/Marsch, DSGVO, Art. 6 Rn. 24
mwN.

371 *Plath/Struck*, in: Plath, DSGVO, Art. 6 Rn. 16; *Jahnel*, in: Jahnel, DSGVO,
Art. 6 Rn. 37; *Rank-Haedler*, Handel mit personenbezogenen Daten in Deutschland und Italien, S. 98.

372 *Rank-Haedler*, Handel mit personenbezogenen Daten in Deutschland und Italien, S. 98 f.

373 *Rank-Haedler*, Handel mit personenbezogenen Daten in Deutschland und Italien, S. 98 f.

374 *Rank-Haedler*, Handel mit personenbezogenen Daten in Deutschland und Italien, S. 99.

informieren muss.[375] *Schantz* schlägt weiter vor, diese Informations-pflicht durch ein Widerspruchsrecht zu ergänzen, dass sich aus einer analogen Anwendung von Art. 21 Abs. 1 S. 1 DSGVO ergeben soll.[376] Zwar sehe die Norm bei Verarbeitungen, die auf Art. 6 Abs. 1 UAbs. 1 lit. b DSGVO gestützt werden, gerade kein Widerspruchsrecht vor.[377] Wenn der in die Datenverarbeitung eingeschaltete Dritte bei Ver-tragsabschluss noch nicht feststeht, sei die Situation jedoch „ähnlich fremdbestimmt" wie bei Art. 6 Abs. 1 UAbs. 1 lit. f DSGVO.[378]

Ein solches analoges Widerspruchsrecht ist abzulehnen. Es fehlt be-reits an der vergleichbaren Interessenslage. Art. 6 Abs. 1 UAbs. 1 lit. b Alt. 1 DSGVO hat einen bindenden Charakter.[379] Dieser ist mit einem Widerspruchsrecht unvereinbar.[380] Würde bei einer auf Art. 6 Abs. 1 UAbs. 1 lit. b Alt. 1 DSGVO gestützten Verarbeitung eine Interessens-abwägung durchgeführt werden, würde diese auch im Widerspruchs-fall regelmäßig zu Gunsten der weiteren Verarbeitung durch den Verantwortlichen ausfallen.[381] Darüber hinaus besteht auch keine plan-widrige Regelungslücke. Ein Widerspruchsrecht existiert nur bei einer Verarbeitung nach Art. 6 Abs. 1 UAbs. 1 lit. f oder e DSGVO und ge-rade nicht in den Fällen von Art. 6 Abs. 1 UAbs. 1 lit. a–d DSGVO.[382]

---

375 *Schantz*, in: Simitis/Hornung/Spiecker gen. Döhmann, Datenschutzrecht, DSGVO, Art. 6 Abs. 1 Rn. 22.

376 *Schantz*, in: Simitis/Hornung/Spiecker gen. Döhmann, Datenschutzrecht, DSGVO, Art. 6 Abs. 1 Rn. 22.

377 *Schantz*, in: Simitis/Hornung/Spiecker gen. Döhmann, Datenschutzrecht, DSGVO, Art. 6 Abs. 1 Rn. 22.

378 *Schantz*, in: Simitis/Hornung/Spiecker gen. Döhmann, Datenschutzrecht, DSGVO, Art. 6 Abs. 1 Rn. 22.

379 Hierzu Teil 2:A.II.3.c.

380 In eine ähnliche Richtung *Bunnenberg*, Privates Datenschutzrecht, S. 289, der für Art. 6 Abs. 1 UAbs. 1 lit. b Alt. 1 DSGVO ein „besonderes Verbindlichkeits-interesse" auf Seiten des Verantwortlichen fordert (zu diesem Ansatz bei dem Verhältnis zur Einwilligung Teil 2:D.IV.2) und dieses auf Grund des Wider-spruchsrechts in Art. 21 Abs. 2 DSGVO bei Direktwerbung als nicht gegeben sieht.

381 *Forgó*, in: BeckOK Datenschutzrecht, DSGVO, Art. 21 Rn. 17.

382 *Forgó*, in: BeckOK Datenschutzrecht, DSGVO, Art. 21 Rn. 16.

IV. Ergebnis

Die betroffene Person muss Vertragspartei sein, dabei genügt nicht die bloße Begünstigung durch einen Vertrag.[383] Demgegenüber muss der Verantwortliche nicht Vertragspartei sein.[384]

C. Erfüllung

Die Datenverarbeitung muss schließlich auch der „Erfüllung" des Vertrags dienen.[385] Das umfasst nicht jede Verarbeitung im Vertragskontext.[386] Das Merkmal der „Erfüllung" wird in der DSGVO nicht definiert.[387]

Die folgenden Abschnitte gehen zunächst auf die Vorfrage ein, ob das Merkmal autonom oder nach dem Recht der Mitgliedstaaten zu bestimmten ist.[388] Anschließend erfolgt ein Überblick zu den verschiedenen Interpretationen des Erfüllungsmerkmals.[389] Im nächsten Schritt werden allgemeine Argumente identifiziert, die unabhängig von spezifischen Verarbeitungssituationen im Vertragskontext für eine enge beziehungsweise weite Auslegung sprechen.[390] Schließlich wird das Tatbestandsmerkmal anhand ausgewählter Verarbeitungssituationen im Vertragskontext untersucht und konkretisiert.[391]

---

383 Teil 2:B.II.
384 Teil 2:B.III.
385 *Heinzke/Engel*, ZD 2020, 189 (191).
386 *Reimer*, in: Sydow/Marsch, DSGVO, Art. 6 Rn. 26; *Schantz*, in: Simitis/Hornung/Spiecker gen. Döhmann, Datenschutzrecht, DSGVO, Art. 6 Abs. 1 Rn. 24.
387 *Kazemi*, DSGVO in der anwaltlichen Beratungspraxis, § 4 Rn. 145; *Schwartmann/Klein*, in: Schwartmann/Jaspers/Thüsing/Kugelmann, DSGVO, Art. 6 Rn. 43; *Heinzke/Engel*, ZD 2020, 189 (191).
388 Teil 2:C.I.
389 Teil 2:C.II.
390 Teil 2:C.III.
391 Teil 2:C.IV.

I. Autonom oder Verweis?

Das Merkmal „Erfüllung" ist ebenfalls autonom auszulegen.[392] Insoweit kann auf die Argumentation im Rahmen des Vertragsbegriffs verwiesen werden.[393]

II. Überblick

Da das Merkmal unionsautonom auszulegen ist, kann nicht auf § 362 BGB zurückgegriffen werden.[394] Da es keinen einheitlichen Erfüllungsbegriff im europäischen Zivilrecht gibt, kann auch nicht auf einen solchen zurückgegriffen werden.[395]

Die Ansätze zur Konkretisierung des Merkmals gehen weit auseinander.[396] Ein einheitliches System ist in der bisherigen Diskussion kaum erkennbar. Teilweise wird eine enge Auslegung befürwortet.[397] Unter Vertragserfüllung sollen demnach vorrangig diejenigen Pflichten fallen, die der Herbeiführung des geschuldeten Leistungserfolgs die-

---

392 LG Frankfurt a. M., Urteil vom 26.5.2023, 2-24 O 156/21, GRUR-RS 2023, 18081, Rn. 48; *Scheibenpflug*, Personenbezogene Daten als Gegenleistung, S. 219 f.; *Niggl*, in: Selzer, Datenschutzrecht, DSGVO, Art. 6 Rn. 19; *Albers/Veit*, in: BeckOK Datenschutzrecht, DSGVO, Art. 6 Rn. 42 f.; *Schwartmann/Klein*, in: Schwartmann/Jaspers/Thüsing/Kugelmann, DSGVO, Art. 6 Rn. 43; ebenso wohl Arbeitsgruppe „Digitaler Neustart", Bericht vom 15.5.2017, S. 218; zu Art. 6 Abs. 1 UAbs. 1 lit. b Alt. 1 DSGVO insgesamt *Klein*, in: FS Taeger, 235 (241).

393 So jedenfalls für das Argument der andernfalls bestehenden Gefährdung der „Einheitlichkeit und Effektivität des Unionsrechts" *Niggl*, in: Selzer, Datenschutzrecht, DSGVO, Art. 6 Rn. 19, 15; siehe zur unionsautonomen Auslegung des Vertragsbegriffs Teil 2: A. I. 2.

394 *Niggl*, in: Selzer, Datenschutzrecht, DSGVO, Art. 6 Rn. 19; gegen einen Rückgriff auf § 362 BGB auch *Albers/Veit*, in: BeckOK Datenschutzrecht, DSGVO, Art. 6 Rn. 43; für einen weiteren Begriff als bei § 362 BGB auch *Reimer*, in: Sydow/Marsch, DSGVO, Art. 6 Rn. 26; im Ergebnis auch *Beck/Kirschhöfer*, ZVertriebsR 2019, 3 (5).

395 *Schwartmann/Klein*, in: Schwartmann/Jaspers/Thüsing/Kugelmann, DSGVO, Art. 6 Rn. 44.

396 Eine enge und eine weite Ansicht sieht *Bunnenberg*, Privates Datenschutzrecht, S. 48; vgl. zum unterschiedlichen Verständnis auch *Wolff*, in: Schantz/Wolff, Das neue Datenschutzrecht, Rn. 553.

397 *Heinzke/Engel*, ZD 2020, 189 (191).

nen.[398] Umfasst seien Hauptleistungs- und Nebenpflichten.[399] Andere Stimmen in der Literatur sehen daneben insbesondere auch nachvertragliche Sorgfaltspflichten, die Vertragsbeendigung und die Abwicklung des beendeten Vertrags als Erfüllung eines Vertrags im Sinne der Norm.[400] Wieder andere Teile der Literatur gehen etwas weiter und fassen „das Erbringen der in dem Vertrag vorgesehenen Pflichten bzw. die Wahrnehmung der vorgesehenen Rechte, d. h. jede Handlung, Duldung und Unterlassung, die der Leistungserbringung und Leistungsentgegennahme mittelbar oder unmittelbar dient" unter den Erfüllungsbegriff.[401] In eine ähnliche Richtung geht der Ansatz, „die gesamte Abwicklung einer Vertragsbeziehung einschließlich etwaiger Sekundärrechte" unter den Erfüllungsbegriff zu fassen.[402] Schließlich subsumieren manche Teile der Literatur jede Datenverarbeitung, die auf einem Vertrag beruht, unter das Merkmal Vertragserfüllung.[403] Der BGH geht mit manchen Stimmen der Literatur indes davon aus, dass „sowohl die Erfüllung der vertraglichen Leistungs- und Nebenpflichten als auch der diesbezüglichen gesetzlichen Verpflichtungen" von Art. 6 Abs. 1 UAbs. 1 lit. b Alt. 1 DSGVO erfasst ist.[404]

---

398 *Heinzke/Engel*, ZD 2020, 189 (191).

399 *Heinzke/Engel*, ZD 2020, 189 (191) unter Bezug auf *Schantz*, in: Simitis/Hornung/Spiecker gen. Döhmann, Datenschutzrecht, DSGVO, Art. 6 Abs. 1 Rn. 24.

400 *Buchner/Petri*, in: Kühling/Buchner, DSGVO, Art. 6 Rn. 33 unter Bezug auf *Specht*, in: Specht/Mantz, Hdb. Europäisches und deutsches Datenschutzrecht, § 9 Rn. 47, die wohl noch weiter geht; für lediglich die nachvertraglichen Pflichten zustimmend *Schantz*, in: Simitis/Hornung/Spiecker gen. Döhmann, Datenschutzrecht, DSGVO, Art. 6 Abs. 1 Rn. 24.

401 *Wolff/Kosmider*, ZD 2021, 13 (13); ähnlich *Wolff*, in: Schantz/Wolff, Das neue Datenschutzrecht, Rn. 553.

402 *Beck/Kirschhöfer*, ZVertriebsR 2019, 3 (5).

403 *Specht*, in: Specht/Mantz, Hdb. Europäisches und deutsches Datenschutzrecht, § 9 Rn. 47; *Schulz*, in: Gola/Heckmann, DSGVO, Art. 6 Rn. 30; *Albers/Veit*, in: BeckOK Datenschutzrecht, DSGVO, Art. 6 Rn. 43; in diese Richtung wohl auch *Wedde*, in: Däubler/Wedde/Weichert/Sommer, DSGVO, Art. 6 Rn. 27.

404 BGH, Urteil vom 12.7.2018, III ZR 183/17, BGHZ 219, 243, Rn. 71 = NJW 2018, 3178, Rn. 71; *Assion/Nolte/Veil*, in: Gierschmann/Schlender/Stentzel/Veil, DSGVO, Art. 6 Rn. 91.

III. Allgemeine Erwägungen

Zur Konkretisierung des Begriffs der Erfüllung eines Vertrags lassen sich in einem ersten Schritt allgemeine Erwägungen anstellen. Die folgenden Abschnitte zeigen zunächst Argumente für eine enge Auslegung.[405] Anschließend werden Argumente für eine weite Auslegung identifiziert.[406]

1. Enge Auslegung

Für eine enge Auslegung spreche, dass hierdurch der Anwendungsbereich von Art. 6 Abs. 1 UAbs. 1 lit. b Alt. 1 DSGVO möglichst präzise definiert werden könne.[407] So werde ein Ausgleich zwischen Privatautonomie und Datenschutz geschaffen.[408] Während § 28 Abs. 1 S. 1 Nr. 1 BDSG aF noch „die Begründung, Durchführung oder Beendigung" erfasst habe, meine Erfüllung in Art. 6 Abs. 1 UAbs. 1 lit. b Alt. 1 DSGVO „lediglich die Herbeiführung des geschuldeten Leistungserfolgs".[409] Für weitergehende Datenverarbeitungen sei auf Art. 6 Abs. 1 UAbs. 1 lit. f DSGVO zurückzugreifen.[410]

2. Weite Auslegung

Auf der anderen Seite spreche für eine weite Auslegung zunächst die englische Sprachfassung.[411] Diese verwendet die Formulierung „performance of a contract". Dies kann sowohl zeitlich als auch inhalt-

---

405 Teil 2:C.III.1.
406 Teil 2:C.III.2.
407 *Heinzke/Engel*, ZD 2020, 189 (191).
408 *Heinzke/Engel*, ZD 2020, 189 (191) wollen sämtliche zivilrechtlich wirksame Gestaltungen von Leistungspflichten ohne „datenschutzrechtliche Inhaltskontrolle" unter Art. 6 Abs. 1 UAbs. 1 lit. b Alt. 1 DSGVO fassen und dies durch die enge Auslegung der „Vertragserfüllung" begrenzen, „um die widerstreitenden Interessen der Betroffenen im Spannungsfeld von Privatautonomie und dem Grundrecht auf Datenschutz in Ausgleich zu bringen".
409 *Schantz*, in: Simitis/Hornung/Spiecker gen. Döhmann, Datenschutzrecht, DSGVO, Art. 6 Abs. 1 Rn. 24 mwN die jedoch darüber hinaus gehen.
410 *Heinzke/Engel*, ZD 2020, 189 (191).
411 *Bock*, CR 2020, 173 (174) mit Verweis auf *Buchner/Petri*, in: Kühling/Buchner, DSGVO, 2. Auflage 2018, Art. 6 Rn. 33.

lich deutlich weitergehen als die Erfüllung eines Vertrags.[412] Dieser Eindruck setzt sich in der englischen Sprachfassung von Erwägungsgrund 44 DSGVO fort.[413] In der deutschen Sprachfassung bezieht sich Erwägungsgrund 44 DSGVO auf „[d]ie Verarbeitung von Daten [...] für die Erfüllung [...] eines Vertrages". In der englischen Sprachfassung wird hingegen auf „[p]rocessing [...] in the context of a contract" verwiesen. Die englische Sprachfassung geht insoweit erneut über die deutsche hinaus.[414]

Art. 6 Abs. 1 UAbs. 1 lit. b DSGVO soll zudem die Funktionsfähigkeit von Verträgen unter datenschutzrechtlichen Gesichtspunkten[415] beziehungsweise „das Funktionieren des selbstbestimmten Privatrechtsverkehrs [...] gewährleisten".[416] Auch für die Löschfristen sei die weite Auslegung des Erfüllungsbegriffs relevant.[417] Denn Vertragsdaten sollen für die Geltendmachung von Gewährleistungsansprüchen auch über das Vertragsende hinaus gespeichert werden dürfen.[418] Schließlich dürfe der Begriff nicht rechtstechnisch und damit zu eng ausgelegt werden.[419] Auch erlaube die unionsautonome Auslegung eine Abweichung vom Erfüllungsbegriff im nationalen Recht.[420]

IV. Ausgewählte Verarbeitungssituationen

Im Folgenden wird das Tatbestandsmerkmal „Erfüllung eines Vertrags" anhand ausgewählter Verarbeitungssituationen untersucht. Dabei wird die Frage aufgeworfen, ob das Tatbestandsmerkmal die jeweilige Konstellation erfasst. Obwohl die gerade angestellten allge-

---

412 *Bock*, CR 2020, 173 (174) mit Verweis auf *Buchner/Petri*, in: Kühling/Buchner, DSGVO, 2. Auflage 2018, Art. 6 Rn. 33.
413 *Bock*, CR 2020, 173 (174).
414 *Bock*, CR 2020, 173 (174).
415 *Kotschy*, in: Kuner/Bygrave/Docksey, GDPR, S. 331.
416 *Albers/Veit*, in: BeckOK Datenschutzrecht, DSGVO, Art. 6 Rn. 43.
417 *Plath/Struck*, in: Plath, DSGVO, Art. 6 Rn. 12.
418 *Plath/Struck*, in: Plath, DSGVO, Art. 6 Rn. 12.
419 VG Hannover, Urteil vom 9.11.2021, 10 A 502/19, ZD 2022, 182, Rn. 26; zustimmend *Härting*, Internetrecht, Kap. A., Rn. 119.
420 *Albers/Veit*, in: BeckOK Datenschutzrecht, DSGVO, Art. 6 Rn. 43; zustimmend *Bunnenberg*, Privates Datenschutzrecht, S. 48 f.; *Bijok*, Kommerzialisierungsfester Datenschutz, S. 328.

meinen Erwägungen hierfür ebenfalls relevant sind, werden zur Vermeidung von Wiederholungen in erster Linie spezifische Argumente diskutiert.

Die nächsten Abschnitte behandeln vor diesem Hintergrund den Vertragsabschluss,[421] die Pflichten des Vertragspartners beziehungsweise des Verantwortlichen[422] und der betroffenen Person,[423] die Primär- und Sekundärpflichten,[424] Vertragsänderungen,[425] die Vertragsbeendigung[426] und gesetzliche Pflichten im Vertragskontext.[427]

1. Vertragsabschluss

Teilweise wird vertreten, dass „Erfüllung eines Vertrags" im Sinne von Art. 6 Abs. 1 UAbs. 1 lit. b Alt. 1 DSGVO den Abschluss eines Vertrags umfasse.[428] Dies ergebe sich aus Erwägungsgrund 44 DSGVO, nachdem bereits eine Datenverarbeitung für den geplanten Vertragsabschluss rechtmäßig sein solle.[429] Auch ein Erst-Recht-Schluss aus

---

421 Teil 2:C.IV.1.
422 Teil 2:C.IV.2.
423 Teil 2:C.IV.3.
424 Teil 2:C.IV.4.
425 Teil 2:C.IV.5.
426 Teil 2:C.IV.6.
427 Teil 2:C.IV.7.
428 *Albers/Veit*, in: BeckOK Datenschutzrecht, DSGVO, Art. 6 Rn. 43; *Bijok*, Kommerzialisierungsfester Datenschutz, S. 327 f.; wohl auch *Specht*, in: Specht/Mantz, Hdb. Europäisches und deutsches Datenschutzrecht, § 9 Rn. 46 mwN; *Bunnenberg*, Privates Datenschutzrecht, S. 48 f.; *Abel*, ZD 2018, 103 (106) mwN; *Arning*, in: Moos/Schefzig/Arning, Praxishdb. DSGVO, Kap. 5 Rn. 18; *Laue/Nink/Kremer*, Datenschutzrecht in der betrieblichen Praxis, § 2 Rn. 33; *Nebel*, K&R 2019, 148 (150); *Rank-Haedler*, in: Schmidt-Kessel/Kramme, Hdb. Verbraucherrecht, Kap. 18 Rn. 75; wohl auch *Spindler/Dalby*, in: Spindler/Schuster, Recht der elektronischen Medien, DSGVO, Art. 6 Rn. 5; im Ergebnis auch *Buchmann/Krell*, PinG 2022, 139 (141), die dies allerdings am Merkmal „Vertrag" und nicht an der „Vertragserfüllung" festmachen; unklar bei EuGH, Urteil vom 20.10.2022, C-77/21, EU:C:2022:805, Rn. 28 – Digi, in welchem der EuGH lediglich die Wertung des vorlegenden Gerichts wiedergibt, dass der Abschluss von Abonnementverträgen im Einklang mit Art. 6 Abs. 1 UAbs. 1 lit. b DSGVO stehe und keine Einordnung zur ersten beziehungsweise zweiten Alternative der Norm vornimmt.
429 *Albers/Veit*, in: BeckOK Datenschutzrecht, DSGVO, Art. 6 Rn. 43; zustimmend *Bunnenberg*, Privates Datenschutzrecht, S. 48 f.; *Spindler/Dalby*, in: Spindler/Schuster, Recht der elektronischen Medien, DSGVO, Art. 6 Rn. 5, Fn. 9.

der zweiten Alternative der Norm spreche dafür, den Abschluss eines Vertrags unter Art. 6 Abs. 1 UAbs. 1 lit. b Alt. 1 DSGVO zu fassen.[430] Andernfalls wären nur vorvertragliche Datenverarbeitungen und Datenverarbeitungen zur Vertragserfüllung von Art. 6 Abs. 1 UAbs. 1 lit. b DSGVO erfasst.[431] Es sei vor diesem Hintergrund nicht überzeugend, Datenverarbeitungen zum Abschluss des Vertrags aus dem Anwendungsbereich der Norm herauszunehmen.[432] Daher gehe der unionsrechtliche Erfüllungsbegriff über den Erfüllungsbegriff des deutschen Zivilrechts hinaus und setze keinen existierenden Vertrag voraus.[433]

Die besseren Argumente sprechen jedoch dagegen, den Vertragsabschluss als Erfüllung eines Vertrags einzuordnen.[434] Erwägungsgrund 44 DSGVO betrifft beide Alternativen von Art. 6 Abs. 1 UAbs. 1 lit. b DSGVO und gibt diese lediglich mit anderen Worten wieder.[435] Jedenfalls ermöglicht Erwägungsgrund 44 DSGVO keine Auslegung über den insoweit eindeutigen Wortlaut von Art. 6 Abs. 1 UAbs. 1 lit. b Alt. 1 DSGVO hinaus.[436] Die *Erfüllung* eines Vertrags setzt begrifflich die Existenz eines erfüllbaren Vertrags voraus.[437]

Den Vertragsabschluss unter die erste Alternative von Art. 6 Abs. 1 UAbs. 1 lit. b DSGVO zu fassen, würde zudem die innere Systematik der Norm in Frage stellen.[438] Der Vertragsabschluss fällt in den Anwendungsbereich der zweiten Alternative.[439] Andernfalls würde

---

430 *Bijok*, Kommerzialisierungsfester Datenschutz, S. 328.
431 *Bijok*, Kommerzialisierungsfester Datenschutz, S. 328.
432 *Bijok*, Kommerzialisierungsfester Datenschutz, S. 328; wohl ähnlich *Kazemi*, DSGVO in der anwaltlichen Beratungspraxis, § 4 Rn. 145.
433 *Bijok*, Kommerzialisierungsfester Datenschutz, S. 328.
434 *Reimer*, in: Sydow/Marsch, DSGVO, Art. 6 Rn. 26; *Hacker*, Datenprivatrecht, S. 262.
435 *Reimer*, in: Sydow/Marsch, DSGVO, Art. 6 Rn. 26, Fn. 78.
436 *Hacker*, Datenprivatrecht, S. 262, Fn. 923; allgemein dazu, dass Erwägungsgründe nicht zur Auslegung entgegen des Wortlauts herangezogen werden können EuGH, Urteil vom 19.6.2014, C-345/13, EU:C:2014:2013, Rn. 31 – Karen Millen Fashions mwN aus der eigenen Rechtsprechung.
437 *Reimer*, in: Sydow/Marsch, DSGVO, Art. 6 Rn. 26; vgl. in diese Richtung auch Arbeitsgruppe „Digitaler Neustart", Bericht vom 15.5.2017, S. 218.
438 In diese Richtung *Hacker*, Datenprivatrecht, S. 262.
439 *Reimer*, in: Sydow/Marsch, DSGVO, Art. 6 Rn. 26.

das Merkmal „auf Anfrage der betroffenen Person" in Art. 6 Abs. 1 UAbs. 1 lit. b Alt. 2 DSGVO unterlaufen werden.[440]

In systematischer Hinsicht spricht unter anderem Art. 22 Abs. 2 lit. a DSGVO dagegen, den Vertragsabschluss unter Art. 6 Abs. 1 UAbs. 1 lit. b Alt. 1 DSGVO zu fassen.[441] Art. 22 Abs. 2 lit. a DSGVO unterscheidet gerade zwischen Vertragsabschluss (Alt. 1) und Vertragserfüllung (Alt. 2). Diese Unterscheidung findet sich auch in Art. 13 Abs. 2 lit. e DSGVO, Art. 49 Abs. 1 UAbs. 1 lit. c DSGVO und Erwägungsgrund 71 S. 3 DSGVO.

2. *Pflichten des Vertragspartners und des Verantwortlichen*

Zunächst bezieht sich die Erfüllung des Vertrags in Art. 6 Abs. 1 UAbs. 1 lit. b Alt. 1 DSGVO auf Pflichten des Verantwortlichen beziehungsweise der Vertragspartner der betroffenen Person.[442] Hierfür spricht die systematische Parallele zu Art. 6 Abs. 1 UAbs. 1 lit. c DSGVO.[443] Dieser stellt auf eine Verpflichtung ab, „der der Verantwortliche unterliegt".

Wenn Verantwortlicher und Vertragspartner nicht identisch sind,[444] sind allein die Pflichten des Vertragspartners der betroffenen Person maßgeblich. Andernfalls würde der Anwendungsbereich der Vorschrift uferlos ausgeweitet. Mit anderen Worten: die Pflichten müssen jedenfalls aus dem Vertrag stammen, bei dem die betroffene Person Vertragspartner ist.

---

440 In diese Richtung *Hacker*, Datenprivatrecht, S. 262.
441 Anders *Schulz*, in: Gola/Heckmann, DSGVO, Art. 6 Rn. 30, der der Begriffsunterschiedlichkeit in Art. 22 Abs. 2 lit. a DSGVO und Art. 6 Abs. 1 UAbs. 1 lit. b Alt. 1 DSGVO im Ergebnis keine Bedeutung beimisst.
442 *Reimer*, in: Sydow/Marsch, DSGVO, Art. 6 Rn. 28; für Pflichten des Verantwortlichen auch *Schmidt-Kessel*, in: Lohsse/Schulze/Staudenmayer, Data as Counter Performance, 129 (132).
443 *Reimer*, in: Sydow/Marsch, DSGVO, Art. 6 Rn. 28.
444 Hierzu Teil 2:B.III.

3. Pflichten der betroffenen Person

Weniger eindeutig ist, ob Art. 6 Abs. 1 UAbs. 1 lit. b Alt. 1 DSGVO auch Pflichten der betroffenen Person erfasst.[445] Der EuGH hat entschieden, dass Art. 6 Abs. 1 UAbs. 1 lit. b Alt. 1 DSGVO nur bei einem, „notwendige[n] Bestandteil der für die betroffene Person bestimmten Vertragsleistung" greift.[446] Es ist unklar, ob sich der Gerichtshof damit zu der hier behandelten Frage positioniert hat.

Jedenfalls lehnen Teile des Schrifttums die Erfassung von Pflichten der betroffenen Person ab.[447] Der Norm lasse sich kein Hinweis darauf entnehmen, dass dies gewollt gewesen sei.[448] Auch spreche der identische Wortlaut sowie die „systematische Nähe" zwischen Art. 6 Abs. 1 UAbs. 1 lit. b Alt. 1 DSGVO und Art. 7 Abs. 4 DSGVO gegen die Einbeziehung von Nutzerpflichten.[449] Zusätzlich stützt diese Auslegung, dass nach Art. 6 Abs. 1 UAbs. 1 lit. b Alt. 2 DSGVO nur Maßnahmen legitimiert werden, die auf Anfrage der betroffenen Person erfolgen.[450] Zudem könne Erwägungsgrund 40 DSGVO dahingehend interpretiert werden, dass nur Pflichten des Verantwortlichen erfasst seien.[451] Auch Art. 3 Abs. 1 UAbs. 2 Digitale-Inhalte-RL lege den Schwerpunkt auf Pflichten des Verarbeiters.[452] Schließlich bestehe bei einer Erfassung von Pflichten der betroffenen Person auch die Gefahr, dass Art. 6 Abs. 1 UAbs. 1 lit. a sowie lit. f DSGVO untergraben würden.[453]

---

445 *Schmidt-Kessel*, in: Lohsse/Schulze/Staudenmayer, Data as Counter Performance, 129 (132 f.); vgl. *Rank-Haedler*, RDi 2021, 448 (449), die eine Klärung durch den EuGH befürwortet.

446 EuGH, Urteil vom 4.7.2023, C-252/21, EU:C:2023:537, Rn. 98 – Meta Platforms u. a.

447 *Hacker*, Datenprivatrecht, S. 264; zustimmend *Grünberger*, AcP 221 (2021), 604 (610); tendenziell auch *Schmidt-Kessel*, in: Lohsse/Schulze/Staudenmayer, Data as Counter Performance, 129 (132 f.).

448 *Hacker*, Datenprivatrecht, S. 264.

449 *Hacker*, Datenprivatrecht, S. 264.

450 *Schmidt-Kessel*, in: Lohsse/Schulze/Staudenmayer, Data as Counter Performance, 129 (133).

451 *Schmidt-Kessel*, in: Lohsse/Schulze/Staudenmayer, Data as Counter Performance, 129 (133).

452 *Hacker*, Datenprivatrecht, S. 264.

453 *Schmidt-Kessel*, in: Lohsse/Schulze/Staudenmayer, Data as Counter Performance, 129 (133) unter Verweis auf *Wendehorst/von Westphalen*, NJW 2016, 3745 (3747).

Überzeugender ist jedenfalls, dass Art. 6 Abs. 1 UAbs. 1 lit. b Alt. 1 DSGVO auch Pflichten der betroffenen Person erfasst.[454] Der Wortlaut von Art. 6 Abs. 1 UAbs. 1 lit. b Alt. 1 DSGVO spricht gerade nicht dagegen, diese mit einzubeziehen.[455] Auch der Zweck der Regelung erlaubt eine Erfassung der Pflichten der betroffenen Person.[456] Dies betrifft etwa den Fall, in dem eine Verarbeitung durch den Verantwortlichen für die Vertragserfüllung der Gegenseite erforderlich ist.[457] Ein Beispiel hierfür sind notwendige Mitwirkungshandlungen.[458] Die Einschränkung ist schließlich auch nicht notwendig. Missbräuchliche Konstellationen können zweckmäßig im Rahmen der Erforderlichkeitsprüfung ausgeschlossen werden.[459]

4. Primär- und Sekundärpflichten

Die Pflichten eines Schuldverhältnisses können in Primär- und Sekundärpflichten unterteilt werden.[460] Primärpflichten umfassen die Leistungspflichten (§ 241 Abs. 1 BGB) sowie die Schutz- bzw. Nebenpflichten (§ 241 Abs. 2 BGB).[461] Es besteht weitgehende Einigkeit darüber, dass Erfüllung eines Vertrags sowohl Leistungs- als auch Nebenpflichten erfasst.[462] Insoweit umfasst Vertragserfüllung jedenfalls

---

454 *Reimer*, in: Sydow/Marsch, DSGVO, Art. 6 Rn. 28; wohl in diese Richtung LG Frankfurt a. M., Urteil vom 26.5.2023, 2-24 O 156/21, GRUR-RS 2023, 18081, Rn. 48 mwN: „Der autonom auszulegende Begriff der ‚Erfüllung' bezieht sich auf den Leistungskanon der Vertragsparteien und Nebenpflichten"; in diese Richtung wohl auch *Zehelein*, NJW 2019, 3047 (3048): „alle Haupt- und Nebenleistungspflichten".

455 *Reimer*, in: Sydow/Marsch, DSGVO, Art. 6 Rn. 28; darauf hinweisend, ohne sich im Ergebnis anzuschließen *Schmidt-Kessel*, in: Lohsse/Schulze/Staudenmayer, Data as Counter Performance, 129 (133).

456 Darauf hinweisend, ohne sich im Ergebnis anzuschließen *Schmidt-Kessel*, in: Lohsse/Schulze/Staudenmayer, Data as Counter Performance, 129 (133).

457 *Reimer*, in: Sydow/Marsch, DSGVO, Art. 6 Rn. 28.

458 *Reimer*, in: Sydow/Marsch, DSGVO, Art. 6 Rn. 28.

459 Siehe hierzu Teil 2:D.IV.3.

460 *Brox/Walker*, Allgemeines Schuldrecht, § 2 Rn. 5 ff./15; aA *Kramme*, in: Prütting/Wegen/Weinreich, BGB, § 241 Rn. 20, der dies alt veraltet ablehnt; ebenfalls aA *Olzen*, in: Staudinger, BGB, § 241 Rn. 142 f. mwN.

461 *Brox/Walker*, Allgemeines Schuldrecht, § 2 Rn. 5 ff./15.

462 BGH, Urteil vom 12.7.2018, III ZR 183/17, BGHZ 219, 243, Rn. 71 = NJW 2018, 3178, Rn. 71; OLG Hamm, Urteil vom 26.4.2023, 8 U 94/22, ZD 2023, 684, Rn. 65 unterteilt mwN in Haupt- und Nebenpflichten, zieht für Art. 6

„alle Handlungen, die notwendig sind, um die vertraglich geschuldeten Handlungen, Duldungen und Unterlassungen zu erbringen".[463]
Sekundärpflichten entstehen bei der Störung von Primärpflichten.[464]
Eine entsprechende Aufspaltung von Art. 6 Abs. 1 UAbs. 1 lit. b Alt. 1
DSGVO ist wegen des engen Zusammenhangs abzulehnen.[465] Insbesondere wäre ein Verweis auf Art. 6 Abs. 1 UAbs. 1 lit. f DSGVO nicht
interessengerecht.[466] Auch die Erfüllung von Sekundärpflichten fällt
daher unter Art. 6 Abs. 1 UAbs. 1 lit. b Alt. 1 DSGVO.[467] In Deutschland wäre die Geltendmachung ohnehin jedenfalls auf Basis von
Art. 23 Abs. 1 lit. j DSGVO iVm § 24 Abs. 1 Nr. 2 BDSG zulässig.[468]

5. Vertragsänderung

Teile der Literatur gehen davon aus, dass auch die mit einer Vertragsänderung einhergehenden Datenverarbeitungen unter das Merkmal

---

Abs. 1 UAbs. 1 lit. b Alt. 1 DSGVO aber ebenfalls beide Kategorien gleichbe-
rechtigt heran; *Niggl*, in: Selzer, DSGVO, Art. 6 Rn. 19 sieht die Erfassung von
Haupt- und Nebenpflichten als allgemeine Ansicht; ebenso *Jahnel*, in: Jahnel,
DSGVO, Art. 6 Rn. 29: „einhellige Meinung"; *Wolff*, in: Schantz/Wolff, Das
neue Datenschutzrecht, Rn. 558 sieht auch die Erfüllung nachvertraglicher
Pflichten als Erfüllung des Vertrags; ebenso *Buchner/Petri*, in: Kühling/Buch-
ner, DSGVO, Art. 6 Rn. 33; siehe zudem die jeweiligen Ansätze unter Teil 2:C.
II; eine Klärung durch den EuGH befürwortet *Rank-Haedler*, RDi 2021, 448
(449); zu Art. 7 lit. b DS-RL *Dammann/Simitis*, DS-RL, Art. 7 Rn. 5: „Auch die
Richtlinie ist dahin zu verstehen, daß neben den vertraglichen Hauptpflichten
auch die Nebenpflichten Grundlage für eine Datenveralbeitung sein können.".
463 *Wolff*, in: Schantz/Wolff, Das neue Datenschutzrecht, Rn. 553.
464 *Brox/Walker*, Allgemeines Schuldrecht, § 2 Rn. 15.
465 *Schwartmann/Klein*, in: Schwartmann/Jaspers/Thüsing/Kugelmann, DSGVO,
Art. 6 Rn. 61 unter Verweis auf *Wolff*, in: Schantz/Wolff, Das neue Datenschutzrecht, Rn. 558.
466 *Schwartmann/Klein*, in: Schwartmann/Jaspers/Thüsing/Kugelmann, DSGVO,
Art. 6 Rn. 61.
467 VG Hannover, Urteil vom 9.11.2021, 10 A 502/19, ZD 2022, 182, Rn. 26; *Wolff*,
in: Schantz/Wolff, Das neue Datenschutzrecht, Rn. 553; *Schwartmann/Klein*,
in: Schwartmann/Jaspers/Thüsing/Kugelmann, DSGVO, Art. 6 Rn. 61 f.; *Plath/
Struck*, in: Plath, DSGVO, Art. 6 Rn. 12; *Reimer*, in: Sydow/Marsch, DSGVO,
Art. 6 Rn. 27; *Beck/Kirschhöfer*, ZVertriebsR 2019, 3 (5).
468 *Schwartmann/Klein*, in: Schwartmann/Jaspers/Thüsing/Kugelmann, DSGVO,
Art. 6 Rn. 62; *Burfeind*, PinG 2023, 146 (149).

„Erfüllung eines Vertrags" fallen.[469] Diese Ansicht ist jedoch abzulehnen.[470] Es stellt sich bereits die Frage, inwieweit ein Änderungsvertrag als auch verfügender Vertrag[471] unter den Vertragsbegriff von Art. 6 Abs. 1 UAbs. 1 lit. b Alt. 1 DSGVO fällt. Jedenfalls liegt es systematisch näher, die Vertragsänderung nach Art. 6 Abs. 1 UAbs. 1 lit. b Alt. 2 DSGVO zu beurteilen.[472]

6. Vertragsbeendigung

Bei Vertragsbeendigung können beispielsweise Verarbeitungen zur Rückabwicklung von Zahlungen stattfinden.[473] Die Beendigung eines Vertrags richtet sich – ebenso wie seine Wirksamkeit[474] – nach nationalem Recht.[475]

Teile der Literatur lehnen es ab, die Vertragsbeendigung unter das Merkmal „Erfüllung" zu fassen.[476] Denn diese Datenverarbeitungen würden nicht der Vertragserfüllung dienen.[477] Es werde lediglich

---

469 *Abel*, ZD 2018, 103 (106); *Nebel*, K&R 2019, 148 (150); *Rank-Haedler*, in: Schmidt-Kessel/Kramme, Hdb. Verbraucherrecht, Kap. 18 Rn. 75; im Ergebnis auch *Buchmann/Krell*, PinG 2022, 139 (141), die dies allerdings am Merkmal „Vertrag" und nicht an der „Vertragserfüllung" festmachen; wohl auch *Albers/Veit*, in: BeckOK Datenschutzrecht, DSGVO, Art. 6 Rn. 43, die davon ausgehen, dass eine Änderung eines Vertrags bei beiderseitigem Einvernehmen ein neuer Vertrag im Sinne der Norm sei.
470 *Reimer*, in: Sydow/Marsch, DSGVO, Art. 6 Rn. 26; allgemein dafür, dass der Wunsch nach dem Eingehen eines neuen Vertrags nicht unter Art. 6 Abs. 1 UAbs. 1 lit. b Alt. 1 DSGVO fällt *Wolff*, in: Schantz/Wolff, Das neue Datenschutzrecht, Rn. 559.
471 *Herresthal*, in: BeckOGK, BGB, § 311 Rn. 135 ff. mwN; *Feldmann*, in: Staudinger, BGB, § 311 Rn. 72 mwN.
472 *Reimer*, in: Sydow/Marsch, DSGVO, Art. 6 Rn. 26; zu den Voraussetzungen für einen solchen Rückgriff in Teil 3.
473 EDSA, Leitlinien 2/2019, Rn. 42.
474 Vgl. oben, Teil 2:A.IV.2.
475 *Kotschy*, in: Kuner/Bygrave/Docksey, GDPR, S. 331.
476 *Hacker*, Datenprivatrecht, S. 262; *Ziegenhorn/von Heckel*, NVwZ 2016, 1585 (1588), die alternativ ein weites Verständnis der Vertragserfüllung oder einen Rückgriff auf Art. 6 Abs. 1 UAbs. 1 lit. f DSGVO vorschlagen; *Schantz*, in: Simitis/Hornung/Spiecker gen. Döhmann, Datenschutzrecht, DSGVO, Art. 6 Abs. 1 Rn. 30; *Reimer*, in: Sydow/Marsch, DSGVO, Art. 6 Rn. 26; *Nebel*, K&R 2019, 148 (150).
477 *Schantz*, in: Simitis/Hornung/Spiecker gen. Döhmann, Datenschutzrecht, DSGVO, Art. 6 Abs. 1 Rn. 30.

die Existenz des Vertrags verändert.[478] Vielmehr könne Art. 6 Abs. 1 UAbs. 1 lit. f DSGVO hier eine taugliche Rechtsgrundlage bieten.[479] Diese Vorschrift greife, da diejenige Partei, die den Vertrag beendet, hieran ein berechtigtes Interesse habe.[480]

Überzeugender ist jedoch die Ansicht, dass Art. 6 Abs. 1 UAbs. 1 lit. b Alt. 1 DSGVO auch die mit der Vertragsbeendigung verbundenen Datenverarbeitungen umfasst.[481] Dem steht nicht entgegen, dass der Wortlaut die Vertragsbeendigung nicht unmittelbar erfasst.[482] Vielmehr spricht dafür, dass die Beendigung noch unmittelbar aus dem vertraglichen Schuldverhältnis folgt.[483] Zwar kann durchaus als Kontrollfrage herangezogen werden, ob die Datenverarbeitung nicht eher unter Art. 6 Abs. 1 UAbs. 1 lit. f DSGVO gefasst werden soll.[484] Dies erscheint hier schon deshalb widersinnig, weil damit ein Widerspruchsrecht nach Art. 21 Abs. 1 S. 1 DSGVO einhergehen würde. Unabhängig vom Erfolg des Widerspruchs ist es nicht interessensgerecht, dass die betroffene Person Datenverarbeitungen bei einer zivilrechtlich berechtigten Vertragsbeendigung datenschutzrechtlich widersprechen kann.

---

478 *Reimer*, in: Sydow/Marsch, DSGVO, Art. 6 Rn. 26.

479 *Ziegenhorn/von Heckel*, NVwZ 2016, 1585 (1588); *Reimer*, in: Sydow/Marsch, DSGVO, Art. 6 Rn. 26.

480 *Reimer*, in: Sydow/Marsch, DSGVO, Art. 6 Rn. 26.

481 LG Frankfurt a. M., Urteil vom 26.5.2023, 2-24 O 156/21, GRUR-RS 2023, 18081, Rn. 48; *Specht*, in: Specht/Mantz, Hdb. Europäisches und deutsches Datenschutzrecht, § 9 Rn. 47; *Buchner/Petri*, in: Kühling/Buchner, DSGVO, Art. 6 Rn. 33; *Mantz/Marosi*, in: Specht/Mantz, Hdb. Europäisches und deutsches Datenschutzrecht, § 3 Rn. 59; *Schulz*, in: Gola/Heckmann, DSGVO, Art. 6 Rn. 30; EDSA, Leitlinien 2/2019, Rn. 42; *von dem Bussche*, in: von dem Bussche/Voigt, Konzerndatenschutz, Teil 3 Kap. 3 Rn. 34; *Knüppel*, Datenfinanzierte Apps als Gegenstand des Datenschutzrechts, S. 224; *Feiler/Forgó*, DSGVO, Art. 6 Rn. 6; wohl auch *Kazemi*, DSGVO in der anwaltlichen Beratungspraxis, § 4 Rn. 145; wohl auch *Gola/Wronka*, RDV 2018, 309 (312), nach denen Vertragskündigungen „unmittelbar das vertragliche Leistungsgefüge [betreffen]"; im Ergebnis auch *Rank-Haedler*, in: Schmidt-Kessel/Kramme, Hdb. Verbraucherrecht, Kap. 18 Rn. 75.

482 *Knüppel*, Datenfinanzierte Apps als Gegenstand des Datenschutzrechts, S. 224.

483 *Buchner/Petri*, in: Kühling/Buchner, DSGVO, Art. 6 Rn. 33; *Kazemi*, DSGVO in der anwaltlichen Beratungspraxis, § 4 Rn. 145.

484 In diese Richtung *Schulz*, in: Gola/Heckmann, DSGVO, Art. 6 Rn. 30, der diese Frage unter anderem für die Vertragsbeendigung verneint.

7. Gesetzliche Pflichten

Der BGH sowie Teile der Literatur sehen auch die Erfüllung gesetzlicher Pflichten im Zusammenhang mit Verträgen als Erfüllung eines Vertrags.[485] Als Beispiel für unmittelbar mit der Vertragserfüllung verbundene Pflichten nennen Vertreter dieser Ansicht etwa die Datenverarbeitungen zur Buchführung oder Archivierung.[486] Die Erfüllung dieser Pflichten könne auf Art. 6 Abs. 1 UAbs. 1 lit. b DSGVO gestützt werden.[487] Art. 6 Abs. 1 UAbs. 1 lit. c sowie lit. e DSGVO seien daneben kumulativ nebeneinander anwendbar.[488]

Diese Ansicht überzeugt nicht.[489] Die Erfüllung gesetzlicher Pflichten im Vertragskontext muss vielmehr auf Art. 6 Abs. 1 UAbs. 1 lit. c DSGVO gestützt werden.[490] Diese Unterscheidung[491] ist auch deshalb relevant, da bei Art. 6 Abs. 1 UAbs. 1 lit. b Alt. 1 DSGVO die Anforderungen von Art. 6 Abs. 3 DSGVO nicht eingehalten werden müssen.[492]

V. Ergebnis

Die „Erfüllung eines Vertrags" umfasst Primär- und Sekundärpflichten[493] des Vertragspartners[494] sowie der betroffenen Person.[495] Die

---

485 BGH, Urteil vom 12.7.2018, III ZR 183/17, BGHZ 219, 243, Rn. 71 = NJW 2018, 3178, Rn. 71; *Assion/Nolte/Veil*, in: Gierschmann/Schlender/Stentzel/ Veil, DSGVO, Art. 6 Rn. 91.

486 *Assion/Nolte/Veil*, in: Gierschmann/Schlender/Stentzel/Veil, DSGVO, Art. 6 Rn. 91.

487 *Assion/Nolte/Veil*, in: Gierschmann/Schlender/Stentzel/Veil, DSGVO, Art. 6 Rn. 91.

488 *Assion/Nolte/Veil*, in: Gierschmann/Schlender/Stentzel/Veil, DSGVO, Art. 6 Rn. 91.

489 *Wolff*, in: Schantz/Wolff, Das neue Datenschutzrecht, Rn. 564 f.

490 Für gesetzliche Aufbewahrungspflichten *Wolff*, in: Schantz/Wolff, Das neue Datenschutzrecht, Rn. 565.

491 Siehe zur Abgrenzung von Art. 6 Abs. 1 UAbs. 1 lit. b Alt. 1 und lit. c DSGVO unter Teil 2:A.II.3.b.bb.

492 Zu Art. 6 Abs. 1 UAbs. 1 lit. e DSGVO *Wolff*, in: Schantz/Wolff, Das neue Datenschutzrecht, Rn. 564.

493 Teil 2:C.IV.4.

494 Teil 2:C.IV.2.

495 Teil 2:C.IV.3.

Vertragsbeendigung ist ebenfalls erfasst.[496] Nicht unter das Merkmal fallen hingegen der Vertragsabschluss,[497] Vertragsänderungen,[498] sowie Verarbeitungen aufgrund gesetzlicher Pflichten im Vertragskontext.[499]

D. Erforderlichkeit

Die Erforderlichkeit ist der „Maßstab für die Verarbeitung".[500] Sowohl die Verarbeitung als solche aber auch der Verarbeitungsumfang muss erforderlich sein.[501] Insoweit bezieht sich die Erforderlichkeit auf den „konkreten Verarbeitungsvorgang".[502] Die Erforderlichkeit ist ein begrenzendes Merkmal.[503]

Die „Erforderlichkeit" hat herausragende Bedeutung für die Reichweite von Art. 6 Abs. 1 UAbs. 1 lit. b DSGVO.[504] Sie ist das zentrale Merkmal zur Bestimmung „wann vertragliche Abreden datenschutzrechtliche Rechtfertigungskraft behalten."[505] Gleichzeitig dient das Merkmal als „zentrales Scharnier für die Koordination des Datenschutzrechts mit der zivilrechtlichen Privatautonomie".[506] Art. 6 Abs. 1 UAbs. 1 lit. b Alt. 1 DSGVO enthält jedoch keine Auslegungshinweise zum Erforderlichkeitsmerkmal.[507] Auch die DSGVO enthält keine De-

---

496 Teil 2:C.IV.6.
497 Teil 2:C.IV.1.
498 Teil 2:C.IV.5.
499 Teil 2:C.IV.7.
500 *Frenzel*, in: Paal/Pauly, DSGVO, Art. 6 Rn. 14 mit Verweis auf *Wolff*, in: Schantz/Wolff, Das neue Datenschutzrecht, Rn. 573 ff.
501 *Wolff*, in: Schantz/Wolff, Das neue Datenschutzrecht, Rn. 573.
502 *Wolff*, in: BeckOK Datenschutzrecht, DSGVO, Syst. A. Rn. 59.
503 LG Frankfurt a. M., Urteil vom 26.5.2023, 2-24 O 156/21, GRUR-RS 2023, 18081, Rn. 48; *Wolff*, in: Schantz/Wolff, Das neue Datenschutzrecht, Rn. 429; *Albers/Veit*, in: BeckOK Datenschutzrecht, DSGVO, Art. 6 Rn. 16; *Guggenberger*, Irrweg informationelle Privatautonomie, S. 208; *Lehmann/Wancke*, WM 2019, 613 (617).
504 *Heinzke/Engel*, ZD 2020, 189 (191).
505 *Engeler*, NJW 2022, 3398 (3402).
506 *Veit*, Einheit und Vielfalt im europäischen Datenschutzrecht, S. 233; ähnlich *Albers/Veit*, in: BeckOK Datenschutzrecht, DSGVO, Art. 6 Rn. 44a.
507 *Plath/Struck*, in: Plath, DSGVO, Art. 6 Rn. 18.

finition für diesen Begriff.[508] Auch im übrigen Unionsrecht findet sich eine solche nicht.[509]

Im Folgenden wird zunächst geklärt, ob das Erforderlichkeitskriterium autonom auszulegen ist.[510] Anschließend nähert sich die Untersuchung der Erforderlichkeit in drei Schritten.[511] Im ersten Schritt wird der Bezugspunkt für die weitere Prüfung ermittelt.[512] Im zweiten Schritt wird der datenschutzrechtliche Inhalt des Merkmals untersucht.[513] Der dritte Schritt betrifft das Verhältnis zur datenschutzrechtlichen Einwilligung dahingehend, ob sich hieraus Einschränkungen für die Anwendung von Art. 6 Abs. 1 UAbs. 1 lit. b Alt. 1 DSGVO ergeben.[514]

Manche der vertretenen Ansichten kombinieren verschiedene Elemente im Sinne der hier identifizierten Schritte. Die Diskussion folgt nicht immer einer einheitlichen Systematik. Eine Darstellung aller denkbaren Kombinationen ist nicht zweckmäßig. Insoweit werden die Ansichten nachstehend in ihre Einzelteile zerlegt.

I. Autonom oder Verweis?

Die Erforderlichkeit ist unionsautonom auszulegen.[515] Dies ergibt sich bereits daraus, dass dieses Merkmal die Zulässigkeit von Datenver-

---

508 VG Hannover, Urteil vom 9.11.2021, 10 A 502/19, ZD 2022, 182, Rn. 26; *Bock*, CR 2020, 173 (174); *Plath/Struck*, in: Plath, DSGVO, Art. 6 Rn. 18.
509 Generalanwalt *Rantos*, Schlussanträge vom 20.9.2022, C-252/21, EU:C:2022:704, Rn. 54 – Meta Platforms u. a.
510 Teil 2:D.I.
511 Eine vergleichbare mehrschritte Prüfung findet sich auch bei *Indenhuck/Britz*, BB 2019, 1091 (1092 ff.); *Britz/Indenhuck*, in: Heinze, Daten, Plattformen und KI als Dreiklang unserer Zeit, 47 (52 ff.); *Britz/Indenhuck*, ZD 2023, 13 (15 ff.); *Schmidt*, in: Freund/Schmidt/Heep/Roschek, DSGVO, Art. 6 Rn. 40 ff.; *Borges/Steinrötter*, in: BeckOK IT-Recht, DSGVO, Art. 6 Rn. 20 f.; *Guggenberger*, Irrweg informationelle Privatautonomie, S. 209; *Rank-Haedler*, Handel mit personenbezogenen Daten in Deutschland und Italien, S. 99 ff.
512 Teil 2:D.II.
513 Teil 2:D.III.
514 Teil 2:D.IV.
515 Generalanwalt *Rantos*, Schlussanträge vom 20.9.2022, C-252/21, EU:C:2022:704, Rn. 54 – Meta Platforms u. a.; zu Art. 7 lit. e DS-RL EuGH, Urteil vom 16.12.2008, C-524/06, EU:C:2008:724, Rn. 52 – Huber; EDSA, Leitlinien 2/2019, Rn. 23; *Kohler*, RDIPP 52/2 (2016), 653 (666); *Grünberger*, AcP 221

arbeitungen regelt und insoweit ein einheitliches Schutzniveau in der Union zu gewährleisten ist.[516] Das Merkmal hat einen eigenen datenschutzrechtlichen Inhalt.[517]

II. Schritt 1: Bezugspunkt

Zunächst stellt sich die Frage nach dem Bezugspunkt[518], also danach „woran die Erforderlichkeit [...] überhaupt zu messen ist."[519] Im Rahmen von Art. 6 Abs. 1 UAbs. 1 lit. b Alt. 1 DSGVO bezieht sich die Erforderlichkeit auf die Erfüllung eines Vertrags.[520] Diskutiert wird dabei insbesondere, ob die Erforderlichkeit anhand des vereinbarten oder aber eines eingeschränkten Vertragsinhalts zu beurteilen ist.[521]

Die folgenden Abschnitte behandeln zunächst den Vorschlag eines einschränkenden Maßstabs.[522] Anschließend wird der Vorschlag einer Gesamtbewertung diskutiert.[523] Schließlich geht die Untersuchung auf den Vorschlag eines vertragsimmanenten Maßstabs ein.[524]

(2021), 604 (612); *Kosmider*, Die Verantwortlichkeit im Datenschutz, S. 133; *Sattler*, Informationelle Privatautonomie, S. 145; *von Westphalen/Wendehorst*, ZIP 2019, 1937 (1937); jedenfalls im Ausgangspunkt *Lüttringhaus*, in: Gebauer/Wiedmann, Europäisches Zivilrecht, Kap. 30 Rn. 50; ebenso wohl Arbeitsgruppe „Digitaler Neustart", Bericht vom 15.5.2017, S. 218; *Nettesheim*, VerfBlog 12.10.22, Digitale Autonomie in Vertragsbeziehungen, Abschnitt IV.: „Rechtsbegriff des Unionsrechts"; zu Art. 6 Abs. 1 UAbs. 1 lit. b Alt. 1 DSGVO insgesamt *Klein*, in: FS Taeger, 235 (241).

516 Zu Art. 7 lit. e DS-RL EuGH, Urteil vom 16.12.2008, C-524/06, EU:C:2008:724, Rn. 52 – Huber.

517 EDSA, Leitlinien 2/2019, Rn. 23; *Feiler/Forgó*, DSGVO, Art. 6 Rn. 9; siehe hierzu Teil 2:D.III.

518 Begrifflich ähnlich *Nettesheim*, Data Protection in Contractual Relationships (Art. 6 (1) (b) GDPR), S. 90: „reference point"; *Buchner/Petri*, in: Kühling/Buchner, DSGVO, Art. 6 Rn. 39 verwenden den Begriff der „Beurteilungsgrundlage".

519 *Engeler*, ZD 2018, 55 (56).

520 *Wolff*, in: Schantz/Wolff, Das neue Datenschutzrecht, Rn. 576; ähnlich *von Lewinski/Rüpke/Eckhardt*, Datenschutzrecht, § 12 Rn. 17.

521 Vgl. in diesem Sinne *Borges/Steinrötter*, in: BeckOK IT-Recht, DSGVO, Art. 6 Rn. 20; ebenso *Engeler*, ZD 2018, 55 (56).

522 Teil 2:D.II.1.

523 Teil 2:D.II.2.

524 Teil 2:D.II.3.

1. Einschränkend

Teile der Rechtsprechung,[525] die europäischen Datenschutzaufsichtsbehörden[526] und Teile der Literatur[527] vertreten einen einschränkenden Erforderlichkeitsmaßstab. Dieser wird auch als „Kernvertragstheorie",[528] als „abstrakt-wertender Erforderlichkeitsmaßstab",[529] als
„objektiver Erforderlichkeitsmaßstab",[530] als „typisierend-wertende
Betrachtung",[531] als „abstrakt-generelle Betrachtung"[532] oder als „datenschutzrechtliche Inhaltskontrolle"[533] bezeichnet. Die Ansichten un-

---

525 EuGH, Urteil vom 4.7.2023, C-252/21, EU:C:2023:537, Rn. 98 – Meta Platforms u. a.; wohl BGH, Urteil vom 12.7.2018, III ZR 183/17, BGHZ 219, 243,
Rn. 71 = NJW 2018, 3178, Rn. 71: „Vertragsinhalt und […] vertragscharakteristische Leistung"; zur Einordnung dieses Urteils *Ehlen/Blum*, CR 2023, 392
(394 f.), nach denen der BGH einen „vagen Maßstab" vertritt; eng auch VG
Mainz, Urteil vom 20.2.2020, 1 K 467/19.MZ, CR 2020, 390, Rn. 31: „wenn
die essentialia negotii des jeweiligen Vertrags betroffen sind".

526 EDSA, Leitlinien 2/2019, Rn. 30 ff.; Datenschutzkonferenz, Protokoll der 96.
Konferenz vom 14.1.2019, S. 9, wobei zehn Mitglieder der Datenschutzkonferenz dafür gestimmt, fünf Mitglieder dagegen gestimmt, und sich zwei Mitglieder enthalten haben.

527 *Golland*, MMR 2018, 130 (130); *Specht*, in: Specht/Mantz, Hdb. Europäisches
und deutsches Datenschutzrecht, § 9 Rn. 48; *Nebel*, K&R 2019, 148 (150);
Korch, ZEuP 2021, 792 (816); *Buchner/Petri*, in: Kühling/Buchner, DSGVO,
Art. 6 Rn. 39 ff., nach denen neben der vertragscharakteristischen Leistung
gleichwohl der Vertragsinhalt Beurteilungsgrundlage ist; *Guggenberger*, Irrweg informationelle Privatautonomie, S. 208 f.; *Brinkmann*, in: BeckOGK,
BGB, § 307 Datenschutzklausel Rn. 14 ff.; *Rank-Haedler*, Handel mit personenbezogenen Daten in Deutschland und Italien, S. 99: „Die Bestimmung dessen, was die Parteien im Wesentlichen als Kern ihres Vertrages vorgesehen
haben, stellt damit den ersten Schritt bei der Bestimmung der Erforderlichkeit
dar."; für eine abstrahierende Betrachtung im Ergebnis auch *Sattler*, Informationelle Privatautonomie, S. 409; in diese Richtung *Albrecht/Jotzo*, Das neue
Datenschutzrecht, Teil 3 Rn. 43 f.

528 *Bock*, CR 2020, 173 (175); *Britz/Indenhuck*, in: Heinze, Daten, Plattformen
und KI als Dreiklang unserer Zeit, 47 (50); *Britz/Indenhuck*, ZD 2023, 13 (14).

529 Begriffsprägend *Engeler*, ZD 2018, 55 (57), der diesen Maßstab jedoch im
Ergebnis ablehnt.

530 *Golland*, MMR 2018, 130 (130); *Hacker*, Datenprivatrecht, S. 184/263.

531 *Veit*, Einheit und Vielfalt im europäischen Datenschutzrecht, S. 233.

532 *Drabinski*, Die vertragliche Datenüberlassung und das Kaufrecht, S. 69.

533 *Indenhuck/Britz*, BB 2019, 1091 (1091); *Nettesheim*, VerfBlog 12.10.22, Di-
gitale Autonomie in Vertragsbeziehungen, Abschnitt III.; *Britz/Indenhuck*, in:
Heinze, Daten, Plattformen und KI als Dreiklang unserer Zeit, 47 (59); *Britz/
Indenhuck*, ZD 2023, 13 (17).

terscheiden sich im Detail. Die wesentliche Gemeinsamkeit ist jedoch die vorgenommene Einschränkung.

Nach Ansicht der Datenschutzkonferenz soll „eine[...] wertende[...] Einschränkung der Vertragsbedingungen nach datenschutzrechtlichen Prinzipien" erfolgen.[534] Es müsse „unabhängig von etwaigen weiterreichenden Vertragsbestimmungen" ein Vertragskern beziehungsweise Vertragszweck aus der Perspektive des Datenschutzrechts ermittelt werden.[535] Dabei sei nur erforderlich, „was für von außen definierte, einschränkend bestimmte Vertragszwecke (z. B. der aus externer Perspektive definierte ‚core of the contract)' erforderlich ist."[536]

Ob der Europäische Datenschutzausschuss sich in seinen Leitlinien 2/2019 diesem Vorgehen angeschlossen hat, wird nicht einheitlich beantwortet.[537] Jedenfalls auf der ersten Stufe seiner Prüfung nimmt auch der Europäische Datenschutzausschuss eine Verobjektivierung des Vertragszwecks vor.[538] Der Europäische Datenschutzausschuss misst dem Vertragstext beziehungsweise den Vertragsbedingungen

---

534 Datenschutzkonferenz, Protokoll der 96. Konferenz vom 14.1.2019, S. 9.

535 Datenschutzkonferenz, Protokoll der 96. Konferenz vom 14.1.2019, S. 9.

536 Datenschutzkonferenz, Protokoll der 96. Konferenz vom 14.1.2019, S. 9.

537 Dafür *Borges/Steinrötter*, in: BeckOK IT-Recht, DSGVO, Art. 6 Rn. 20, nach denen sich der EDSA „im Kern [...] angeschlossen hat"; ebenso *Engeler*, NJW 2022, 3398 (3402), der davon ausgeht, dass der EDSA „ausdrücklich einen abstrakt-wertenden Erforderlichkeitsmaßstab [vertritt]"; implizit auch *Veit*, Einheit und Vielfalt im europäischen Datenschutzrecht, S. 233; ebenso *Hacker*, Datenprivatrecht, S. 184; in diese Richtung auch *Britz/Indenhuck*, in: Heinze, Daten, Plattformen und KI als Dreiklang unserer Zeit, 47 (50), die in den Leitlinien des EDSA „ähnliche Erwägungen" wie zur Kernvertragstheorie sehen; ebenso *Britz/Indenhuck*, ZD 2023, 13 (15); dagegen *Bock*, CR 2020, 173 (175 ff.), die diese Gleichsetzung für eine Fehlinterpretation hält (176 f.) und in der Ansicht des EDSA einen „vermittelnden dritten Weg" (175) sieht; ebenso dagegen *Burfeind*, PinG 2023, 146 (149), nach der der EDSA „zwar auch die berechtigten Erwartungen des Betroffenen als maßgeblich ansieht, aber durch die Berücksichtigung der Perspektive des Datenverarbeiters mehr Raum für die Verfechter der Vertragsfreiheitstheorie lässt."; wieder anders *Reimer*, in: Sydow/Marsch, DSGVO, Art. 6 Rn. 32, Fn. 104, der es mit Verweis für diese Differenzierung auf *Martini/Botta*, VerwArch 110 (2019), 235 (258) für möglich hält, dass der EDSA eigentlich zwischen Erlaubnis und Verpflichtung differenzieren wollte, dies aber „nicht besser ausdrücken konnte".

538 *Bock*, CR 2020, 173 (174).

dabei nur eine untergeordnete Bedeutung zu.[539] Der Verantwortliche müsse nachweisen, „inwieweit der Hauptgegenstand des Vertrages […] tatsächlich nicht erfüllt werden kann, wenn die spezifische Verarbeitung […] nicht erfolgt.".[540] Die Erforderlichkeit müsse anhand des „grundlegenden und einvernehmlich anerkannten Vertragszwecks" beurteilt werden.[541] Dabei könne auf den „Grundgedanken" und die „wesentlichen Elemente des Vertrags" abgestellt werden.[542] Maßgeblich sei zwar auch die Sicht des Verantwortlichen, darüber hinaus müsse jedoch „die Perspektive einer durchschnittlichen betroffenen Person" berücksichtigt werden.[543]

Eine Einschränkung nimmt auch der EuGH in der Rs. *Meta Platforms u.a.* vor.[544] Der EuGH bezieht sich auf den „Hauptgegenstand des Vertrags" beziehungsweise in der englischen Fassung auf „the main subject matter of the contract".[545]

Zwar wird dies teilweise dahingehend interpretiert, dass der Begriff „Hauptgegenstand" im Sinne der Formulierung „notwendiger Bestandteil der für die betroffene Person bestimmten Vertragsleistung"[546] im Satz zuvor zu verstehen sein soll.[547] Demnach könne sich der Hauptgegenstand auch anhand der vereinbarten Leistungen ergeben.[548]

---

539 *Britz/Indenhuck*, in: Heinze, Daten, Plattformen und KI als Dreiklang unserer Zeit, 47 (51) mit Verweis auf EDSA, Leitlinien 2/2019, Rn. 28; ebenso *Britz/ Indenhuck*, ZD 2023, 13 (14 f.).
540 EDSA, Leitlinien 2/2019, Rn. 30, die sich insbesondere auf Datenverarbeitung im Rahmen von Online-Vertragsdiensten beziehen.
541 EDSA, Leitlinien 2/2019, Rn. 32.
542 EDSA, Leitlinien 2/2019, Rn. 33.
543 EDSA, Leitlinien 2/2019, Rn. 32.
544 EuGH, Urteil vom 4.7.2023, C-252/21, EU:C:2023:537, Rn. 98 – Meta Platforms u. a.; so auch die Interpretation von *Füllsack/Kirschke-Biller*, CR 2023, 508 (509); ebenso *Golland*, MMR 2023, 669 (681 f.); zudem *Golland/Kelbch*, DSB 2023, 247 (249); wohl auch *Picht*, GRUR 2023, 1169 (1171), Fn. 35; tendenziell auch *Wünschelbaum*, EuZW 2023, 950 (961); aA *Moos/Rothkegel*, ZD 2023, 664 (677).
545 EuGH, Urteil vom 4.7.2023, C-252/21, EU:C:2023:537, Rn. 98 – Meta Platforms u. a.
546 EuGH, Urteil vom 4.7.2023, C-252/21, EU:C:2023:537, Rn. 98 – Meta Platforms u. a..
547 *Moos/Rothkegel*, ZD 2023, 664 (677).
548 *Moos/Rothkegel*, ZD 2023, 664 (677).

Der Bezug auf den Hauptgegenstand spricht jedoch für ein einschränkendes Verständnis.[549] Insbesondere schließt sich der EuGH damit dem Europäischen Datenschutzausschuss an.[550] Spezifische Anhaltspunkte für die Bestimmung des Hauptgegenstands enthält das Urteil nicht.[551] Denkbar wäre, dass der EuGH auf seine Rechtsprechung zu Art. 4 Abs. 2 Klausel-RL[552] Bezug nimmt. Demnach wären „unter den Begriff ‚Hauptgegenstand des Vertrags' im Sinne dieser Vorschrift diejenigen Klauseln zu fassen, die seine Hauptleistungen festlegen und ihn als solche charakterisieren."[553] Dies müssten die nationalen Gerichte anhand „der Natur, der Systematik und der Bestimmungen" sowie des „rechtlichen und tatsächlichen Kontexts" des Vertrags beurteilen.[554]

Ebenfalls für eine Einschränkung plädiert der Ansatz, nachdem Art. 6 Abs. 1 UAbs. 1 lit. b Alt. 1 DSGVO nur solche Datenverarbeitungen erfasse, die „für einen zwischen dem Datensubjekt und dem Verantwortlichen geschlossenen Vertrag nach objektivem Empfängerhorizont üblich und deshalb Teil des sachgedanklichen Mitbewusstseins des Datensubjekts bei Vertragsschluss sind."[555]

---

549 *Füllsack/Kirschke-Biller*, CR 2023, 508 (509).
550 *Golland*, MMR 2023, 669 (681 f.); *Golland/Kelbch*, DSB 2023, 247 (249); *Quiel*, DSB 2024, 1.
551 *Füllsack/Kirschke-Biller*, CR 2023, 508 (509); aA *Moos/Rothkegel*, ZD 2023, 664 (677).
552 Richtlinie 93/13/EWG des Rates vom 5.4.1993 über mißbräuchliche Klauseln in Verbraucherverträgen.
553 EuGH, Urteil vom 30.4.2014, C-26/13, EU:C:2014:282, Rn. 49 – Kásler und Káslerné Rábai; ein Abstellen auf die Hauptleistungspflichten schlägt auch *Brinkmann*, in: BeckOGK, BGB, § 307 Datenschutzklausel Rn. 16 vor.
554 EuGH, Urteil vom 30.4.2014, C-26/13, EU:C:2014:282, Rn. 51 – Kásler und Káslerné Rábai.
555 *Sattler*, Informationelle Privatautonomie, S. 289 f./409; in diese Richtung auch *Albrecht/Jotzo*, Das neue Datenschutzrecht, Teil 3 Rn. 43 f. mit Verweis zur Rechtslage nach BDSG: „Welchen Vertragszweck die Parteien bestimmt haben, richtet sich […] nach der Auslegung der Erklärungen nach dem objektiven Empfängerhorizont", maßgeblich sei, ob die Verarbeitung „für die Vertragserfüllung im eigentliche[n] Sinne erforderlich ist."; in eine ähnliche Richtung *Guggenberger*, Irrweg informationelle Privatautonomie, S. 209, nach dem ein „möglichst empirisch fundierter Maßstab" herangezogen werden müsse.

Für einen einschränkenden Maßstab soll zunächst Art. 7 Abs. 4 DSGVO sprechen.[556] Die Vorschrift betreffe zwar lediglich die Einwilligung, unterscheide allerdings zwischen dem zur Erfüllung eines Vertrags Erforderlichen und bloßen Klauseln zur Erbringung einer Dienstleistung.[557] Ein „Abgleich mit vertraglichen Leitbildern" könne zudem künstliche Erweiterungen der vertraglichen Pflichten aufgrund datenschutzrechtlicher Erwägungen aufdecken.[558] Auch mangele es bei einer abstrakten Beurteilung nicht an Bestimmtheit.[559] Dieser Maßstab sei zudem wegen der „regelmäßig bestehenden rationalen Ignoranz Personen in Bezug auf entsprechende Vertragsbestimmungen" geboten.[560] Der Ansatz zielt wesentlich auf den Schutz der betroffenen Person ab.[561]

Gleichwohl ist der einschränkende Maßstab abzulehnen.[562] Der Wortlaut von Art. 6 Abs. 1 UAbs. 1 lit. b Alt. 1 DSGVO enthält keine Hinweise auf ein solches Vorgehen.[563] Insbesondere der Begriff des Hauptgegenstandes findet sich dort nicht, obwohl der europäische Gesetzgeber diesen in Art. 4 Abs. 2 Klausel-RL durchaus verwendet. Entsprechende Rückschlüsse für Art. 6 Abs. 1 UAbs. 1 lit. b Alt. 1 DSGVO ergeben sich auch nicht aus Art. 7 Abs. 4 DSGVO.[564]

---

556 EDSA, Leitlinien 2/2019, Rn. 27.

557 EDSA, Leitlinien 2/2019, Rn. 27.

558 *Korch*, ZEuP 2021, 792 (816) unter Verweis auf *Buchner/Petri*, in: Kühling/Buchner, DSGVO, 3. Auflage 2020, Art. 6 Rn. 39.

559 *Brinkmann*, in: BeckOGK, BGB, § 307 Datenschutzklausel Rn. 16, der insoweit auf die Hauptleistungspflichten abstellt.

560 *Guggenberger*, Irrweg informationelle Privatautonomie, S. 208 f.

561 Darauf hinweisend BGH, Beschluss vom 23.6.2020, KVR 69/19, BGHZ 226, 67, Rn. 111 = MMR 2021, 48, Rn. 111 ohne sich dem anzuschließen.

562 *Engeler*, ZD 2018, 55 (57); *Indenhuck/Britz*, BB 2019, 1091 (1094); *Hacker*, Datenprivatrecht, S. 185/263 f.; *Plath/Struck*, in: Plath, DSGVO, Art. 6 Rn. 38; *Reimer*, in: Sydow/Marsch, DSGVO, Art. 6 Rn. 25; wohl auch *Heinzke/Engel*, ZD 2020, 189 (190 ff.); *Engeler*, NJW 2022, 3398 (3402); *Ehlen/Blum*, CR 2023, 392 (394); gegen eine datenschutzrechtliche Einschränkung auch *Redeker*, IT-Recht, Rn. 1079; *Nettesheim*, VerfBlog 12.10.22, Digitale Autonomie in Vertragsbeziehungen, Abschnitt IV.; *Nettesheim*, EU Law Live Weekend Edition (129) 2023, 3 (9 ff.); ausführlich *Nettesheim*, Data Protection in Contractual Relationships (Art. 6 (1) (b) GDPR), S. 85 ff.

563 *Hacker*, Datenprivatrecht, S. 185/263 f.; *Britz/Indenhuck*, in: Heinze, Daten, Plattformen und KI als Dreiklang unserer Zeit, 47 (56 f.); *Britz/Indenhuck*, ZD 2023, 13 (16).

564 *Engeler*, PinG 2019, 149 (151).

Die DSGVO enthält für Art. 6 Abs. 1 UAbs. 1 lit. b Alt. 1 DSGVO keine Vorgaben zu zulässigen Vertragsinhalten.[565] Besonders deutlich wird dies anhand der Systematik der Verordnung.[566] Denn Art. 28 Abs. 3 DSGVO, Art. 26 Abs. 1 S. 2, Abs. 2 S. 1 DSGVO, Art. 9 Abs. 2 lit. h, Abs. 3 DSGVO und Art. 49 Abs. 1 UAbs. 1 lit. c DSGVO sehen für die dort in Bezug genommenen Verträge besondere Inhalte beziehungsweise zusätzliche Anforderungen vor.[567]

Zudem ist der Ansatz zu unbestimmt.[568] Es fehlen belastbare Kriterien zur Ermittlung des Vertragskerns.[569] Die Anwendung durch verschiedene nationale Datenschutzbehörden könnte auch zu unterschiedlichen Ergebnissen und damit zu weiterer Rechtsunsicherheit führen.[570] Das Kohärenzverfahren würde hier allenfalls teilweise Abhilfe schaffen, da es nicht in jedem Fall zur Anwendung kommt.[571] Ein abstrakt-wertender Ansatz würde mittelbar auch zur Erschwerung neuer Vertragsgestaltungen führen.[572] Ohnehin wäre der Ansatz eine Einschränkung der Privatautonomie der Vertragsparteien.[573] Auch käme eine solche wertende Betrachtung der Angemessenheitsprüfung in Art. 6 Abs. 1 UAbs. 1 lit. f DSGVO gleich.[574] Art. 6 Abs. 1 UAbs. 1 lit. b Alt. 1 DSGVO sieht eine solche jedoch gerade nicht vor.[575]

---

565 BGH, Beschluss vom 23.6.2020, KVR 69/19, BGHZ 226, 67, Rn. 109 = MMR 2021, 48, Rn. 109; *Britz/Indenhuck*, in: Heinze, Daten, Plattformen und KI als Dreiklang unserer Zeit, 47 (56); *Britz/Indenhuck*, ZD 2023, 13 (16).

566 *Britz/Indenhuck*, in: Heinze, Daten, Plattformen und KI als Dreiklang unserer Zeit, 47 (56 f.); *Britz/Indenhuck*, ZD 2023, 13 (16).

567 *Britz/Indenhuck*, in: Heinze, Daten, Plattformen und KI als Dreiklang unserer Zeit, 47 (56); *Britz/Indenhuck*, ZD 2023, 13 (16).

568 *Engeler*, ZD 2018, 55 (57); *Engeler*, PinG 2019, 149 (151); *Hacker*, Datenprivatrecht, S. 184 f./263 f.; *Indenhuck/Britz*, BB 2019, 1091 (1094); *Bock*, CR 2020, 173 (175).

569 *Engeler*, ZD 2018, 55 (57); *Bock*, CR 2020, 173 (175); *Lüttringhaus*, in: Gebauer/Wiedmann, Europäisches Zivilrecht, Kap. 30 Rn. 54.

570 *Engeler*, PinG 2019, 149 (152).

571 *Engeler*, PinG 2019, 149 (152).

572 *Engeler*, ZD 2018, 55 (57).

573 *Engeler*, PinG 2019, 149 (151); *Ehlen/Blum*, CR 2023, 392 (394).

574 *Engeler*, ZD 2018, 55 (57).

575 *Engeler*, ZD 2018, 55 (57).

2. Gesamtbewertung

Zudem wird eine „Gesamtbewertung" vorgeschlagen.[576] Demnach seien „sowohl abstrakte Kriterien als auch die Umstände des Einzelfalls" relevant.[577] Nach dieser Ansicht werde der Vertragskern durch die Parteivereinbarungen ergänzt.[578] Die Parteien können innerhalb zivilrechtlicher Grenzen Leistungsvereinbarungen treffen und damit die Erforderlichkeit der Datenverarbeitung weitgehend beeinflussen.[579] Der Vorteil einer solchen Gesamtbetrachtung sei, dass die für die Vertragserfüllung erforderlichen Daten „eindeutig" und „ohne […] eine zu große Rechtsunsicherheit" bestimmbar seien.[580]

Diese Gesamtbewertung ist abzulehnen. Je nach Verständnis des Vertragskerns dürften die vereinbarten Pflichten für dessen Bildung regelmäßig entweder maßgeblich sein, diesen zumindest miterfassen oder darüber hinausgehen. Insoweit sind kaum Fälle denkbar, in denen die Einbeziehung des Vertragskerns für die vorgeschlagene Gesamtbetrachtung eigene Relevanz entfaltet. Zudem bringt der Vorschlag nicht die behauptete[581] eindeutige Bestimmbarkeit und Rechtssicherheit. Klarheit entsteht einzig durch das Abstellen auf die individuellen Parteipflichten, also durch den vertragsimmanenten Beurteilungsmaßstab.[582] Das zusätzliche Hinzuziehen einschränkender Maßstäbe verwässert diese Klarheit,[583] ohne einen Mehrwert zu schaffen. Eine Kombination birgt keine Vorteile gegenüber einem vertragsimmanenten Beurteilungsmaßstab.

---

576 *Drabinski*, Die vertragliche Datenüberlassung und das Kaufrecht, S. 70 f.; wohl ähnlich *Mantz/Marosi*, in: Specht/Mantz, Hdb. Europäisches und deutsches Datenschutzrecht, § 3 Rn. 58, die auf „**Vertragsinhalt und die vertragscharakteristische Leistung**" (Hervorhebung im Original), allerdings teilweise auch lediglich auf den eigentlichen Kern abstellen.
577 *Drabinski*, Die vertragliche Datenüberlassung und das Kaufrecht, S. 70.
578 *Drabinski*, Die vertragliche Datenüberlassung und das Kaufrecht, S. 70.
579 *Drabinski*, Die vertragliche Datenüberlassung und das Kaufrecht, S. 71 sieht mwN eine Ausnahme insbesondere bei der „Datennutzung zu Werbezwecken".
580 *Drabinski*, Die vertragliche Datenüberlassung und das Kaufrecht, S. 71.
581 *Drabinski*, Die vertragliche Datenüberlassung und das Kaufrecht, S. 71.
582 Hierzu sogleich Teil 2:D.II.3.
583 Zur Unbestimmtheit siehe Teil 2:D.II.1 sowie die Nachweise in Fn. 568.

3. Vertragsimmanent

Überzeugend ist schließlich der von Teilen der nationalen Rechtsprechung[584] sowie der Literatur vertretene „vertragsimmanente Erforderlichkeitsmaßstab".[585] Dieser wird auch als „subjektiver Erforderlichkeitsmaßstab",[586] als „konkret-objektiver Erforderlichkeitsmaßstab"[587] oder als „Vertragsfreiheitstheorie"[588] bezeichnet. Es kommt dabei nicht auf einen „vage[n] Wesenskern vertraglicher Leistungspflich-

---

584 So wohl BGH, Beschluss vom 23.6.2020, KVR 69/19, BGHZ 226, 67, Rn. 109 = MMR 2021, 48, Rn. 109 ff.: „Art. 6 Abs. 1 lit. a und b DS-GVO machen die Zulässigkeit der Datenverarbeitung [...] von der vertraglichen Grundlage der Rechtsbeziehung abhängig [...] und geben nicht umgekehrt einen bestimmten Inhalt der Vertragsbeziehung vor. Über die Frage, ob ein Leistungsinhalt, aus dem sich die Erforderlichkeit der Erfassung und Verarbeitung bestimmter Daten ergeben kann, wirksam vereinbart werden kann, entscheidet deshalb nicht die Datenschutz-Grundverordnung."; OLG Hamm, Urteil vom 26.4.2023, 8 U 94/22, ZD 2023, 684, Rn. 65.

585 *Wolff*, in: Schantz/Wolff, Das neue Datenschutzrecht, Rn. 576; *Engeler*, ZD 2018, 55 (57); *Lüttringhaus*, ZVglRWiss 117 (2018), 50 (56); *Lüttringhaus*, in: Gebauer/Wiedmann, Europäisches Zivilrecht, Kap. 30 Rn. 50; *Indenhuck/ Britz*, BB 2019, 1091 (1094); *Hacker*, Datenprivatrecht, S. 185 f./263 f.; *Engeler*, PinG 2019, 149 (152 ff.); *Britz/Indenhuck*, in: Heinze, Daten, Plattformen und KI als Dreiklang unserer Zeit, 47 (54 f.); *Britz/Indenhuck*, ZD 2023, 13 (15); *Nettesheim*, EU Law Live Weekend Edition (129) 2023, 3 (9 ff.); ausführlich *Nettesheim*, Data Protection in Contractual Relationships (Art. 6 (1) (b) GDPR), S. 82 ff.; tendenziell auch *Nettesheim*, VerfBlog 12.10.22, Digitale Autonomie in Vertragsbeziehungen, Abschnitt IV.; wohl auch *Albers/Veit*, in: BeckOK Datenschutzrecht, DSGVO, Art. 6 Rn. 44: „auf den konkreten Vertrag zu beziehen"; in diese Richtung wohl auch *Assion/Nolte/Veil*, in: Gierschmann/ Schlender/Stentzel/Veil, DSGVO, Art. 6 Rn. 90; wohl zudem *Zehelein*, NJW 2019, 3047 (3048); wohl auch *Rank-Haedler*, in: Schmidt-Kessel/Kramme, Hdb. Verbraucherrecht, Kap. 18 Rn. 76; wohl ebenso *Martini*, in: Paal/Pauly, DSGVO, Art. 22 Rn. 31; wohl auch *Knüppel*, Datenfinanzierte Apps als Gegenstand des Datenschutzrechts, S. 226; wohl ebenso *Schmitz*, in: Hoeren/Sieber/ Holznagel, Hdb. Multimedia-Recht, Teil 16.2 Rn. 286; wohl auch Arbeitsgruppe „Digitaler Neustart", Bericht vom 15.5.2017, S. 218; im Ergebnis auch *Funke*, Dogmatik und Voraussetzungen der datenschutzrechtlichen Einwilligung im Zivilrecht, S. 271 f., der indes spezifische Vorschriften für „Daten als Gegenleistung" fordert; großzügiger *Schmidt*, in: Freund/Schmidt/Heep/Roschek, DSGVO, Art. 6 Rn. 41 f. der einen „erweiterten objektiven Vertragsinhalt[...]" heranzieht; tendenziell auch *Bijok*, ZfDR 2021, 75 (89).

586 *Hacker*, Datenprivatrecht, S. 263.

587 *Engeler*, ZD 2018, 55 (57).

588 *Bock*, CR 2020, 173 (175).

ten" an.[589] Auch spielt es keine Rolle, was für das jeweilige Vertragsverhältnis „typisch, gängig oder üblich" ist.[590] Art. 6 Abs. 1 UAbs. 1 lit. b Alt. 1 DSGVO bezieht sich auf die „vertragliche Grundlage der Rechtsbeziehung".[591] Insoweit ist „der von den Parteien privatautonom gewählte Interessenausgleich zugrunde zu legen".[592]

Die Erforderlichkeit richtet sich mithin nach den konkreten und wirksamen Parteivereinbarungen.[593] Maßgeblich sind damit die spezifischen Vertragsklauseln, die einer der Parteien Rechte verleihen beziehungsweise Pflichten auferlegen.[594] Wesentlich ist der Konsens der Parteien.[595] Durch planmäßige Vertragsgestaltung kann so Einfluss auf die Erforderlichkeit genommen werden.[596]

Gegen einen vertragsimmanenten Erforderlichkeitsmaßstab wird angeführt, dass dieser die Prüfung zu sehr in das nationale Zivilrecht verlagere.[597] Art. 6 Abs. 2 DSGVO zeige jedoch, dass eine solche Inbezugnahme des nationalen Zivilrechts nicht gewollt sei.[598] Insoweit erlaube die DSGVO keine Konkretisierung durch nationales Zivilrecht.[599] Ohnehin handele es sich bei diesem Verweis um einen Zirkelschluss, da auch nationale Normen – insbesondere §§ 134, 307 Abs. 2 BGB – auf das Datenschutzrecht Bezug nehmen würden.[600] Letztlich müssten auch im nationalen Zivilrecht Wertungsfragen beantwortet werden, etwa im Rahmen von §§ 242, 307 Abs. 1 BGB.[601] Zudem untergrabe ein solcher Maßstab den Schutz des „datenschutz- und

---

589 *Engeler*, ZD 2018, 55 (57).
590 *Engeler*, ZD 2018, 55 (57).
591 BGH, Beschluss vom 23.6.2020, KVR 69/19, BGHZ 226, 67, Rn. 109 = MMR 2021, 48, Rn. 109.
592 OLG Hamm, Urteil vom 26.4.2023, 8 U 94/22, ZD 2023, 684, Rn. 65.
593 *Hacker*, Datenprivatrecht, S. 185/263 f. mwN; *Martini*, in: Paal/Pauly, DSGVO, Art. 22 Rn. 31.
594 *Engeler*, ZD 2018, 55 (57); ähnlich *Wolff*, in: Schantz/Wolff, Das neue Datenschutzrecht, Rn. 576 mwN.
595 *Heinzke/Engel*, ZD 2020, 189 (192).
596 *Engeler*, ZD 2018, 55 (57).
597 Vgl. zu Art. 7 Abs. 4 DSGVO *Golland*, MMR 2018, 130 (132).
598 Vgl. zu Art. 7 Abs. 4 DSGVO *Golland*, MMR 2018, 130 (132); aA *Guggenberger*, Irrweg informationelle Privatautonomie, S. 237.
599 Vgl. zu Art. 7 Abs. 4 DSGVO *Golland*, MMR 2018, 130 (132).
600 Vgl. zu Art. 7 Abs. 4 DSGVO *Golland*, MMR 2018, 130 (132).
601 Vgl. zu Art. 7 Abs. 4 DSGVO *Golland*, MMR 2018, 130 (132).

vertragsrechtsunkundigen Nutzer[s]".[602] Dieser Schutz sei aber gerade Ziel des Verordnungsgebers gewesen.[603] Der vertragsimmanente Maßstab berge Missbrauchsrisiken.[604] Denn eine geschickte Vertragsgestaltung könne dazu führen, dass die Ziele des Datenschutzrechts unterlaufen würden.[605] Insbesondere bei einem Verhandlungsungleichgewicht zwischen den Vertragsparteien sei dies problematisch.[606]

Für einen vertragsimmanenten Maßstab spricht hingegen der Wortlaut.[607] Dieser nimmt auf die Erfüllung des Vertrags Bezug und stellt damit auf die von den Parteien vereinbarten Pflichten ab.[608] Es wäre widersprüchlich, bei der Beurteilung der Erforderlichkeit nicht auf das Auslegungsergebnis des Merkmals „Erfüllung eines Vertrags" abzustellen, sondern eine einschränkende Betrachtung vorzunehmen. Zudem kann dieser Maßstab durch die bekannten Auslegungsmethoden umgesetzt werden.[609] Er trägt auch der „Gestaltungsfreiheit der Vertragsparteien Rechnung"[610] und bringt die „privatautonome Gestaltungsmacht der Parteien" am besten zur Geltung.[611] Schließlich ist die Festlegung zulässiger Vertragsinhalte Sache des Vertragsrechts.[612] Das Privatrecht enthält – anders als das Datenschutzrecht – entsprechende

---

602 Vgl. zu Art. 7 Abs. 4 DSGVO *Golland*, MMR 2018, 130 (132).
603 Vgl. zu Art. 7 Abs. 4 DSGVO *Golland*, MMR 2018, 130 (132).
604 *Engeler*, ZD 2018, 55 (57), der sich im Ergebnis jedoch für diesen Maßstab ausspricht; *Drabinski*, Die vertragliche Datenüberlassung und das Kaufrecht, S. 70.
605 *Engeler*, ZD 2018, 55 (57).
606 *Drabinski*, Die vertragliche Datenüberlassung und das Kaufrecht, S. 70 geht insoweit von einer Verletzung des Selbstbestimmungsrechts der betroffenen Person aus.
607 *Hacker*, Datenprivatrecht, S. 185/263 f.
608 *Hacker*, Datenprivatrecht, S. 185/263 f.
609 *Hacker*, Datenprivatrecht, S. 185/263 f.
610 *Heinzke/Engel*, ZD 2020, 189 (192).
611 *Hacker*, Datenprivatrecht, S. 264.
612 *Lüttringhaus*, ZVglRWiss 117 (2018), 50 (56); *Hacker*, Datenprivatrecht, S. 186/263 f.; *Lüttringhaus*, in: Gebauer/Wiedmann, Europäisches Zivilrecht, Kap. 30 Rn. 54.

Vorschriften und auch Schutzmechanismen.[613] Bedeutung hat hier insbesondere die AGB-Kontrolle.[614]

III. Schritt 2: Datenschutzrechtlicher Inhalt

Gleichwohl erschöpft sich die Erforderlichkeitsprüfung nicht in einem Verweis auf die Rechte und Pflichten des Vertrags.[615] Insbesondere hätte die Prüfung der Erforderlichkeit bei einer solchen Sichtweise keine eigene Bedeutung.[616] Hätte der Verordnungsgeber dies gewollt, hätte er das Erforderlichkeitskriterium in Art. 6 Abs. 1 UAbs. 1 lit. b Alt. 1 DSGVO weglassen können.[617] Diese Regelungstechnik verwendet Art. 6 Abs. 1 UAbs. 1 lit. b Alt. 1 DSGVO – anders als die datenschutzrechtliche Einwilligung – gerade nicht.[618] Eine solche Aus-

---

613 *Indenhuck/Britz*, BB 2019, 1091 (1093 f.); *Hacker*, Datenprivatrecht, S. 186/266; *Lüttringhaus*, in: Gebauer/Wiedmann, Europäisches Zivilrecht, Kap. 30 Rn. 54; *Britz/Indenhuck*, in: Heinze, Daten, Plattformen und KI als Dreiklang unserer Zeit, 47 (52 ff.); *Britz/Indenhuck*, ZD 2023, 13 (15 f.); tendenziell auch *Funke*, Dogmatik und Voraussetzungen der datenschutzrechtlichen Einwilligung im Zivilrecht, S. 271 f., der indes spezifische Vorschriften für „Daten als Gegenleistung" fordert.

614 Anschaulich LG Frankfurt a. M., Urteil vom 26.5.2023, 2-24 O 156/21, GRUR-RS 2023, 18081, Rn. 30 ff.; *Härting*, CR 2016, 735 (739 f.) sieht in § 305c Abs. 1 BGB einen effektiven Schutzmechanismus gegen einseitig auferlegte Vertragsbedingungen; *Engeler*, PinG 2019, 149 (153); *Indenhuck/Britz*, BB 2019, 1091 (1093 f.); *Hacker*, Datenprivatrecht, S. 186 sieht die AGB-Kontrolle als „praktisch wichtigste[n] Fall"; *Lüttringhaus*, in: Gebauer/Wiedmann, Europäisches Zivilrecht, Kap. 30 Rn. 54 sieht die AGB-Kontrolle als „ein in Bezug auf die Vertragsfreiheit und das Recht zur informationellen Selbstbestimmung […] weitaus schonenderes und vorhersehbareres Korrektiv als eine (datenschutz)behördliche ex-post-Kontrolle und mehr oder minder freie Interpretation vertraglicher Vereinbarungen eines – vermeintlich – objektiven Zwei-Stufen-Tests."; *Britz/Indenhuck*, in: Heinze, Daten, Plattformen und KI als Dreiklang unserer Zeit, 47 (52 ff.); *Britz/Indenhuck*, ZD 2023, 13 (15 f.); tendenziell auch *Funke*, Dogmatik und Voraussetzungen der datenschutzrechtlichen Einwilligung im Zivilrecht, S. 271 f., der indes spezifische Vorschriften für „Daten als Gegenleistung" fordert.

615 Im Ergebnis *Bock*, CR 2020, 173 (175).

616 *Bock*, CR 2020, 173 (175).

617 *Bock*, CR 2020, 173 (175).

618 *Bock*, CR 2020, 173 (175).

legung wird auch weder durch den Entstehungsprozess der DSGVO noch durch die Erwägungsgründe gestützt.[619]

Notwendig ist vielmehr ein zweiter Schritt.[620] Dieser betrifft den datenschutzrechtlichen Inhalt[621] des Erforderlichkeitskriteriums. Es geht insoweit um „das Verhältnis zwischen dem vertraglichen Pflichten- und Rechtekanon und der jeweiligen Datenverarbeitung durch den Verantwortlichen".[622]

Denkbar ist zunächst eine weite[623] oder eine enge[624] Auslegung dieses datenschutzrechtlichen Inhalts.[625] Nach einer anderen Ansicht wird das Erforderlichkeitsmerkmal im Wesentlichen anhand des Grundsatzes der Datenminimierung charakterisiert.[626] Schließlich wird die Auslegung betrachtet, nach der sich die Erforderlichkeit aus einer Kausalitätskomponente sowie der Prüfung einer zumutbaren datenschutzschonenderen Alternative zusammensetzt.[627]

---

619 *Bock*, CR 2020, 173 (175).
620 *Indenhuck/Britz*, BB 2019, 1091 (1094); *Britz/Indenhuck*, in: Heinze, Daten, Plattformen und KI als Dreiklang unserer Zeit, 47 (54); *Britz/Indenhuck*, ZD 2023, 13 (15).
621 Eine ähnliche Formulierung verwenden *Feiler/Forgó*, DSGVO, Art. 6 Rn. 9: „datenschutzrechtlich geprägten normativen Inhalt"; ähnlich EDSA, Leitlinien 2/2019, Rn. 23: „eigenständige Bedeutung, die die Ziele des Datenschutzrechts widerspiegeln muss"; *Albers/Veit*, in: BeckOK Datenschutzrecht, DSGVO, Art. 6 Rn. 44a verwenden hingegen den Begriff der „materiellen Maßstäbe"; *Borges/Steinrötter*, in: BeckOK IT-Recht, DSGVO, Art. 6 Rn. 21 sprechen von Auslegung des Erforderlichkeitsbegriffs.
622 *Britz/Indenhuck*, in: Heinze, Daten, Plattformen und KI als Dreiklang unserer Zeit, 47 (54); ebenso *Britz/Indenhuck*, ZD 2023, 13 (15).
623 Teil 2:D.III.1.
624 Teil 2:D.III.2.
625 Ähnlich gehen *Buchner/Petri*, in: Kühling/Buchner, DSGVO, Art. 6 Rn. 42 ff. vor.
626 Teil 2:D.III.3.
627 Teil 2:D.III.4.

1. Erleichternd, sinnvoll, angebracht

Teilweise wird „Erforderlichkeit" weit ausgelegt und soll etwa erleichternde,[628] sinnvolle[629] oder angebrachte[630] Verarbeitungen umfassen. Hierfür werden verschiedene Maßstäbe vorgeschlagen: so sei im kaufmännischen Bereich relevant, ob „ein gewissenhafter und ordentlicher Kaufmann zur ordnungsgemäßen Durchführung seiner Geschäfte unter Berücksichtigung der Besonderheiten der jeweiligen Sparte die gespeicherten personenbezogenen Daten nutzen will, weil sie die Durchführung des Vertrags erleichtert."[631] Dabei sei der Kaufmann im Grundsatz frei darin zu entscheiden, welche Daten er nutzt.[632] Maßgeblich auf die Einschätzung des Verantwortlichen stellt auch der Ansatz ab, nachdem es darauf ankommt welche „organisatorischen Abläufe" der Verantwortliche als „unerlässlich erachtet[…]".[633] Dieser Maßstab sei geboten, da nur der Verantwortliche „das […] rechtliche und wirtschaftliche Risiko einschätzen kann, das mit der späteren Erbringung seiner Leistung für den Betroffenen verbunden ist."[634]

Wieder andere stellen auf die objektive Sicht eines verständigen Dritten ab[635] oder nehmen eine „vernünftige Würdigung […] im Kontext

---

628 *Schaffland/Holthaus*, in: Schaffland/Wiltfang, DSGVO, Art. 6 Rn. 10, die die Erforderlichkeit jedoch in Rn. 6b f. restriktiver auslegen.

629 *Schulz*, in: Gola/Heckmann, DSGVO, Art. 6 Rn. 38; zustimmend OLG München, Urteil vom 16.1.2019, 7 U 342/18, ZD 2019, 171, Rn. 30; VG Mainz, Urteil vom 20.2.2020, 1 K 467/19.MZ, CR 2020, 390, Rn. 31; *Taeger*, in: Taeger/Gabel, DSGVO, Art. 6 Rn. 57; *Wehmeyer*, PinG 2019, 182 (184); *Zehelein*, NJW 2019, 3047 (3048); differenzierend *Plath/Struck*, in: Plath, DSGVO, Art. 6 Rn. 22 ff., der der Förderlichkeit jedenfalls für Effizienzgewinne ausreichen lässt.

630 *Schwartmann/Klein*, in: Schwartmann/Jaspers/Thüsing/Kugelmann, DSGVO, Art. 6 Rn. 63; zustimmend *Heinzke/Engel*, ZD 2020, 189 (192).

631 *Schaffland/Holthaus*, in: Schaffland/Wiltfang, DSGVO, Art. 6 Rn. 10, die die Erforderlichkeit jedoch in Rn. 6b f. restriktiver auslegen.

632 *Schaffland/Holthaus*, in: Schaffland/Wiltfang, DSGVO, Art. 6 Rn. 10, die die Erforderlichkeit jedoch in Rn. 6b f. restriktiver auslegen.

633 *Schwartmann/Klein*, in: Schwartmann/Jaspers/Thüsing/Kugelmann, DSGVO, Art. 6 Rn. 63.

634 *Schwartmann/Klein*, in: Schwartmann/Jaspers/Thüsing/Kugelmann, DSGVO, Art. 6 Rn. 63.

635 *Taeger*, in: Taeger/Gabel, DSGVO, Art. 6 Rn. 57; *Schaffland/Holthaus*, in: Schaffland/Wiltfang, DSGVO, Art. 6 Rn. 10 stellen auf die Perspektive eines

des Vertragszwecks"[636] vor.[637] Auch der knappe Erwägungsgrund 44 DSGVO zeige, dass der Verordnungsgeber keine hohen Anforderungen an die Erforderlichkeit stellen wollte.[638]

Ein derart weites Erforderlichkeitsverständnis ist abzulehnen.[639] Die bloße Nützlichkeit ausreichen zu lassen, widerspricht der einschränkenden Wirkung der Norm.[640] Andernfalls könnte gerade bei Online-Plattformen nahezu jede Datenverarbeitung auf Art. 6 Abs. 1 UAbs. 1 lit. b Alt. 1 DSGVO gestützt werden.[641]

„gewissenhafte[n] und ordentliche[n] Kaufmann[s]" ab, legen die Erforderlichkeit jedoch in Rn. 6b f. restriktiver aus.

636 *Schulz*, in: Gola/Heckmann, DSGVO, Art. 6 Rn. 38.

637 *Heinzke/Engel*, ZD 2020, 189 (192).

638 *Zehelein*, NJW 2019, 3047 (3048).

639 EuGH, Urteil vom 4.7.2023, C-252/21, EU:C:2023:537, Rn. 99, 102 – Meta Platforms u. a.; Generalanwalt *Rantos*, Schlussanträge vom 20.9.2022, C-252/21, EU:C:2022:704, Rn. 54 – Meta Platforms u. a.; wohl auch BGH, Urteil vom 12.7.2018, III ZR 183/17, BGHZ 219, 243, Rn. 71 = NJW 2018, 3178, Rn. 71, der jedenfalls Zweckdienlichkeit nicht ausreichen lässt; wohl ähnlich KG Berlin, Urteil vom 27.12.2018, 23 U 196/13, ZD 2019, 272, Rn. 23, nach dem unter anderem Datenverarbeitungen „zu internen Zwecken, zur Produktverbesserung oder zu Werbezwecken" nicht unter die Vorschrift fallen, wobei nicht eindeutig ist, auf welches Tatbestandsmerkmal das KG dies stützt; EDSA, Leitlinien 2/2019, Rn. 25; *Buchner/Petri*, in: Kühling/Buchner, DSGVO, Art. 6 Rn. 42; *Kramer*, in: Eßer/Kramer/von Lewinski, DSGVO, Art. 6 Rn. 43; *Albers/Veit*, in: BeckOK Datenschutzrecht, DSGVO, Art. 6 Rn. 44; *Nebel*, K&R 2019, 148 (150); *Reimer*, in: Sydow/Marsch, DSGVO, Art. 6 Rn. 27; *Golland*, Datenverarbeitung in sozialen Netzwerken, S. 195; *Feiler/Forgó*, DSGVO, Art. 6 Rn. 9; *Mantz/Marosi*, in: Specht/Mantz, Hdb. Europäisches und deutsches Datenschutzrecht, § 3 Rn. 58; *Specht*, in: Specht/Mantz, Hdb. Europäisches und deutsches Datenschutzrecht, § 9 Rn. 48; *Heckmann/Scheurer*, in: jurisPK Internetrecht, Kap. 9 Rn. 307 ff.; *Heberlein*, in: Ehmann/Selmayr, DSGVO, Art. 6 Rn. 13; *Paul*, GWR 2019, 413 (414); *Krzysztofek*, GDPR, S. 83; *Korch*, ZEuP 2021, 792 (805); *Guggenberger*, Irrweg informationelle Privatautonomie, S. 211; *Niggl*, in: Selzer, Datenschutzrecht, DSGVO, Art. 6 Rn. 24; *Britz/Indenhuck*, in: Heinze, Daten, Plattformen und KI als Dreiklang unserer Zeit, 47 (54 f.); *Britz/Indenhuck*, ZD 2023, 13 (15); *Jahnel*, in: Jahnel, DSGVO, Art. 6 Rn. 26; *Rank-Haedler*, Handel mit personenbezogenen Daten in Deutschland und Italien, S. 100.

640 *Nebel*, K&R 2019, 148 (150).

641 *Nebel*, K&R 2019, 148 (150).

Auch ergibt sich die Erforderlichkeit nicht primär anhand einer „Wirtschaftlichkeit im ökonomischen Sinne".[642] Würde die Erforderlichkeit allein anhand des Geschäftsmodells des Verantwortlichen bestimmt, könnte dieser letztlich selbst die zulässigen Datenverarbeitungen definieren.[643] Eine solche Auslegung lässt sich dem Wortlaut der Norm nicht entnehmen.[644] Auch wäre ein belastbarer Maßstab anhand ökonomischer Kriterien kaum zu bestimmen.[645]

2. Zwingend, notwendig, unverzichtbar

Auf der anderen Seite wird vertreten, dass eine Datenverarbeitung nur dann erforderlich sei, wenn der Vertrag ohne diese nicht erfüllt werden könne.[646] Die Datenverarbeitung müsse mithin „zur Erbringung der vom Verantwortlichen geschuldeten Leistung in tatsächlicher Hinsicht

---

642 *Hacker*, Datenprivatrecht, S. 183/263 f.; *Guggenberger*, Irrweg informationelle Privatonomie, S. 204 f.

643 *Riehm*, in: Pertot, Rechte an Daten, 175 (185); *Guggenberger*, Irrweg informationelle Privatautonomie, S. 204; ausführlich und mwN aus Behörden- und Gerichtsentscheidungen *Buchner/Petri*, in: Kühling/Buchner, DSGVO, Art. 6 Rn. 40a ff.

644 *Hacker*, Datenprivatrecht, S. 185/263 f.

645 *Hacker*, Datenprivatrecht, S. 184/263 f.; *Guggenberger*, Irrweg informationelle Privatautonomie, S. 204 f.

646 LG Frankfurt a. M., Urteil vom 26.5.2023, 2-24 O 156/21, GRUR-RS 2023, 18081, Rn. 48; wohl auch LG Stuttgart, Urteil vom 26.1.2023, 53 O 95/22, ZD 2023, 278, Rn. 51; EDSA, Leitlinien 2/2019, Rn. 30; EDSB, Stellungnahme 4/2017, Rn. 52; zu Art. 7 lit. b DS-RL Art. 29-Datenschutzgruppe, Stellungnahme 06/2014, WP 217, S. 21; *von Westphalen/Wendehorst*, ZIP 2019, 1937 (1941); *Paul*, GWR 2019, 413 (414); im Rahmen von Art. 7 Abs. 4 DSGVO *Stemmer*, in: BeckOK Datenschutzrecht, DSGVO, Art. 7 Rn. 43; *Krzysztofek*, GDPR, S. 83; wohl auch *Golland*, Datenverarbeitungen in sozialen Netzwerken, S. 195: „nur jene Daten […] die objektiv benötigt werden, um die Vertragspflichten zu erfüllen oder Sekundärpflichten aus dem Vertrag geltend zu machen."; in diese Richtung auch *Assion/Nolte/Veil*, in: Gierschmann/Schlender/Stentzel/Veil, DSGVO, Art. 6 Rn. 88: „Der Begriff der Erforderlichkeit steht dafür, dass die betreffende Datenverarbeitung für die Erfüllung bzw. Durchführung notwendig sein muss"; ähnlich *Heberlein*, in: Ehmann/Selmayr, DSGVO, Art. 6 Rn. 13: „nur dann erforderlich, wenn [die Verarbeitung] […] für die Erfüllung der konkreten Vertragszwecke notwendig […] ist."; ebenso *Spindler/Dalby*, in: Spindler/Schuster, Recht der elektronischen Medien, DSGVO, Art. 6 Rn. 6; ähnlich auch *Durmus/Engelhardt*, DuD 2023, 160 (165): „wenn der Vertrag ohne Verarbeitung der Daten in dem geltend gemachten Umfang nicht erfüllt werden könnte."

zwingend erforderlich sein".[647] Es bestehe kein Bedürfnis für einen großzügigen Erforderlichkeitsmaßstab, da eine strenge Auslegung nicht zwangsläufig zur Unzulässigkeit der Datenverarbeitung führe.[648] Diese Auslegung stehe zudem im Einklang mit der Rechtsprechung des EuGH, nach der „sich die Ausnahmen und Einschränkungen in Bezug auf den Schutz der personenbezogenen Daten auf das absolut Notwendige beschränken müssen."[649]

Eine solche enge Auslegung, bei der Erforderlichkeit im Sinne einer Unverzichtbarkeit beziehungsweise einer zwingenden Notwendigkeit verstanden wird, ist ebenfalls abzulehnen.[650] Schon dem Wortlaut nach ist erforderlich weniger als zwingend.[651] Dies zeigt auch eine systematische Betrachtung der DSGVO.

Die Formulierung „zwingend" verwenden etwa Art. 21 Abs. 1 S. 2 DSGVO („zwingende schutzwürdige Gründe"), Art. 49 Abs. 1 UAbs. 2 S. 1, 3 DSGVO, Erwägungsgründe 69 S. 2 sowie 113 S. 1 DSGVO („zwingende[…] berechtigte[…] Interessen") und Erwägungsgrund 91 S. 5 DSGVO („zwingend vorgeschrieben"). Der Verordnungsgeber hat diese „strengeren" Begriffe jedoch nicht in Art. 6 Abs. 1 UAbs. 1 lit. b Alt. 1 DSGVO aufgenommen.

---

647 Vgl. zu Art. 7 Abs. 4 DSGVO *Stemmer*, in: BeckOK Datenschutzrecht, DSGVO, Art. 7 Rn. 43.

648 Vgl. zu Art. 7 Abs. 4 DSGVO *Stemmer*, in: BeckOK Datenschutzrecht, DSGVO, Art. 7 Rn. 43.

649 Darauf hinweisend *Schantz*, in: Simitis/Hornung/Spiecker gen. Döhmann, Datenschutzrecht, DSGVO, Art. 6 Abs. 1 Rn. 32 unter Bezug auf EuGH, Urteil vom 4.5.2017, C-13/16, EU:C:2017:336, Rn. 30 – Rīgas satiksme.

650 VG Mainz, Urteil vom 20.2.2020, 1 K 467/19.MZ, CR 2020, 390, Rn. 31; *Buchner/Petri*, in: Kühling/Buchner, DSGVO, Art. 6 Rn. 45; *Albers/Veit*, in: BeckOK Datenschutzrecht, DSGVO, Art. 6 Rn. 44; *Wolff*, in: Schantz/Wolff, Das neue Datenschutzrecht, Rn. 575 f.; *Mantz/Marosi*, in: Specht/Mantz, Hdb. Europäisches und deutsches Datenschutzrecht, § 3 Rn. 58; *Taeger*, in: Taeger/Gabel, DSGVO, Art. 6 Rn. 57; *Heinzke/Engel*, ZD 2020, 189 (192) mwN; *Sartor*, in: Spiecker gen. Döhmann/Papakonstantinou/Hornung/De Hert, GDPR, Art. 6 Rn. 37; ausdrücklich noch *Schulz*, in: Gola, DSGVO, 2. Auflage 2018, Art. 6 Rn. 38; im Ergebnis auch *Kramer*, in: Eßer/Kramer/von Lewinski, DSGVO, Art. 6 Rn. 43 ff.; zu § 28 Abs. 1 S. 1 Nr. 1 BDSG aF *Lachenmann*, Datenübermittlung im Konzern, S. 148.

651 Zu § 28 Abs. 1 S. 1 Nr. 1 BDSG aF *Lachenmann*, Datenübermittlung im Konzern, S. 148.

Auch enthält beispielsweise Art. 19 DSGVO eine Ausnahme von der dort geregelten Mitteilungspflicht, sofern die Mitteilung „sich als unmöglich [erweist]".[652] Zudem verwenden Art. 14 Abs. 5 lit. b DSGVO, Art. 17 Abs. 3 lit. d DSGVO, Art. 89 Abs. 2, 3 DSGVO und Erwägungsgrund 62 S. 1 DSGVO den Begriff „unmöglich". Art. 6 Abs. 1 UAbs. 1 lit. b Alt. 1 DSGVO enthält keine vergleichbare Einschränkung.

Schließlich zeigt ein Vergleich mit Art. 10 und Art. 39 Abs. 1 lit. a JI-RL[653], dass eine so enge Auslegung nicht in Betracht kommt. Beide Normen der JI-RL verwenden die Formulierung „unbedingt erforderlich"[654]. Das Merkmal der Erforderlichkeit wird also noch um ein „unbedingt" ergänzt. Diese Formulierung hätte der Verordnungsgeber auch in Art. 6 Abs. 1 UAbs. 1 lit. b Alt. 1 DSGVO verwenden können. Das ist jedoch nicht geschehen.

Zudem wäre diese Anforderung im Privatrecht zu streng.[655] Insbesondere wäre eine solche Einschränkung nicht mit der in Art. 16 GRCh geschützten unternehmerischen Freiheit vereinbar.[656] Gerade im Zusammenhang mit der Umsetzung neuer Geschäftsmodelle würden erhebliche Herausforderung entstehen.[657] Gleichwohl erfüllt eine für die Erfüllung des Vertrags notwendige beziehungsweise unverzichtbare Datenverarbeitung jedenfalls das Erforderlichkeitskriterium.[658]

---

652 Vgl. hierzu näher *Gola*, in: Gola/Heckmann, DSGVO, Art. 19 Rn. 13 ff.
653 Richtlinie (EU) 2016/680 des Europäischen Parlaments und des Rates vom 27.4.2016 zum Schutz natürlicher Personen bei der Verarbeitung personenbezogener Daten durch die zuständigen Behörden zum Zwecke der Verhütung, Ermittlung, Aufdeckung oder Verfolgung von Straftaten oder der Strafvollstreckung sowie zum freien Datenverkehr und zur Aufhebung des Rahmenbeschlusses 2008/977/JI des Rates.
654 Zum Verständnis dieses Merkmals im Sinne einer absoluten Notwendigkeit *Petri*, GSZ 2018, 144 (146) unter Verweis auf Rechtsprechung des EuGH.
655 *Frenzel*, in: Paal/Pauly, DSGVO, Art. 6 Rn. 14 mit Verweis auf *Gola/Klug/Körffer*, in: Gola/Schomerus, BDSG, 12. Auflage 2015, § 28 Rn. 15 für die Rechtslage unter dem durch die DS-RL geprägten BDSG aF.
656 *Heinzke/Engel*, ZD 2020, 189 (192).
657 *Heinzke/Engel*, ZD 2020, 189 (192).
658 *Frenzel*, in: Paal/Pauly, DSGVO, Art. 6 Rn. 14; *Wolff*, in: Schantz/Wolff, Das neue Datenschutzrecht, Rn. 575; *Plath/Struck*, in: Plath, DSGVO, Art. 6 Rn. 20; *Scheibenpflug*, Personenbezogene Daten als Gegenleistung, S. 220 f.

3. Erforderlichkeit und Datenminimierung

Teilweise wird vertreten, dass sich der Bedeutungsgehalt der Erforderlichkeit aus den Verarbeitungsgrundsätzen, insbesondere aus Art. 5 Abs. 1 lit. c DSGVO ergebe.[659] So sei die Erforderlichkeit ein „datenschutzrechtliches Regelungs- und Tatbestandselement", dass die Zweckbindung ergänze.[660] Die Erforderlichkeit stelle einerseits „eine **Abhängigkeitsbeziehung** zwischen der Verarbeitung personenbezogener Daten und den festgelegten Zwecken her[…]".[661] Andererseits beschreibe sie einen „**Abhängigkeitsgrad** […], mit dem die datenverarbeitende Stelle auf den jeweiligen Verarbeitungsvorgang angewiesen ist".[662] Insbesondere verdeutliche Art. 5 Abs. 1 lit. c DSGVO den Inhalt der Erforderlichkeit.[663] Demnach müssen die Daten für den Verarbeitungszweck erstens angemessen, zweitens relevant und drittens „auf das notwendige Maß beschränkt sein".[664] Im Rahmen von Art. 6 Abs. 1 UAbs. 1 lit. b Alt. 1 DSGVO bedeute dies, dass zunächst ein „**unmittelbarer Zusammenhang** zwischen der **Verarbeitung** und dem **konkreten Zweck des Vertragsverhältnisses** besteht".[665] Maßgeblich sei nicht, ob ein milderes Mittel denkbar ist.[666] Vielmehr sei zu prüfen, ob dem Verantwortlichen zumutbar ist, eine Einwilligung der betroffenen Person einzuholen.[667]

---

659 *Albers/Veit*, in: BeckOK Datenschutzrecht, DSGVO, Art. 6 Rn. 15; in eine ähnliche Richtung *Wybitul*, CCZ 2016, 194 (197): „Bei der Auslegung der Erforderlichkeit im Rahmen der Erlaubnistatbestände von Art. 6 Abs. 1 DSGVO sind grundsätzlich auch die in Art. 5 DSGVO vorgeschriebenen Prinzipien zu beachten.".

660 *Albers/Veit*, in: BeckOK Datenschutzrecht, DSGVO, Art. 6 Rn. 15.

661 *Albers/Veit*, in: BeckOK Datenschutzrecht, DSGVO, Art. 6 Rn. 15, Hervorhebung im Original.

662 *Albers/Veit*, in: BeckOK Datenschutzrecht, DSGVO, Art. 6 Rn. 15 mwN, Hervorhebung im Original.

663 *Albers/Veit*, in: BeckOK Datenschutzrecht, DSGVO, Art. 6 Rn. 15.

664 *Albers/Veit*, in: BeckOK Datenschutzrecht, DSGVO, Art. 6 Rn. 15.

665 *Albers/Veit*, in: BeckOK Datenschutzrecht, DSGVO, Art. 6 Rn. 44, Hervorhebung im Original.

666 *Albers/Veit*, in: BeckOK Datenschutzrecht, DSGVO, Art. 6 Rn. 15.

667 *Albers/Veit*, in: BeckOK Datenschutzrecht, DSGVO, Art. 6 Rn. 44, die hierfür auf den in Teil 2:D.IV.2 diskutierten Ansatz verweisen.

Die Bedeutung der Erforderlichkeit aus Art. 5 Abs. 1 lit. c DSGVO abzuleiten überzeugt nicht.[668] Zwar besteht zwischen Erforderlichkeit und Datenminimierung ein enger Zusammenhang.[669] Die Grundsätze sind jedoch nicht gleichzusetzen.[670] Hierfür spricht in systematischer Sicht bereits, dass der Datenminimierungsgrundsatz nach Art. 5 Abs. 1 lit. c DSGVO für sämtliche Verarbeitungen unabhängig von der jeweiligen Rechtsgrundlage gilt.[671] Das Merkmal „Erforderlichkeit" ist jedoch bei einer Verarbeitung auf Basis einer datenschutzrechtlichen Einwilligung gerade keine Voraussetzung.[672] Zudem haben beide Grundsätze einen unterschiedlichen Ansatzpunkt.[673] Datenminimierung ist ein status- und datenbezogenes Merkmal.[674] Es betrifft „das Verhältnis von personenbezogenen Daten zum Zweck".[675] Erforderlichkeit ist demgegenüber ein „verarbeitungsbezogen[es]" Merkmal, dass gerade die „Verarbeitungssituation in den Blick nimmt."[676] Schließlich verlangt die Erforderlichkeit nicht die Prüfung, ob die Einwilligung eine zumutbare Alternative für den Verantwortlichen ist.[677]

4. Kausalität und zumutbare datenschutzschonendere Alternative

Überzeugend ist es schließlich, mehrere Kriterien zu kombinieren.[678] Erstens muss „zwischen [...] Datenverarbeitung und dem Datenverarbeitungszweck" eine Kausalität im Sinne eines „unmittelbare[n] sachliche[n] Zusammenhang[s]" bestehen."[679] Die Datenverarbeitung muss

---

668 *Wolff*, in: Schantz/Wolff, Das neue Datenschutzrecht, Rn. 438 f.
669 *Wolff*, in: Schantz/Wolff, Das neue Datenschutzrecht, Rn. 438, der in Rn. 439 darauf hinweist, dass ein Verstoß gegen einen der Grundsätze regelmäßig zu einem Verstoß gegen den anderen Grundsatz führt.
670 *Wolff*, in: Schantz/Wolff, Das neue Datenschutzrecht, Rn. 438.
671 *Wolff*, in: Schantz/Wolff, Das neue Datenschutzrecht, Rn. 438.
672 *Wolff*, in: Schantz/Wolff, Das neue Datenschutzrecht, Rn. 438.
673 *Wolff*, in: Schantz/Wolff, Das neue Datenschutzrecht, Rn. 439.
674 *Wolff*, in: Schantz/Wolff, Das neue Datenschutzrecht, Rn. 439.
675 *Wolff*, in: Schantz/Wolff, Das neue Datenschutzrecht, Rn. 439.
676 *Wolff*, in: Schantz/Wolff, Das neue Datenschutzrecht, Rn. 439.
677 Siehe hierzu Teil 2:D.IV.2.
678 Vgl. *Wolff*, in: Schantz/Wolff, Das neue Datenschutzrecht, Rn. 432: „mehrere Bedeutungsebenen"; zweiteilig auch *Schmidt*, in: Freund/Schmidt/Heep/Roschek, DSGVO, Art. 6 Rn. 42 f.
679 Allgemein *Wolff*, in: Schantz/Wolff, Das neue Datenschutzrecht, Rn. 433 sowie in diesem Sinne spezifisch zu Art. 6 Abs. 1 UAbs. 1 lit. b DSGVO Rn. 575,

insoweit geeignet sein, den Verarbeitungszweck zu erreichen.[680] Diese
Voraussetzung ist aus objektiver Sicht zu beurteilen.[681]

Dass bereits die Geeignetheit – in Abgrenzung zur Notwendigkeit[682] –
ausreicht, ergibt sich insbesondere aus dem bereits angesprochenen[683]
Umkehrschluss zu Art. 10 und Art. 39 Abs. 1 lit. a JI-RL. Art. 6 Abs. 1
UAbs. 1 lit. b Alt. 1 DSGVO erfordert bloß „Erforderlichkeit" und gerade nicht „unbedingte Erforderlichkeit".

Zweitens darf keine zumutbare datenschutzschonendere Alternative
für die Verarbeitung bestehen.[684] Dies ist anhand eines Werturteils zu

---

jeweils mit Verweis auf BAG, Urteil vom 22.10.1986, 5 AZR 660/85, NZA
1987, 415 (416).

680 *Buchner/Petri*, in: Kühling/Buchner, DSGVO, Art. 6 Rn. 45; ähnlich *Britz/In-
denhuck*, in: Heinze, Daten, Plattformen und KI als Dreiklang unserer Zeit, 47
(54); ebenso *Britz/Indenhuck*, ZD 2023, 13 (15); *Schmidt*, in: Freund/Schmidt/
Heep/Roschek, DSGVO, Art. 6 Rn. 4; ähnlich *Wolff*, in: Schantz/Wolff, Das
neue Datenschutzrecht, Rn. 432 f., der wohl geringfügig darüber hinausgeht
und auch eine Zweckerleichterung erfasst: „Die Datenverarbeitung muss objektiv tauglich sein, den festgelegten Zweck zu erreichen bzw. seine Zweck-
erreichung zu erleichtern.".

681 *Wolff*, in: Schantz/Wolff, Das neue Datenschutzrecht, Rn. 433 f.

682 Vgl. hierzu Teil 2:D.III.2.

683 Teil 2:D.III.2.

684 In diese Richtung wohl auch EuGH, Urteil vom 4.7.2023, C-252/21,
EU:C:2023:537, Rn. 99 – Meta Platforms u. a.: „keine praktikablen und weniger einschneidenden Alternativen", der in Rn. 98 jedoch voraussetzt, dass
die Verarbeitung „objektiv unerlässlich" ist, zur Einordnung sogleich; in eine
ähnliche Richtung bereits im Kontext von Art. 6 Abs. 1 UAbs. 1 lit. e DSGVO
EuGH, Urteil vom 22.6.2021, C-439/19, EU:C:2021:504, Rn. 110 – Latvijas
Republikas Saeima, der gleichwohl betont, dass „sich die Ausnahmen und Einschränkungen hinsichtlich des Grundsatzes des Schutzes solcher Daten auf
das absolut Notwendige beschränken müssen"; *Wolff*, in: Schantz/Wolff, Das
neue Datenschutzrecht, Rn. 434 ff./575; *Buchner/Petri*, in: Kühling/Buchner,
DSGVO, Art. 6 Rn. 45; *Britz/Indenhuck*, in: Heinze, Daten, Plattformen und
KI als Dreiklang unserer Zeit, 47 (54); *Britz/Indenhuck*, ZD 2023, 13 (15); in
diesem Sinne auch *Redeker*, IT-Recht, Rn. 1079; *Kramer*, in: Eßer/Kramer/von
Lewinski, DSGVO, Art. 6 Rn. 44; *Schmidt*, in: Freund/Schmidt/Heep/Roschek,
DSGVO, Art. 6 Rn. 43; für die Heranziehung der Zumutbarkeit auch *Kühling/
Klar/Sackmann*, Datenschutzrecht, Kap. 2 Rn. 382; jedenfalls im Privatrechts-
verkehr *Frenzel*, in: Paal/Pauly, DSGVO, Art. 6 Rn. 14; aA *Schantz*, in: Simi-
tis/Hornung/Spiecker gen. Döhmann, Datenschutzrecht, DSGVO, Art. 6 Abs. 1
Rn. 32, der das Zumutbarkeitskriterium ablehnt.

ermitteln.[685] Welche Datenverarbeitung datenschutzschonender ist, ist nach allgemeinen Kriterien zu beurteilen.[686] Maßgeblich ist dabei, welche Verarbeitung eine geringere Eingriffsintensität aufweisen würde.[687] Dabei können folgende Kriterien herangezogen werden: „Art der Daten (sensible oder nicht sensible), Art der Datenverarbeitung, Missbrauchsgefahren, Verwendungsmöglichkeiten, Verknüpfungsmöglichkeiten, Verfahrensabsicherungen, Transparenzgebote, Gebote der Datensicherheit, Datenmenge, Anzahl der betroffenen Personen".[688]

Die datenschutzschonendere Alternative muss auch zumutbar sein.[689] Maßgeblich ist der jeweilige Einzelfall.[690] Für die Bewertung der Zumutbarkeit ist auf „die grundsätzliche Organisationsform und Arbeitsweise des Verantwortlichen" abzustellen.[691] Insoweit darf das Selbstorganisationsrecht des Verantwortlichen nicht zu intensiv eingeschränkt werden.[692] Gleichzeitig ist es mit einer gewissen Zurückhaltung anzuwenden.[693] Für die Beurteilung der Zumutbarkeit können beispielsweise der zeitliche, finanzielle und personelle Aufwand für den Verantwortlichen, die Konsequenzen der Datenverarbeitung sowie die „Vor- und Nachteile für die betroffene Person" berücksichtigt

---

685 *Wolff*, in: Schantz/Wolff, Das neue Datenschutzrecht, Rn. 434 f.; *Buchner/Petri*, in: Kühling/Buchner, DSGVO, Art. 6 Rn. 45; *Britz/Indenhuck*, in: Heinze, Daten, Plattformen und KI als Dreiklang unserer Zeit, 47 (54); *Britz/Indenhuck*, ZD 2023, 13 (15); ähnlich *Kramer*, in: Eßer/Kramer/von Lewinski, DSGVO, Art. 6 Rn. 44.

686 *Wolff*, in: Schantz/Wolff, Das neue Datenschutzrecht, Rn. 435.

687 *Wolff*, in: Schantz/Wolff, Das neue Datenschutzrecht, Rn. 435, der als Vergleich eine fiktive gesetzliche Grundlage heranzieht; im Kontext von Art. 6 Abs. 1 UAbs. 1 lit. e DSGVO auf die Eingriffsintensität in die Rechte nach Art. 7, 8 GRCh abstellend EuGH, Urteil vom 22.6.2021, C-439/19, EU:C:2021:504, Rn. 110 – Latvijas Republikas Saeima.

688 *Wolff*, in: Schantz/Wolff, Das neue Datenschutzrecht, Rn. 435.

689 *Wolff*, in: Schantz/Wolff, Das neue Datenschutzrecht, Rn. 434 ff.; *Arning*, in: Moos/Schefzig/Arning, Praxishdb. DSGVO, Kap. 5 Rn. 42 f.

690 *Wolff*, in: Schantz/Wolff, Das neue Datenschutzrecht, Rn. 437; *Arning*, in: Moos/Schefzig/Arning, Praxishdb. DSGVO, Kap. 5 Rn. 43.

691 *Wolff*, in: Schantz/Wolff, Das neue Datenschutzrecht, Rn. 434; *Arning*, in: Moos/Schefzig/Arning, Praxishdb. DSGVO, Kap. 5 Rn. 43.

692 *Wolff*, in: Schantz/Wolff, Das neue Datenschutzrecht, Rn. 434.

693 *Wolff*, in: Schantz/Wolff, Das neue Datenschutzrecht, Rn. 436; *Schmidt*, in: Freund/Schmidt/Heep/Roschek, DSGVO, Art. 6 Rn. 43 schließt insoweit nur „exotische oder aufwändige Verarbeitungsalternativen aus[…]".

werden.[694] Dabei sind nicht nur die Interessen des Verantwortlichen,[695] sondern „aller Beteiligten" zu berücksichtigen.[696]

Auch der EuGH scheint auf die datenschutzschonenderen Alternative abzustellen.[697] Die Entscheidung ist an dieser Stelle nicht eindeutig.[698] So betont der EuGH einerseits, dass die Verarbeitung „objektiv unerlässlich" sein müsse.[699] Notwendig sei der Nachweis durch den Verantwortlichen „inwiefern der Hauptgegenstand des Vertrags ohne die betreffende Verarbeitung nicht erfüllt werden könnte."[700]

Andererseits fordert der EuGH sodann, „dass die Verarbeitung […] für die ordnungsgemäße Erfüllung des […] Vertrags wesentlich ist und dass daher keine praktikablen und weniger einschneidenden Alternativen bestehen".[701] Auf das Kriterium der zumutbaren und datenschutzschonenderen Alternative hatte der EuGH bereits in einer frühe-

---

694 *Arning*, in: Moos/Schefzig/Arning, Praxishdb. DSGVO, Kap. 5 Rn. 43.

695 So wohl *Britz/Indenhuck*, in: Heinze, Daten, Plattformen und KI als Dreiklang unserer Zeit, 47 (54): „unter Wahrung der Interessen des Verarbeiters"; ebenso *Britz/Indenhuck*, ZD 2023, 13 (15).

696 *Buchner/Petri*, in: Kühling/Buchner, DSGVO, Art. 6 Rn. 45; wohl auch *Wolff*, in: Schantz/Wolff, Das neue Datenschutzrecht, Rn. 434.

697 EuGH, Urteil vom 4.7.2023, C-252/21, EU:C:2023:537, Rn. 99 – Meta Platforms u.a.; wohl *Picht*, GRUR 2023, 1169 (1171), der dies jedenfalls als Teil der Nachweispflichten des Verantwortlichen sieht; wohl auch Generalanwalt *Rantos*, Schlussanträge vom 25.4.2024, C-446/21, EU:C:2024:366, Rn. 27, Fn. 24 – Schrems, der dies hervorhebt und gerade nicht das Kriterium der objektiven Unerlässlichkeit betont; aA wohl *Heckmann/Scheurer*, in: jurisPK Internetrecht, Kap. 9 Rn. 370.1 f. (Aktualisierung vom 14.11.2023), die davon ausgehen, dass der EuGH eine zwingende Erforderlichkeit fordert; in diese Richtung auch *Füllsack/Kirschke-Biller*, CR 2023, 508 (509); ebenso wohl *Hense*, K&R 2023, 556 (560 f.).

698 *Picht*, GRUR 2023, 1169 (1171): „The CJEU's wording for an objective performance necessity test under Art. 6(1)(b) GDPR wavers a little"; aA *Hense*, K&R 2023, 556 (560): „begrüßenswerte[…] Klarheit".

699 EuGH, Urteil vom 4.7.2023, C-252/21, EU:C:2023:537, Rn. 98 – Meta Platforms u. a.

700 EuGH, Urteil vom 4.7.2023, C-252/21, EU:C:2023:537, Rn. 98 – Meta Platforms u. a.

701 EuGH, Urteil vom 4.7.2023, C-252/21, EU:C:2023:537, Rn. 99 – Meta Platforms u. a.

ren Entscheidung im Rahmen von Art. 6 Abs. 1 UAbs. 1 lit. e DSGVO bzw. Art. 7 lit. f DS-RL abgestellt.[702] Teilweise wird kritisiert, dass das Abstellen auf eine zumutbare Alternative einer Verhältnismäßigkeitsprüfung wie nach Art. 6 Abs. 1 UAbs. 1 lit. f DSGVO gleichkomme.[703] Für dieses Verständnis der Erforderlichkeit spricht hingegen Erwägungsgrund 39 S. 9 DSGVO.[704] Nach Erwägungsgrund 39 S. 9 DSGVO „sollten [personenbezogene Daten] nur verarbeitet werden dürfen, wenn der Zweck der Verarbeitung nicht in zumutbarer Weise durch andere Mittel erreicht werden kann." Hieraus lässt sich ableiten, dass „für die Feststellung der Erforderlichkeit grundsätzlich keine übermäßig strengen Maßstäbe angesetzt werden dürfen".[705] Erwägungsgrund 39 S. 9 DSGVO verknüpft

---

702 Zu Art. 6 Abs. 1 UAbs. 1 lit. e DSGVO EuGH, Urteil vom 22.6.2021, C-439/19, EU:C:2021:504, Rn. 110 – Latvijas Republikas Saeima, der gleichwohl betont, dass „sich die Ausnahmen und Einschränkungen hinsichtlich des Grundsatzes des Schutzes solcher Daten auf das absolut Notwendige beschränken müssen"; zu Art. 7 lit. f DS-RL EuGH, Urteil vom 11.12.2019, C-708/18, EU:C:2019:1064, Rn. 47 – Asociaţia de Proprietari bloc M5A-ScaraA, der in Rn. 46 ebenfalls auf die genannte Beschränkung der Ausnahmen hinweist.

703 *Schantz*, in: Simitis/Hornung/Spiecker gen. Döhmann, Datenschutzrecht, DSGVO, Art. 6 Abs. 1 Rn. 32; darauf hinweisend auch *Kramer*, in: Eßer/Kramer/von Lewinski, DSGVO, Art. 6 Rn. 44, der im Ergebnis dennoch die Zumutbarkeit als „**»kleine« Interessenabwägung**" heranzieht, Hervorhebung im Original.

704 Im Kontext von Art. 6 Abs. 1 UAbs. 1 lit. e DSGVO zur Auslegung des Erforderlichkeitsmerkmals anhand des Zumutbarkeitskriteriums in Erwägungsgrund 39 DSGVO auch EuGH, Urteil vom 22.6.2021, C-439/19, EU:C:2021:504, Rn. 110 – Latvijas Republikas Saeima, der gleichwohl betont, dass „sich die Ausnahmen und Einschränkungen hinsichtlich des Grundsatzes des Schutzes solcher Daten auf das absolut Notwendige beschränken müssen"; VG Hannover, Urteil vom 9.11.2021, 10 A 502/19, ZD 2022, 182, Rn. 26; *Plath/Struck*, in: Plath, DSGVO, Art. 6 Rn. 19; *Arning*, in: Moos/Schefzig/Arning, Praxishdb. DSGVO, Kap. 5 Rn. 42; zurückhaltend *Borges/Steinrötter*, in: BeckOK IT-Recht, DSGVO, Art. 6 Rn. 10, nach denen Erwägungsgrund 39 S. 9 DSGVO wegen der Unbestimmtheit des Zumutbarkeitsbegriffs „keine eindeutigen Vorgaben" mache; weitergehend *Schulz*, in: Gola/Heckmann, DSGVO, Art. 6 Rn. 38, der mit Erwägungsgrund 39 S. 9 DSGVO eine weite Auslegung der Erforderlichkeit begründet; grundsätzlich für eine Orientierung an Erwägungsgrund 39 S. 9 DSGVO, aber im Ergebnis weitergehend *Heinzke/Engel*, ZD 2020, 189 (191).

705 *Plath/Struck*, in: Plath, DSGVO, Art. 6 Rn. 19; VG Hannover, Urteil vom 9.11.2021, 10 A 502/19, ZD 2022, 182, Rn. 26.

sowohl das „ob" als auch den Umfang der zulässigen Datenverarbeitung mit dem Kriterium der Zumutbarkeit.[706]

IV. Schritt 3: Verhältnis zur Einwilligung

Schließlich muss zur Bestimmung des Anwendungsbereichs von Art. 6 Abs. 1 UAbs. 1 lit. b Alt. 1 DSGVO die Stellung der Norm im System der datenschutzrechtlichen Rechtsgrundlagen betrachtet werden.[707] Dies betrifft insbesondere die Abgrenzung zur datenschutzrechtlichen Einwilligung.[708] Denn die datenschutzrechtliche Einwilligung sieht besondere Schutzmechanismen für die betroffene Person vor, die bei einer Verarbeitung auf Grundlage von Art. 6 Abs. 1 UAbs. 1 lit. b Alt. 1 DSGVO umgangen werden könnten.[709]

---

706 *Arning*, in: Moos/Schefzig/Arning, Praxishdb. DSGVO, Kap. 5 Rn. 42, der von einem objektiven Zumutbarkeitskriterium ausgeht.

707 *Sattler*, Informationelle Privatautonomie, S. 144.

708 *von Westphalen/Wendehorst*, BB 2016, 2179 (2181); *Rank-Haedler*, in: Schmidt-Kessel/Kramme, Hdb. Verbraucherrecht, Kap. 18 Rn. 76.

709 *Wendehorst/von Westphalen*, NJW 2016, 3745 (3747); *von Westphalen/Wendehorst*, BB 2016, 2179 (2185); plastisch *Hennemann*, ZUM 2017, 544 (546), der in Art. 6 Abs. 1 UAbs. 1 lit. b Alt. 1 DSGVO ein „trojanische[s] Pferd" sieht; *Beyvers*, Privatheit in der Waagschale, S. 254; *Sattler*, Informationelle Privatautonomie, S. 182 f.; in diese Richtung bereits zu § 28 Abs. 1 S. 1 Nr. 1 BDSG aF *Langhanke*, Daten als Leistung, S. 103; kritisch *Leinemann*, Personenbezogene Daten als Entgelt, S. 179; aA *Härting*, CR 2016, 735 (739), der davon ausgeht, dass keine Umgehungsmöglichkeit besteht; ebenfalls aA Arbeitsgruppe „Digitaler Neustart", Bericht vom 15.5.2017, S. 217 f.; anders auch *Nettesheim*, Data Protection in Contractual Relationships (Art. 6 (1) (b) GDPR), der in einer zusätzlich eingeholten Einwilligung keinen höheren Schutz für die betroffene Person sieht (S. 62) und das Widerrufsrecht vielmehr als Nachteil für die Verhandlungsposition der betroffenen Person einordnet (S. 53). Ohnehin sieht *Nettesheim* wegen der Gleichrangigkeit von Einwilligung und Art. 6 Abs. 1 UAbs. 1 lit. b Alt. 1 DSGVO (S. 49 f.) keinen Grund für eine Einschränkung des Anwendungsbereichs von Art. 6 Abs. 1 UAbs. 1 lit. b Alt. 1 DSGVO (S. 50). *Nettesheim* ordnet Verträge als das geeignetste Instrument zur Verwirklichung „digitaler Autonomie" ein (S. 50 ff.) und kritisiert Einschränkung des Anwendungsbereichs von Art. 6 Abs. 1 UAbs. 1 lit. b Alt. 1 DSGVO auch vor dem Hintergrund von Art. 16 GrChr und Art. 6 GrChr (S. 66 ff.). Entsprechende Einschränkungen seien nach *Nettesheim* schließlich zur Wahrung der Vorgaben von Art. 8 Abs. 1 GrChr nicht notwendig (S. 73 ff.); ähnlich bereits *Nettesheim*, VerfBlog 12.10.22, Digitale Autonomie in Vertragsbeziehungen; ebenso *Nettesheim*, EU Law Live Weekend Edition (129) 2023, 3 (3 ff.).

So existiert bei einer auf Art. 6 Abs. 1 UAbs. 1 lit. b DSGVO gestützten Verarbeitung etwa kein jederzeitiges Widerrufsrecht nach Art. 7 Abs. 3 S. 1 DSGVO.[710] Dies macht die Vertragserfüllung aus Sicht eines Verantwortlichen zur vorzugswürdigen Rechtsgrundlage.[711] Ohnehin enthält die DSGVO keine spezifischen mit der Einwilligung vergleichbaren Voraussetzungen für den Abschluss eines Vertrags.[712] Die Erteilung einer datenschutzrechtlichen Einwilligung unterliegt höheren Anforderungen als die Willenserklärung für den Vertragsschluss.[713]

Die Abgrenzung der beiden Rechtsgrundlagen hängt maßgeblich von der Auslegung der Erforderlichkeit in Art. 6 Abs. 1 UAbs. 1 lit. b Alt. 1 DSGVO ab.[714] Der dritte Schritt der Erforderlichkeitsprüfung betrifft daher das Verhältnis von Art. 6 Abs. 1 UAbs. 1 lit. b Alt. 1 und lit. a DSGVO. Hier kann im Wesentlichen zwischen drei Ansätzen differenziert werden:[715] Erstens einer Einschränkung von Art. 6 Abs. 1 UAbs. 1 lit. b Alt. 1 DSGVO bei „Daten als Leistung".[716] Zweitens einer Abgrenzung anhand der Widerrufbarkeit der Einwilligung.[717] Drittens einer Grenzziehung anhand des Verbots des Rechtsmissbrauchs.[718]

1. Anwendbarkeit bei Daten als Leistung

Nach einer Ansicht sei Art. 6 Abs. 1 UAbs. 1 lit. b Alt. 1 DSGVO einzuschränken und bei „Daten als Leistung" nicht anwendbar.[719] Art. 6

---

710 *Wendehorst/von Westphalen*, NJW 2016, 3745 (3747); zu § 28 Abs. 1 S. 1 Nr. 1 BDSG aF *Langhanke*, Daten als Leistung, S. 103.

711 *Gausling*, in: Kaulartz/Braegelmann, Rechtshdb. Artificial Intelligence und Machine Learning, Kap. 8.3 Rn. 23.

712 *Hacker*, Datenprivatrecht, S. 261.

713 *Wolff*, in: Schantz/Wolff, Das neue Datenschutzrecht, Rn. 544; *Rank-Haedler*, RDi 2021, 448 (449); *Rank-Haedler*, in: Schmidt-Kessel/Kramme, Hdb. Verbraucherrecht, Kap. 18 Rn. 76.

714 *Albers/Veit*, in: BeckOK Datenschutzrecht, DSGVO, Art. 6 Rn. 44a.

715 Vgl. auch den Kurzüberblick bei *Paal/Cornelius/Seeland*, RDV 2024, 5 (12), Fn. 46, die hinsichtlich des dritten Ansatzes jedoch nicht auf das Verbot des Rechtsmissbrauchs eingehen.

716 Teil 2:D.IV.1.

717 Teil 2:D.IV.2.

718 Teil 2:D.IV.3.

719 Zu Art. 7 lit. b DS-RL *Langhanke/Schmidt-Kessel*, EuCML 2015, 218 (220); zu § 28 Abs. 1 S. 1 Nr. 1 BDSG aF *Langhanke*, Daten als Leistung, S. 100; *Wende-*

Abs. 1 UAbs. 1 lit. b Alt. 1 DSGVO solle lediglich die Abwicklung von Verträgen ermöglichen.[720] Dies sei sachgerecht, da bei der Abwicklung von Verträgen die „Unsicherheiten der Einwilligung" nicht im Interesse der Vertragsparteien lägen.[721] Demgegenüber erfasse die Norm keine Konstellationen, in denen „Daten [...] eigenständige[r] Leistungsgegenstand innerhalb einer vertraglichen Beziehung" sind.[722] Soweit

---

horst/von Westphalen, NJW 2016, 3745 (3747); *Schmidt-Kessel/Grimm*, ZfPW 2017, 84 (90); *Zoll*, in: Schulze/Staudenmayer/Lohsse, Contracts for the Supply of Digital Content, 179 (182); *Leinemann*, Personenbezogene Daten als Entgelt, S. 182; *Linardatos*, in: Specht-Riemenschneider/Werry/Werry, Datenrecht in der Digitalisierung, § 5.3 Rn. 44 f.; *Beyvers*, Privatheit in der Waagschale, S. 254 f.; *Sattler*, in: Ochs/Friedewald/Hess/Lamla, Die Zukunft der Datenökonomie, 215 (237); *Sattler*, JZ 2017, 1036 (1040); *Sattler*, Informationelle Privatautonomie, S. 203; *Schantz*, in: Simitis/Hornung/Spiecker gen. Döhmann, Datenschutzrecht, DSGVO, Art. 6 Abs. 1 Rn. 33; *Buchner/Petri*, in: Kühling/Buchner, DSGVO, Art. 6 Rn. 44; *Walker*, Die Kosten kostenloser Dienste, S. 131; *Wenzel*, Personenbezogene Daten als Gegenleistung im Internet, S. 108; *Hornung*, in: Hornung/Müller-Terpitz, Rechtshdb. Social Media, 131 (160); spezifisch für datenfinanzierte Angebote *Knüppel*, Datenfinanzierte Apps als Gegenstand des Datenschutzrechts, S. 228 f.; *Bijok*, ZfDR 2021, 75 (89); jedenfalls gute Gründe für eine solche Einschränkung sieht auch *Hennemann*, ZUM 2017, 544 (546); ähnlich *Spindler/Dalby*, in: Spindler/Schuster, Recht der elektronischen Medien, DSGVO, Art. 6 Rn. 6, nach denen es bei dem Modell Web-Dienstleistungen im Austausch gegen personenbezogene Daten an dem notwendigen „rechtserheblichen Sachzusammenhang" fehle und Art. 6 Abs. 1 UAbs. 1 lit. b Alt. 1 DSGVO nicht anwendbar sei; wohl auch *Scheibenpflug*, Personenbezogene Daten als Gegenleistung, S. 224; grundsätzlich auch *Sun*, Personality Merchandising and the GDPR: An Insoluble Conflict?, S. 150, die hiervon jedoch bei bestimmten Merchandising-Verträgen im B2B Kontext Ausnahmen macht (S. 229 ff.).

720 *Schmidt-Kessel/Grimm*, ZfPW 2017, 84 (90); zu Art. 7 lit. b DS-RL *Langhanke/Schmidt-Kessel*, EuCML 2015, 218 (220); *Zoll*, in: Schulze/Staudenmayer/Lohsse, Contracts for the Supply of Digital Content, 179 (182 f.); *Linardatos*, in: Specht-Riemenschneider/Werry/Werry, Datenrecht in der Digitalisierung, § 5.3 Rn. 45, sieht zuvorderst Konstellationen erfasst, in denen die Datenverarbeitung „für die Vertragsabwicklung technisch erforderlich" ist; in diese Richtung auch *Schantz*, in: Simitis/Hornung/Spiecker gen. Döhmann, Datenschutzrecht, DSGVO, Art. 6 Abs. 1 Rn. 33, der Fälle erfasst „in denen die Verarbeitung personenbezogener Daten akzessorisch zur Erfüllung der vertraglich vereinbarten Leistungen erfolgt".

721 *Linardatos*, in: Specht-Riemenschneider/Werry/Werry, Datenrecht in der Digitalisierung, § 5.3 Rn. 45.

722 *Schmidt-Kessel/Grimm*, ZfPW 2017, 84 (90); *Schantz*, in: Simitis/Hornung/Spiecker gen. Döhmann, Datenschutzrecht, DSGVO, Art. 6 Abs. 1 Rn. 33; ähn-

ein Teil des Vertrags unmittelbar auf eine Datenverarbeitung gerichtet ist, bestehe zwischen der darauf gerichteten Willenserklärung und der datenschutzrechtlichen Einwilligung strukturelle Ähnlichkeit.[723] Insoweit müssten auch die entsprechend strengeren Voraussetzungen der datenschutzrechtlichen Einwilligungen erfüllt sein.[724]

Bereits der Wortlaut von Art. 6 Abs. 1 UAbs. 1 lit. b Alt. 1 DSGVO spreche dafür, dass die Norm lediglich Datenverarbeitungen rechtfertigt, die der „Verwirklichung einer *anderen* Gegenleistung" dienen.[725] Diese Auslegung werde auch dadurch gestützt, dass die vorvertragliche Situation – und damit der „Rahmen" der Leistungspflicht in Abgrenzung zur konkreten Leistungspflicht – auf derselben Stufe stehe.[726] Art. 6 Abs. 1 UAbs. 1 lit. b Alt. 1 DSGVO greife also „nur in den Fällen ein, in denen die Daten Werkstoff, mithin nicht Gegenleistung sind."[727]

Diese Einschränkung folge zudem bereits aus dem restriktiven Ausnahmecharakter der Erlaubnistatbestände[728] beziehungsweise aus dem Vorrang der datenschutzrechtlichen Einwilligung.[729] Ferner habe die

---

lich *Wendehorst/von Westphalen*, NJW 2016, 3745 (3747), die insoweit auf eine Entgeltfunktion der Datenverarbeitung abstellen, die in Anlehnung an § 2 Abs. 2 Nr. 11 UKlaG aF beurteilt werden solle; zu Art. 7 lit. b DS-RL bereits *Langhanke/Schmidt-Kessel*, EuCML 2015, 218 (220): „By contrast, the exception does not apply where a whole obligation under the contract builds on commercialisation of personal data.".

723 *Beyvers*, Privatheit in der Waagschale, S. 255.

724 *Beyvers*, Privatheit in der Waagschale, S. 255.

725 *Wenzel*, Personenbezogene Daten als Gegenleistung im Internet, S. 107 mit Verweis auf *Frenzel*, in: Paal/Pauly, DSGVO, Art. 6 Rn. 13 für die Charakterisierung als „beiläufig", Hervorhebung im Original.

726 *Wenzel*, Personenbezogene Daten als Gegenleistung im Internet, S. 107.

727 *Linardatos*, in: Specht-Riemenschneider/Werry/Werry, Datenrecht in der Digitalisierung, § 5.3 Rn. 45 zieht hierfür das Beispiel einer Fitness-Tracker-Software heran, bei der der Anbieter auf die Auswertung der Leistungsdaten eines Sportlers als „Werkstoff" angewiesen sei; ähnlich zu Art. 7 lit. b DS-RL *Langhanke/Schmidt-Kessel*, EuCML 2015, 218 (220): „even if this would include data processing as a kind of ancillary activity".

728 Zu Art. 7 lit. b DS-RL *Langhanke/Schmidt-Kessel*, EuCML 2015, 218 (220); zustimmend *Linardatos*, in: Specht-Riemenschneider/Werry/Werry, Datenrecht in der Digitalisierung, § 5.3 Rn. 45.

729 *Sattler*, JZ 2017, 1036 (1040); *Scheibenpflug*, Personenbezogene Daten als Gegenleistung, S. 224.

datenschutzrechtliche Einwilligung andernfalls keinen relevanten Anwendungsbereich.[730] Eine derartige Einschränkung schaffe darüber hinaus Rechtssicherheit für Verantwortliche.[731] Auch würden andernfalls die Grundsätze der Datenminimierung sowie der Zweckbindung leerlaufen.[732] Das Modell „Daten als Leistung" unter Art. 6 Abs. 1 UAbs. 1 lit. b Alt. 1 DSGVO zu fassen, würde auch dazu führen, dass die Grundrechtspositionen von Anbieter und Nutzer nicht mehr in praktischer Konkordanz zueinander stünden.[733]

Schließlich sei eine Umgehung der Schutzmechanismen der Einwilligung auch vor dem Hintergrund des effet utile kaum vom Verordnungsgeber gewollt.[734] Gerade das Widerrufsrecht verbürge eine „Dispositionsmöglichkeit" der betroffenen Person, die insoweit unterlaufen würde.[735] Das Recht auf informationelle Selbstbestimmung schütze aber gerade diese jederzeit bestehende Dispositionsmöglichkeit.[736] Bei Art. 6 Abs. 1 UAbs. 1 lit. b Alt. 1 DSGVO könne die betroffene Person demgegenüber lediglich in den im nationalen Zivilrecht geregelten Fällen die Datenverarbeitung beenden.[737] Überdies liefe das Erfordernis einer von anderen Erklärungen getrennten Einwilligung leer, wenn der Vertragsschluss selbst bereits Rechtsgrundlage zur Verarbeitung wäre.[738] Auch die Umsetzung der Digitalen-Inhalte Richtlinie im BGB rechtfertige keine andere Bewertung, da die Rechtmäßigkeit von Datenverarbeitungen eigenständig nach datenschutzrechtlichen Maßstäben zu beurteilen sei.[739] Schließlich stünde eine

---

730 *Zoll*, in: Schulze/Staudenmayer/Lohsse, Contracts for the Supply of Digital Content, 179 (183) mit Verweis auf *Langhanke/Schmidt-Kessel*, EuCML 2015, 218 (220).
731 Vgl. zu § 28 Abs. 1 S. 1 Nr. 1 BDSG aF *Langhanke*, Daten als Leistung, S. 103.
732 Spezifisch für datenfinanzierte Angebote *Knüppel*, Datenfinanzierte Apps als Gegenstand des Datenschutzrechts, S. 228.
733 Spezifisch für datenfinanzierte Angebote *Knüppel*, Datenfinanzierte Apps als Gegenstand des Datenschutzrechts, S. 228.
734 *Wendehorst/von Westphalen*, NJW 2016, 3745 (3747).
735 Zu § 28 Abs. 1 S. 1 Nr. 1 BDSG aF *Langhanke*, Daten als Leistung, S. 103; *Loosen*, Die Rückabwicklung des Vertrages Daten gegen Leistung, S. 70 f.
736 Zu § 28 Abs. 1 S. 1 Nr. 1 BDSG aF *Langhanke*, Daten als Leistung, S. 103; ähnlich *Wenzel*, Personenbezogene Daten als Gegenleistung im Internet, S. 107.
737 Zu § 28 Abs. 1 S. 1 Nr. 1 BDSG aF *Langhanke*, Daten als Leistung, S. 103; *Loosen*, Die Rückabwicklung des Vertrages Daten gegen Leistung, S. 70.
738 *Loosen*, Die Rückabwicklung des Vertrages Daten gegen Leistung, S. 70.
739 *Buchner/Petri*, in: Kühling/Buchner, DSGVO, Art. 6 Rn. 41a.

solche Einschränkung auch im Einklang mit der Historie der Datenverarbeitungsbefugnis auf Vertragsbasis.[740] Diese Verarbeitungsbefugnis gab es bereits, bevor datengetriebene Geschäftsmodelle insoweit problematisch wurden.[741]

Diese einschränkende Auslegung ist jedoch abzulehnen.[742] Zwar ist sie teleologisch sinnvoll.[743] Allerdings enthält der Normtext keine entsprechende Einschränkung.[744] Auch hier gilt das Argument, dass die DSGVO keine Vertragsinhalte vorgibt.[745] Dies zeigt auch Erwägungsgrund 44 DSGVO.[746]

---

740 *Schmidt-Kessel*, in: Lohsse/Schulze/Staudenmayer, Data as Counter Performance, 129 (134), der sich dort diesem Ansatz nicht explizit anschließt.

741 *Schmidt-Kessel*, in: Lohsse/Schulze/Staudenmayer, Data as Counter Performance, 129 (134), der sich dort diesem Ansatz nicht explizit anschließt.

742 OLG Wien, Urteil vom 7.12.2020, 11 R 153/20f, 154/20b, ZD 2021, 635, Rn. 60 (nicht rechtskräftig); wohl auch Bayerisches Landesamt für Datenschutzaufsicht, 12. Tätigkeitsbericht 2022, S. 34 f.; *Wolff*, in: Schantz/Wolff, Das neue Datenschutzrecht, Rn. 544; *Drabinski*, Die vertragliche Datenüberlassung und das Kaufrecht, S. 69; *Indenhuck/Britz*, BB 2019, 1091 (1095); *Hoffmann/Schmidt*, GRUR 2021, 679 (682); *Kramer*, in: Eßer/Kramer/von Lewinski, DSGVO, Art. 6 Rn. 35; *Hofmann*, in: Stiftung Datenschutz, Dateneigentum und Datenhandel, 161 (172); *Funke*, Dogmatik und Voraussetzungen der datenschutzrechtlichen Einwilligung im Zivilrecht, S. 271 f., der indes vorschlägt „entsprechende Wertungen" über die AGB-Kontrolle einfließen zu lassen und zugleich spezifische Vorschriften für den hier diskutierten Fall fordert; tendenziell auch *Heinzke/Engel*, ZD 2020, 189 (190), nach denen derartige Einschränkungen „problematisch" sind; wohl auch *Spoerr*, in: BeckOK Datenschutzrecht, DSGVO, Syst. J. Rn. 54; jedenfalls eine zwingende Einschränkung bei „Bezahlen mit Daten" ablehnend *Guggenberger*, Irrweg informationelle Privatautonomie, S. 213, der gleichwohl von einer regelmäßigen Unzulässigkeit ausgeht; eine Zulässigkeit in Ausnahmefällen nimmt *Bock*, CR 2020, 173 (176) an; *Nettesheim*, Data Protection in Contractual Relationships (Art. 6 (1) (b) GDPR), S. 10 ff./85; zu § 28 Abs. 1 S. 1 Nr. 1 BDSG aF, aber gleichwohl mit Ausblick auf den damaligen DSGVO-Entwurf *Bräutigam*, MMR 2012, 635 (640) unter Verweis auf *Weichert*, NJW 2001, 1463 (1468).

743 *Wolff*, in: Schantz/Wolff, Das neue Datenschutzrecht, Rn. 544.

744 *Wolff*, in: Schantz/Wolff, Das neue Datenschutzrecht, Rn. 544; *Nettesheim*, Data Protection in Contractual Relationships (Art. 6 (1) (b) GDPR), S. 11; auf dieses Argument hinweisend, ohne sich diesem Ansatz anzuschließen *Schmidt-Kessel*, in: Lohsse/Schulze/Staudenmayer, Data as Counter Performance, 129 (134).

745 *Indenhuck/Britz*, BB 2019, 1091 (1095); darauf hinweisend, im Ergebnis aber aA *Beyvers*, Privatheit in der Waagschale, S. 254.

746 *Indenhuck/Britz*, BB 2019, 1091 (1095).

Grundsätzlich sind auf der Basis von Verträgen selbst risikoreiche Datenverarbeitungen zulässig.[747] Dies ergibt sich beispielsweise aus Art. 22 Abs. 2 lit. a Alt. 2 DSGVO für automatisierte Entscheidungen beziehungsweise Profiling oder aber auch aus Art. 49 Abs. 1 UAbs. 1 lit. b DSGVO für die Übermittlung von Daten an ein Drittland.[748]

Dass der Verordnungsgeber nur im Ausnahmefall Einschränkungen der Legitimationskraft von Verträgen vornimmt, zeigt schließlich ein Umkehrschluss aus Art. 9 Abs. 2 lit. h, Abs. 3 DSGVO.[749] Diese Vorschriften sehen für die Verarbeitung besonderer Kategorien personenbezogener Daten auf der Grundlage von Verträgen erhöhte Voraussetzungen vor.[750] Art. 6 Abs. 1 UAbs. 1 lit. b Alt. 1 DSGVO enthält demgegenüber keine Beschränkungen.[751] Vor diesem Hintergrund überzeugt auch das Argument, dass ohne entsprechende Einschränkung kein relevanter Anwendungsbereich für die Einwilligung verbliebe,[752] nicht.[753]

---

747 Allgemein *Beyvers*, Privatheit in der Waagschale, S. 97, die im Ergebnis aber die Gegenansicht vertritt.

748 Allgemein *Beyvers*, Privatheit in der Waagschale, S. 97, die im Ergebnis aber die Gegenansicht vertritt; im Zusammenhang mit Art. 22 Abs. 2 lit. a Alt. 2 DSGVO weist *Schmidt-Kessel*, in: Lohsse/Schulze/Staudenmayer, Data as Counter Performance, 129 (134) darauf hin, dass dieser eine allgemeine systematische Richtung dahingehend aufzeige, dass jedenfalls die vertraglichen Hauptpflichten eine Datenverarbeitung rechtfertigen, soweit nicht die strengeren Anforderungen von Art. 9 DSGVO greifen.

749 *Britz/Indenhuck*, in: Heinze, Daten, Plattformen und KI als Dreiklang unserer Zeit, 47 (56 f.); ebenso *Britz/Indenhuck*, ZD 2023, 13 (16); jedenfalls für Hauptpflichten in diese Richtung *Schmidt-Kessel*, in: Lohsse/Schulze/Staudenmayer, Data as Counter Performance, 129 (134); wohl ähnlich *Nettesheim*, Data Protection in Contractual Relationships (Art. 6 (1) (b) GDPR), S. 56, Fn. 99.

750 *Britz/Indenhuck*, in: Heinze, Daten, Plattformen und KI als Dreiklang unserer Zeit, 47 (56); ebenso *Britz/Indenhuck*, ZD 2023, 13 (16); jedenfalls für Hauptpflichten in diese Richtung *Schmidt-Kessel*, in: Lohsse/Schulze/Staudenmayer, Data as Counter Performance, 129 (134).

751 *Britz/Indenhuck*, in: Heinze, Daten, Plattformen und KI als Dreiklang unserer Zeit, 47 (56 f.); ebenso *Britz/Indenhuck*, ZD 2023, 13 (16); jedenfalls für Hauptpflichten in diese Richtung *Schmidt-Kessel*, in: Lohsse/Schulze/Staudenmayer, Data as Counter Performance, 129 (134).

752 *Zoll*, in: Schulze/Staudenmayer/Lohsse, Contracts for the Supply of Digital Content, 179 (183) mit Verweis auf *Langhanke/Schmidt-Kessel*, EuCML 2015, 218 (220).

753 Jedenfalls relativierend *Sattler*, Informationelle Privatautonomie, S. 182 f., der sich im Ergebnis gleichwohl für eine restriktive Auslegung ausspricht; allgemein *Hacker*, Datenprivatrecht, S. 182, der für die Einwilligung einen „signifi-

Die Auslegung, dass Art. 6 Abs. 1 UAbs. 1 lit. b Alt. 1 DSGVO bei „Daten als Leistung" nicht anwendbar sei, räumt der Einwilligung zu Unrecht eine Vorrangstellung ein.[754] Die betroffene Person ist jedenfalls auch durch das nationale Recht geschützt.[755] Die von der Gegenansicht vorgeschlagene Einschränkung wäre auch ein starker Eingriff in die Vertragsfreiheit.[756] Eine Umgehung der Einwilligungsvoraussetzungen kann anderweitig und differenzierter verhindert werden.[757]

2. Widerrufbarkeit als Abgrenzungskriterium

Eine andere Ansicht grenzt die beiden Rechtsgrundlagen am Widerrufsrecht voneinander ab.[758] Die Vertreter dieser Ansicht gehen zunächst davon aus, dass die Einwilligung eine mildere Rechtsgrundlage als der Vertrag sei.[759] Insbesondere wegen der jederzeitigen Widerrufbarkeit sei diese nicht so belastend.[760] Auch die *„rechtlichen Verarbeitungsumstände"* seien im Rahmen der Erforderlichkeit bezie-

---

kante[n] Anwendungsbereich" neben Art. 6 Abs. 1 UAbs. 1 lit. b Alt. 1 DSGVO sieht; zum weiterhin bestehenden Bedürfnis der Einwilligung neben Art. 6 Abs. 1 UAbs. 1 lit. b Alt. 1 DSGVO allgemein auch *Wagner*, ZD-Aktuell 2018, 06103; allgemein zur Notwendigkeit der Einwilligung in Vertragsverhältnissen *Engeler*, ZD 2018, 55 (58).

754 *Drabinski*, Die vertragliche Datenüberlassung und das Kaufrecht, S. 69; ausführlich dazu, dass ein Vorrang der Einwilligung abzulehnen ist unter Teil 2:D. IV.2.

755 *Wolff*, in: Schantz/Wolff, Das neue Datenschutzrecht, Rn. 544 geht von einem „ausreichenden Schutz" aus; *Indenhuck/Britz*, BB 2019, 1091 (1095) nennen insbesondere die AGB-Kontrolle sowie wettbewerbsrechtliche Vorschriften.

756 *Hoffmann/Schmidt*, GRUR 2021, 679 (682); dies als Argument gegen eine Einschränkung sehend, im Ergebnis aber aA *Beyvers*, Privatheit in der Waagschale, S. 253 f.

757 Teil 2:D.IV.3.

758 *Bunnenberg*, Privates Datenschutzrecht, S. 57 ff.; *Veit*, Einheit und Vielfalt im europäischen Datenschutzrecht, S. 234; wohl auch *Albers/Veit*, in: BeckOK Datenschutzrecht, DSGVO, Art. 6 Rn. 44; in diese Richtung tendierend, ohne sich festzulegen auch *Rank-Haedler*, Handel mit personenbezogenen Daten in Deutschland und Italien, S. 102 f.

759 *Schantz*, in: Simitis/Hornung/Spiecker gen. Döhmann, Datenschutzrecht, DSGVO, Art. 6 Abs. 1 Rn. 11; *Bunnenberg*, Privates Datenschutzrecht, S. 57 mit Verweis auf VGH München, Beschluss vom 26.9.2018, 5 CS 18.1157, NVwZ 2019, 171 Rn. 29, der das Verhältnis von § 28 Abs. 1 S. 2 Nr. 2 BDSG aF (berechtigte Interessen) zur datenschutzrechtlichen Einwilligung betrifft.

760 *Bunnenberg*, Privates Datenschutzrecht, S. 57.

hungsweise der Zumutbarkeit zu beachten.[761] Erforderlich im Sinne von Art. 6 Abs. 1 UAbs. 1 lit. b Alt. 1 DSGVO seien daher nur Datenverarbeitungen, bei denen das Einholen einer jederzeit widerrufbaren Einwilligung für den Verantwortlichen unzumutbar wäre.[762] Dies sei der Fall, „soweit der Verantwortliche ein besonderes Interesse an der *Verbindlichkeit* und *Stabilität* der rechtsgeschäftlichen Beziehung geltend machen kann, das dem Widerrufsinteresse der betroffenen Person im gegebenen Fall vorgeht."[763] Durch dieses Vorgehen könne der von Verbindlichkeit charakterisierte Art. 6 Abs. 1 UAbs. 1 lit. b Alt. 1 DSGVO von der durch Widerrufbarkeit charakterisierten Einwilligung sachgerecht abgegrenzt werden.[764]

Zwar könne Art. 6 Abs. 1 UAbs. 1 lit. b Alt. 1 DSGVO grundsätzlich Fälle der Datenkommerzialisierung erfassen.[765] Oftmals sei dem Verantwortlichen in diesen Konstellationen jedoch die jederzeitige Widerrufbarkeit der Einwilligung zumutbar.[766] Daher komme Art. 6 Abs. 1 UAbs. 1 lit. b Alt. 1 DSGVO regelmäßig nicht als Rechtsgrundlage für das Bezahlen mit Daten in Betracht.[767] Insoweit führe diese Sichtweise in der Regel zum selben Ergebnis wie die anderen restriktiven Auslegungen.[768] Insbesondere verhindere diese Auffassung eine künstliche Erweiterung vertraglicher Leistungsbestimmungen.[769]

Diese Ansicht ist abzulehnen.[770] Einerseits vermengt sie unzulässigerweise die Interessensabwägung nach Art. 6 Abs. 1 UAbs. 1 lit. f DSGVO mit der Rechtsgrundlage des Art. 6 Abs. 1 UAbs. 1 lit. b Alt. 1 DSGVO.[771]

---

761 *Bunnenberg*, Privates Datenschutzrecht, S. 56 f., Hervorhebung im Original.
762 *Bunnenberg*, Privates Datenschutzrecht, S. 57.
763 *Bunnenberg*, Privates Datenschutzrecht, S. 57, Hervorhebung im Original.
764 *Bunnenberg*, Privates Datenschutzrecht, S. 58.
765 *Bunnenberg*, Privates Datenschutzrecht, S. 59.
766 *Bunnenberg*, Privates Datenschutzrecht, S. 59.
767 *Bunnenberg*, Privates Datenschutzrecht, S. 59.
768 *Bunnenberg*, Privates Datenschutzrecht, S. 59, Fn. 222.
769 *Bunnenberg*, JZ 2020, 1088 (1093), der für dieses Problem auf *Wendehorst/von Westphalen* NJW 2016, 3745 (3747) verweist.
770 *Sattler*, Informationelle Privatautonomie, S. 10; kritisch auch *Sun*, Personality Merchandising and the GDPR: An Insoluble Conflict?, S. 228.
771 *Sattler*, Informationelle Privatautonomie, S. 10.

Andererseits geht dieser Ansatz jedenfalls mittelbar von einem Vorrang der Einwilligung aus.[772] Zwar wird ein solcher teilweise angenommen.[773] Dies ergebe sich bereits aus der Systematik der DSGVO.[774] Die Einwilligung habe in Art. 6 Abs. 1 UAbs. 1 DSGVO eine „systematische Vorrangstellung".[775] Auch sei die Einwilligung bei besonders risikoreichen Verarbeitungen gerade das von der DSGVO vorgesehene Instrument.[776] Dies zeige die „höhere Legitimationskraft" der datenschutzrechtlichen Einwilligung.[777] Auch Art. 8 Abs. 2 S. 1 GRCh stelle dies durch die ausdrückliche Hervorhebung der Einwilligung klar.[778] Die Einwilligung „schließ[e] bereits den Eingriff in den Schutzbereich von Art. 8 Abs. 1 GRCh aus, statt einen Eingriff lediglich zu rechtfertigen."[779]

---

772 Vgl. *Bunnenberg*, Privates Datenschutzrecht, S. 60: „Die Legitimationsmöglichkeiten nach Art. 6 Abs. 1 lit. b DS-GVO sollten nur so weit gehen, als dem Verantwortlichen das Ersuchen um die Einwilligung der betroffenen Person aufgrund des damit einhergehenden Widerrufsrechts nach Art. 7 Abs. 3 DS-GVO nicht zugemutet werden kann."; vgl. im Kontext von Art. 6 Abs. 1 UAbs. 1 lit. f DSGVO ferner *Bunnenberg*, Privates Datenschutzrecht, S. 66 mwN: „Auch ohne ein in Art. 6 Abs. 1 DS-GVO festgehaltenes abstraktes Stufenverhältnis der Verarbeitungsgrundlagen folgt aus dem Kriterium der Erforderlichkeit damit in der Sache ein gewisser Vorrang der Einwilligung als milderer Verarbeitungsgrundlage."; vgl. zudem *Bunnenberg*, JZ 2020, 1088 (1092): „Schlüsselstellung der Einwilligung".
773 Neben *Bunnenberg* (Fn. 772) insbesondere: ausführlich *Sattler*, Informationelle Privatautonomie, S. 206 ff.; *Sattler*, JZ 2017, 1036 (1039); zurückhaltender *Schneider*, CR 2017, 568 (573), der jedoch ein Rückgriffsverbot auf die gesetzlichen Rechtsgrundlagen auch unter der DSGVO als jedenfalls möglich erachtet.
774 *Sattler*, Informationelle Privatautonomie, S. 208 ff.
775 *Sattler*, JZ 2017, 1036 (1039).
776 *Sattler*, Informationelle Privatautonomie, S. 209; in diese Richtung auch *Bunnenberg*, Privates Datenschutzrecht, S. 77.
777 *Bunnenberg*, Privates Datenschutzrecht, S. 77; *Sattler*, Informationelle Privatautonomie, S. 209.
778 *Bunnenberg*, JZ 2020, 1088 (1092); *Sattler*, Informationelle Privatautonomie, S. 209.
779 *Sattler*, Informationelle Privatautonomie, S. 209; hierzu auch *Bunnenberg*, JZ 2020, 1088 (1092), Fn. 70 mwN.

Ein Vorrang der Einwilligung ist jedoch abzulehnen.[780] Die DSGVO enthält hierfür keine Anhaltspunkte.[781] Dies verdeutlicht schon Erwägungsgrund 40 DSGVO, nach dem „personenbezogene Daten mit Einwilligung der betroffenen Person oder auf einer sonstigen zulässigen Rechtsgrundlage verarbeitet werden [müssen]".[782]Art. 17 Abs. 1 lit. b DSGVO unterstreicht diese Wertung.[783] Zudem verlangt der Wortlaut von Art. 6 Abs. 1 UAbs. 1 DSGVO lediglich „mindestens" eine einschlägige Rechtsgrundlage und ordnet insoweit ebenfalls kein Stufenverhältnis an.[784] Auch aus Art. 8 Abs. 2 GRCh folgt kein Vorrang der Einwilligung.[785] Zudem existiert kein unionsrechtlicher Grundsatz, der einen Vorrang der jeweils zuerst aufgelisteten Variante vorsieht.[786]

---

780 OGH, Beschluss vom 23.6.2021, 6 Ob 56/21k, ZD 2021, 627, Rn. 49 mwN; VG Mainz, Urteil vom 20.2.2020, 1 K 467/19.MZ, CR 2020, 390, Rn. 28; *Härting*, CR 2016, 735 (739); *Piltz*, K&R 2016, 557 (562/564); *Schirmbacher*, ITRB 2016, 274 (274); *Tavanti*, RDV 2016, 231 (234); *Veil*, NVwZ 2018, 686 (688); *Drabinski*, Die vertragliche Datenüberlassung und das Kaufrecht, S. 68 f.; *Britz/Indenhuck*, in: Heinze, Daten, Plattformen und KI als Dreiklang unserer Zeit, 47 (57); *Britz/Indenhuck*, ZD 2023, 13 (16); *Engeler*, ZD 2018, 55 (56); *Gierschmann*, MMR 2018, 7 (8) unter Verweis auf Art. 29-Datenschutzgruppe, Stellungnahme 06/2014, WP 217, S. 13; *Heinzke/Engel*, ZD 2020, 189 (189); *Schulz*, in: Gola/Heckmann, DSGVO, Art. 6 Rn. 10; *Arning*, in: Moos/Schefzig/Arning, Praxishdb. DSGVO, Kap. 5 Rn. 106; *Funke*, Dogmatik und Voraussetzungen der datenschutzrechtlichen Einwilligung im Zivilrecht, S. 112; *Nettesheim*, VerfBlog 12.10.22, Digitale Autonomie in Vertragsbeziehungen, Abschnitt V.; *Nettesheim*, EU Law Live Weekend Edition (129) 2023, 3 (3); *Nettesheim*, Data Protection in Contractual Relationships (Art. 6 (1) (b) GDPR), S. 49 f.; ausführlich *Krusche*, ZD 2020, 232 (233) mwN; einen Vorrang der Legitimation aufgrund Vertrags fordert *Radlanski*, Das Konzept der Einwilligung in der datenschutzrechtlichen Realität, S. 232 f.

781 *Britz/Indenhuck*, in: Heinze, Daten, Plattformen und KI als Dreiklang unserer Zeit, 47 (57); *Britz/Indenhuck*, ZD 2023, 13 (16).

782 *Gierschmann*, MMR 2018, 7 (8); *Drabinski*, Die vertragliche Datenüberlassung und das Kaufrecht, S. 68 f.

783 *Gierschmann*, MMR 2018, 7 (8); *Drabinski*, Die vertragliche Datenüberlassung und das Kaufrecht, S. 68 f.; *Funke*, Dogmatik und Voraussetzungen der datenschutzrechtlichen Einwilligung im Zivilrecht, S. 112.

784 OGH, Beschluss vom 23.6.2021, 6 Ob 56/21k, ZD 2021, 627, Rn. 49 mwN; *Krusche*, ZD 2020, 232 (233) mit Verweis auf Art. 29-Datenschutzgruppe, Stellungnahme 06/2014, WP 217, S. 13.

785 *Piltz*, K&R 2016, 557 (562); *Nettesheim*, Data Protection in Contractual Relationships (Art. 6 (1) (b) GDPR), S. 49.

786 *Krusche*, ZD 2020, 232 (233).

Insoweit enthält die Reihenfolge der Rechtsgrundlagen in Art. 6 Abs. 1 UAbs. 1 lit. a–f DSGVO keine inhaltliche Regelung.[787]

Vor diesem Hintergrund kann beispielsweise auch bei unwirksamer Einwilligung auf Art. 6 Abs. 1 UAbs. 1 lit. b Alt. 1 DSGVO zurückgegriffen werden.[788] Auch ein Nebeneinander von Einwilligung und den weiteren Erlaubnistatbeständen ist möglich.[789] Wenn eine Datenverarbeitung neben der Einwilligung noch auf eine andere Rechtsgrundlage gestützt werden kann, ist der Widerruf der Einwilligung unbeachtlich.[790]

3. Verbot des Rechtsmissbrauchs

Gleichwohl ist das Spannungsverhältnis nicht von der Hand zu weisen und ein entsprechendes Korrektiv teleologisch sinnvoll.[791] Das Span-

---

787 *Schulz*, in: Gola/Heckmann, DSGVO, Art. 6 Rn. 10; *Krusche*, ZD 2020, 232 (233).

788 EuGH, Urteil vom 4.7.2023, C-252/21, EU:C:2023:537, Rn. 92 – Meta Platforms u. a.; *Riehm*, in: Pertot, Rechte an Daten, 175 (184 f.); *Arning*, in: Moos/Schefzig/Arning, Praxishdb. DSGVO, Kap. 5 Rn. 106; ähnlich *Wolff*, in: Schantz/Wolff, Das neue Datenschutzrecht, Rn. 543: „Ein misslungener Versuch, eine Einwilligung einzuholen, schließt den Rückgriff auf Art. 6 Abs. 1 UAbs. 1 lit. b DS-GVO nicht aus"; aA *Engeler*, ZD 2018, 55 (58); ebenfalls aA *Uecker*, ZD 2019, 248 (249).

789 Ausführlich *Klement*, in: Simitis/Hornung/Spiecker gen. Döhmann, Datenschutzrecht, DSGVO, Art. 7 Rn. 34; grundsätzlich auch *Buchner/Kühling*, in: Kühling/Buchner, DSGVO, Art. 7 Rn. 17 ff., die jedoch mwN eine deutliche Information der betroffenen Person hinsichtlich einer bereits bestehenden gesetzlichen Verarbeitungsbefugnis fordern; ähnlich *Sun*, Personality Merchandising and the GDPR: An Insoluble Conflict?, S. 151 f.; aA *Engeler*, ZD 2018, 55 (58), der mit Verweis auf *Simitis*, in: Simitis, BDSG, 8. Aufl. 2014, § 28 Rn. 20 die Unzulässigkeit einer Absicherung annimmt.

790 *Hacker*, ZfPW 2019, 148 (178).

791 *Wolff*, in: Schantz/Wolff, Das neue Datenschutzrecht, Rn. 544; aA wohl *Nettesheim*, Data Protection in Contractual Relationships (Art. 6 (1) (b) GDPR), S. 49 f., der unter anderem (siehe zu weiteren Argumenten Fn. 709) wegen der Gleichrangigkeit von datenschutzrechtlicher Einwilligung und Art. 6 Abs. 1 UAbs. 1 lit. b Alt. 1 DSGVO keinen Grund für eine Einschränkung des Anwendungsbereichs letzterer Norm sieht; aA wohl auch *Bräutigam*, MMR 2012, 635 (640) unter Verweis auf *Weichert*, NJW 2001, 1463 (1468).

nungsverhältnis ist ausschließlich anhand des unionsrechtlichen Verbots des Rechtsmissbrauchs aufzulösen.[792]

Das Verbot des Rechtsmissbrauchs ist ein allgemeiner unionsrechtlicher Grundsatz.[793] Dabei „setzt die Feststellung eines Missbrauchs zum einen eine Gesamtheit objektiver Umstände voraus, aus denen sich ergibt, dass trotz formaler Einhaltung der unionsrechtlichen Bedingungen das Ziel der Regelung nicht erreicht wurde, zum anderen ein subjektives Element, nämlich die Absicht, sich einen unionsrechtlich vorgesehenen Vorteil dadurch zu verschaffen, dass die entsprechenden Voraussetzungen willkürlich geschaffen werden".[794]

Für Art. 6 Abs. 1 UAbs. 1 lit. b Alt. 1 DSGVO ist der Grundsatz insbesondere heranzuziehen, soweit eine missbräuchliche datenschutzrechtliche Legitimationswirkung des Vertrags besteht.[795] Das Verbot

---

792 In diese Richtung *Wolff*, in: Schantz/Wolff, Das neue Datenschutzrecht, Rn. 544; ohne auf das unionsrechtliche Verbot des Rechtsmissbrauchs einzugehen spricht auch das OLG Hamm, Urteil vom 26.4.2023, 8 U 94/22, ZD 2023, 684, Rn. 65 von einer „im allgemeinen gegebene[n] Gefahr eines *Missbrauchs* der privatautonomen Gestaltungsmacht.", Hervorhebung durch den Verfasser; aA *Wendehorst/von Westphalen*, NJW 2016, 3745 (3747), nach denen das Verbot des Rechtsmissbrauchs „kaum geeignet [sei], das Problem allgemein zu lösen."; widerrum anders *Nettesheim*, EU Law Live Weekend Edition (129) 2023, 3 (16), der zwar ebenfalls anhand des Rechtsmissbrauchs die Grenze von Art. 6 Abs. 1 UAbs. 1 lit. b Alt. 1 DSGVO zieht, einen Missbrauchsvorwurf aber nur unter hohen Voraussetzungen („irreconcilable with notions of fundamental legal appropriateness") und wohl nicht im Zusammenhang mit dem Spannungsverhältnis zwischen Einwilligung und Art. 6 Abs. 1 UAbs. 1 lit. b Alt. 1 DSGVO annimmt; ebenso *Nettesheim*, Data Protection in Contractual Relationships (Art. 6 (1) (b) GDPR), S. 91.
793 EuGH, Urteil vom 9.9.2021, C-33/20, C-155/20, C-187/20, EU:C:2021:736, Rn. 121 – Volkswagen Bank; EuGH, Urteil vom 22.11.2017, C-251/16, EU:C:2017:881, Rn. 31 – Cussens; EuGH, Urteil vom 5.7.2007, C-321/05, EU:C:2007:408, Rn. 38 – Kofoed; *Wendehorst/von Westphalen*, NJW 2016, 3745 (3747); siehe den Überblick zur Einordnung und zum Streitstand bei *Mathis*, Rechtsmissbrauch und seine Auslegung im europäischen Recht, S. 45 ff. mwN.
794 Siehe nur EuGH, Urteil vom 9.9.2021, C-33/20, C-155/20, C-187/20, EU:C:2021:736, Rn. 122 – Volkswagen Bank; *Wendehorst/von Westphalen*, NJW 2016, 3745 (3747), die darauf hinweisen, dass dies anhand objektiver Kriterien zu beurteilen sei.
795 Dazu sowie zur Abgrenzung des unionsrechtlichen Verbots des Rechtsmissbrauchs und § 242 BGB bei Art. 6 Abs. 1 UAbs. 1 lit. b Alt. 1 DSGVO *Hacker*,

des Rechtsmissbrauchs verhindert besonders verwerfliche Gestaltungen.[796] Angewandt auf das Verhältnis von datenschutzrechtlicher Einwilligung und Art. 6 Abs. 1 UAbs. 1 lit. b Alt. 1 DSGVO wäre es demnach rechtsmissbräuchlich, „wenn die Vertragsform die Einwilligungsvoraussetzung umgehen soll."[797] Ebenfalls rechtsmissbräuchlich wäre es, wenn durch eine „offenkundig willkürlich[e]" Vertragsgestaltung zusätzliche Verarbeitungsbefugnisse für Nutzerdaten begründet werden sollen.[798] Besonders kritisch sind bloße Gestattungen von Datenverarbeitungen in Verträgen.[799]

V. Ergebnis

Das Erforderlichkeitskriterium in Art. 6 Abs. 1 UAbs. 1 lit. b Alt. 1 DSGVO ist in drei Schritten zu prüfen.[800] Erstens ist der vereinbarte Vertragsinhalt als Bezugspunkt heranzuziehen.[801] Zweitens ist zu prüfen, ob die Datenverarbeitung geeignet ist, den Verarbeitungszweck zu erreichen (Kausalität) sowie ob eine zumutbare datenschutzschonendere Alternative besteht.[802] Drittens ist zu prüfen, ob ein Verstoß gegen das Verbot des Rechtsmissbrauchs vorliegt, insbesondere ob die Einwilligungsvoraussetzungen rechtsmissbräuchlich umgangen werden.[803]

Datenprivatrecht, S. 499 ff; in diese Richtung wohl auch *Nettesheim*, Data Protection in Contractual Relationships (Art. 6 (1) (b) GDPR), S. 91.

796 So auch *Wendehorst/von Westphalen*, NJW 2016, 3745 (3747), die jedoch überdies das Verbot des Rechtsmissbrauchs für untauglich zur Lösung des hiesigen Problems halten.

797 *Wolff*, in: Schantz/Wolff, Das neue Datenschutzrecht, Rn. 544.

798 *Wendehorst/von Westphalen*, NJW 2016, 3745 (3747).

799 Die Erforderlichkeit hier pauschal ablehnend *Reimer*, in: Sydow/Marsch, DSGVO, Art. 6 Rn. 32, Fn. 104 mit Verweis für diese Differenzierung auf *Martini/Botta*, VerwArch 110 (2019), 235 (258); in eine ähnliche Richtung *Wolff*, in: Schantz/Wolff, Das neue Datenschutzrecht, Rn. 574; aA *Nettesheim*, Data Protection in Contractual Relationships (Art. 6 (1) (b) GDPR), S. 90, Fn. 157.

800 Teil 2:D.

801 Teil 2:D.II.3.

802 Teil 2:D.III.4.

803 Teil 2:D.IV.3.

Teil 3: Art. 6 Abs. 1 UAbs. 1 lit. b Alt. 2 DSGVO

Nach Art. 6 Abs. 1 UAbs. 1 lit. b Alt. 2 DSGVO ist eine Verarbeitung rechtmäßig, die „zur Durchführung vorvertraglicher Maßnahmen erforderlich [ist], die auf Anfrage der betroffenen Person erfolgen." Die folgenden Abschnitte widmen sich den Tatbestandsmerkmalen dieser Rechtsgrundlage. Hierfür wird zunächst untersucht, was unter „Durchführung vorvertraglicher Maßnahmen" zu verstehen ist.[804] Im Anschluss behandelt der Abschnitt das Merkmal „auf Anfrage der betroffenen Person".[805] Abschließend wird das Erforderlichkeitsmerkmal betrachtet.[806]

A. Durchführung vorvertraglicher Maßnahmen

„Durchführung" meint lediglich die „Umsetzung der Maßnahmen".[807] Diesem Merkmal kommt daher keine eigenständige Bedeutung für den Anwendungsbereich von Art. 6 Abs. 1 UAbs. 1 lit. b Alt. 2 DSGVO zu.[808] Der Schwerpunkt der Untersuchung liegt daher auf dem Merkmal „vorvertragliche Maßnahmen".

Die folgenden Abschnitte untersuchen zunächst, ob das Merkmal autonom auszulegen ist.[809] Anschließend wird die Unbestimmtheit des Merkmals behandelt.[810] Sodann wird untersucht, wie „vorvertraglich"

---

804 Teil 3:A.
805 Teil 3:B.
806 Teil 3:C.
807 *Wolff*, in: Schantz/Wolff, Das neue Datenschutzrecht, Rn. 569.
808 Davon gehen implizit wohl auch die meisten Autoren aus, die im Rahmen der zweiten Alternative diesen Begriff nicht gesondert besprechen, vgl. etwa *Schantz*, in: Simitis/Hornung/Spiecker gen. Döhmann, Datenschutzrecht, DSGVO, Art. 6 Abs. 1 Rn. 40 ff.; *Schulz*, in: Gola/Heckmann, DSGVO, Art. 6 Rn. 32.
809 Teil 3:A.I.
810 Teil 3:A.II.

ausgelegt werden kann.[811] Anschließend wird gezeigt, dass die „Maßnahme" anhand ihrer Zielrichtung konkretisiert werden kann.[812]

I. Autonom oder Verweis?

Bei der Frage, ob die Merkmale der zweiten Alternative unionsautonom auszulegen sind oder für die Begriffsbildung auf das Recht der Mitgliedstaaten verweisen, gelten vergleichbare Erwägungen wie im Rahmen der ersten Alternative.[813] Diese können entsprechend herangezogen werden.[814]

Eine unionsautonome Auslegung der Merkmale von Art. 6 Abs. 1 UAbs. 1 lit. b Alt. 2 DSGVO verhindert zudem Widersprüche im Verhältnis zu Art. 6 Abs. 1 UAbs. 1 lit. b Alt. 1 DSGVO.[815] Das Tatbestandsmerkmal „Durchführung vorvertraglicher Maßnahmen" ist folglich autonom auszulegen.[816]

II. Unbestimmtheit

Die DSGVO enthält keine Definition für „vorvertragliche[...] Maßnahmen".[817] Gleiches gilt auch für das europäische Recht im Allgemeinen.[818] Die deutsche Sprachfassung der DSGVO verwendet die

---

811 Teil 3:A.III.
812 Teil 3:A.IV.
813 *Klein*, in: FS Taeger, 235 (244) greift ebenfalls auf zuvor gewonnene Erkenntnisse zur ersten Alternative zurück.
814 *Klein*, in: FS Taeger, 235 (244); Teil 2:A.I, Teil 2:B.I, Teil 2:C.I, Teil 2:D.I.
815 *Klein*, in: FS Taeger, 235 (244).
816 *Klein*, in: FS Taeger, 235 (244); *Korch*, ZEuP 2021, 792 (817); *Schwartmann/ Klein*, in: Schwartmann/Jaspers/Thüsing/Kugelmann, DSGVO, Art. 6 Rn. 54.
817 *Schwartmann/Klein*, in: Schwartmann/Jaspers/Thüsing/Kugelmann, DSGVO, Art. 6 Rn. 54; *Klein*, in: FS Taeger, 235 (244); *Borkert/Bunes*, in: Bernzen/Fritzsche/Heinze/Thomsen, Das IT-Recht vor der (europäischen) Zeitenwende?, 91 (92); *Tavanti*, RDV 2016, 295 (295); vgl. darüberhinausgehend *Korch*, ZEuP 2021, 792 (817), der in der DSGVO keine Anhaltspunkte für eine autonome Auslegung sieht und stattdessen auf das europäische Privatrecht verweist.
818 *Schulz*, in: Gola/Heckmann, DSGVO, Art. 6 Rn. 32; jedenfalls keine abschließenden Erkenntnisse aus dem übrigen europäischen Recht für die Begriffsbestimmung bei Art. 6 Abs. 1 UAbs. 1 lit. b Alt. 2 DSGVO sehen *Borkert/Bunes*,

Formulierung „Durchführung vorvertraglicher Maßnahmen" sowohl in Art. 6 Abs. 1 UAbs. 1 lit. b Alt. 2 DSGVO als auch in Art. 49 Abs. 1 UAbs. 1 lit. b Alt. 2 DSGVO.[819]

Ein anderes Bild ergibt sich in der englischen Sprachfassung.[820] Diese verwendet in Art. 6 Abs. 1 UAbs. 1 lit. b Alt. 2 DSGVO die Formulierung „to take steps [...] prior to entering into a contract". In Art. 49 Abs. 1 UAbs. 1 lit. b Alt. 2 DSGVO lautet die entsprechende Formulierung jedoch „implementation of pre-contractual measures".[821] Während die deutsche Fassung der beiden Tatbestandsmerkmale (nahezu) identisch ist, verwendet die englische Fassung also unterschiedliche Begriffe.

Die Formulierung „to take steps" findet – abgesehen von Erwägungsgrund 40 – anders als die Formulierung „implementation of [...] measures" allerdings keine weitere Erwähnung in der englischen Sprachfassung der DSGVO. Daher dürfte es sich hier um eine bloße Ungenauigkeit der Übersetzung handeln. Hieraus ergeben sich jedenfalls keine Rückschlüsse für die Auslegung.[822]

Dass der Begriff der vorvertraglichen Maßnahme zu vage sei, wurde bereits bei der Vorgängervorschrift Art. 7 lit. b Alt. 2 DS-RL kriti-

---

in: Bernzen/Fritzsche/Heinze/Thomsen, Das IT-Recht vor der (europäischen) Zeitenwende?, 91 (95 ff.).

819 Art. 6 Abs. 1 UAbs. 1 lit. b Alt. 2 DSGVO lautet: „die Verarbeitung ist [...] zur Durchführung vorvertraglicher Maßnahmen erforderlich, die auf Anfrage der betroffenen Person erfolgen". Art. 49 Abs. 1 UAbs. 1 lit. b Alt. 2 DSGVO lautet: „die Übermittlung ist [...] zur Durchführung von vorvertraglichen Maßnahmen auf Antrag der betroffenen Person erforderlich".

820 Hierauf weisen auch Borkert/Bunes, in: Bernzen/Fritzsche/Heinze/Thomsen, Das IT-Recht vor der (europäischen) Zeitenwende?, 91 (94) hin.

821 Art. 6 Abs. 1 UAbs. 1 lit. b Alt. 2 DSGVO lautet: „processing is necessary [...] in order to take steps at the request of the data subject prior to entering into a contract". Art. 49 Abs. 1 UAbs. 1 lit. b Alt. 2 DSGVO lautet: „the transfer is necessary for [...] the implementation of pre-contractual measures taken at the data subject's request".

822 In eine ähnliche Richtung Borkert/Bunes, in: Bernzen/Fritzsche/Heinze/Thomsen, Das IT-Recht vor der (europäischen) Zeitenwende?, 91 (94 f.), die andenken, ob das „Eingehen" des Vertrags maßgeblich sei, dies aber letztlich ablehnen.

siert.[823] Diese Unbestimmtheit besteht auch bei Art. 6 Abs. 1 UAbs. 1 lit. b Alt. 2 DSGVO.[824]

III. Vorvertraglich

Im Folgenden wird das Merkmal „vorvertraglich" behandelt. Dieses lässt sich nicht anhand von § 311 Abs. 2 Nr. 1, 2 BGB konkretisieren.[825] Ausreichend ist vielmehr ein Anbahnungsverhältnis, das durch die Anfrage der betroffenen Person entsteht.[826] Dabei legitimiert nicht ein vorvertragliches Verhältnis die Datenverarbeitung im Rahmen von Art. 6 Abs. 1 UAbs. 1 lit. b Alt. 2 DSGVO.[827] Das Merkmal ist vor allem eine zeitliche Konkretisierung.[828]

1. Rückgriff auf § 311 Abs. 2 Nr. 1, 2 BGB

Teilweise wird vertreten, dass Art. 6 Abs. 1 UAbs. 1 lit. b Alt. 2 DSGVO sowohl das Stadium der Vertragsanbahnung als auch das Stadium der Vertragsverhandlungen erfasse.[829] Durch eine Inbezugnahme zivilrechtlicher Grundsätze sollen diese Kategorien konkretisiert

---

823 *Ehmann/Helfrich*, DS-RL, Art. 7 Rn. 19, nach denen es „offen ist, was unter vorvertraglichen Maßnahmen zu fassen sein soll.".

824 *Schantz*, in: Simitis/Hornung/Spiecker gen. Döhmann, Datenschutzrecht, DSGVO, Art. 6 Abs. 1 Rn. 40; wohl für die gesamte zweite Alternative *Wedde*, in: Däubler/Wedde/Weichert/Sommer, DSGVO, Art. 6 Rn. 38; in eine ähnliche Richtung *Kotschy*, in: Kuner/Bygrave/Docksey, GDPR, S. 331: „vague [...] concept of ‚precontractual relationship'"; aA jedoch *Buchner/Petri*, in: Kühling/Buchner, DSGVO, Art. 6 Rn. 35, die den Begriff nicht als zu vage ansehen.

825 Teil 3:A.III.1.

826 Teil 3:A.III.2.

827 Teil 3:A.III.3.

828 Teil 3:A.III.4.

829 *Buchner/Petri*, in: Kühling/Buchner, DSGVO, Art. 6 Rn. 34; *Mantz/Marosi*, in: Specht/Mantz, Hdb. Europäisches und deutsches Datenschutzrecht, § 3 Rn. 59; *Albers/Veit*, in: BeckOK Datenschutzrecht, DSGVO, Art. 6 Rn. 47; ebenfalls *Niggl*, in: Selzer, Datenschutzrecht, DSGVO, Art. 6 Rn. 21, nach dem jedoch „[d]er unionsrechtliche Begriff [...] weiter sein [dürfte] als § 311 Abs. 2 BGB"; *Wedde*, in: Däubler/Wedde/Weichert/Sommer, DSGVO, Art. 6 Rn. 38; für das Stadium der Vertragsanbahnung *Bernzen*, in: Korch/Köhler, Schwärme im Recht, 145 (156).

werden können.[830] Demnach sollen Vertragsverhandlungen vorliegen, wenn die Parteien in einen Dialog getreten sind.[831] Vertragsanbahnung sei demgegenüber die einseitige Initiative einer Partei zum Vertragsabschluss.[832]

Ein solcher Rückgriff auf die Kategorien des § 311 Abs. 2 Nr. 1, 2 BGB kann bereits aufgrund der unionsautonomen Auslegung des Merkmals[833] nicht überzeugen.[834] Art. 6 Abs. 1 UAbs. 1 lit. b Alt. 2 DSGVO ist zudem stärker als § 311 Abs. 2 BGB auf den Abschluss eines Vertrags gerichtet.[835]

2. Anbahnungsverhältnis

Ausreichend ist vielmehr ein Anbahnungsverhältnis im Sinne eines zweiseitigen Näheverhältnisses.[836] Dieses entsteht durch die Anfrage der betroffenen Person.[837]

---

830 *Buchner/Petri*, in: Kühling/Buchner, DSGVO, Art. 6 Rn. 35; wohl auch *Albers/ Veit*, in: BeckOK Datenschutzrecht, DSGVO, Art. 6 Rn. 47, nach denen sich aus § 311 Abs. 2 BGB entsprechende Anhaltspunkte ergeben.

831 *Buchner/Petri*, in: Kühling/Buchner, DSGVO, Art. 6 Rn. 35.

832 *Buchner/Petri*, in: Kühling/Buchner, DSGVO, Art. 6 Rn. 36.

833 Teil 3:A.I.

834 *Korch*, ZEuP 2021, 792 (817); wohl auch *Niggl*, in: Selzer, Datenschutzrecht, DSGVO, Art. 6 Rn. 21, nach dem „[d]er unionsrechtliche Begriff […] weiter sein [dürfte] als § 311 Abs. 2 BGB"; differenziert *Borkert/Bunes*, in: Bernzen/ Fritzsche/Heinze/Thomsen, Das IT-Recht vor der (europäischen) Zeitenwende?, 91 (94 ff.), die zwar keinen „alleinige[n] Rückgriff" hierauf vornehmen (97), jedoch § 311 Abs. 2 Nr. 1 BGB und „eingeschränkt" § 311 Abs. 2 Nr. 2 BGB heranziehen, um den Entstehungszeitpunkt eines vorvertraglichen Verhältnisses zu bestimmen (100).

835 *Schantz*, in: Simitis/Hornung/Spiecker gen. Döhmann, Datenschutzrecht, DSGVO, Art. 6 Abs. 1 Rn. 40; zur Zielgerichtetheit von Art. 6 Abs. 1 UAbs. 1 lit. b Alt. 2 DSGVO sogleich unter Teil 3:A.IV.

836 *Wolff*, in: Schantz/Wolff, Das neue Datenschutzrecht, Rn. 566, der zusätzlich jedoch mit Verweis auf *Frenzel*, in: Paal/Pauly, DSGVO, Art. 6 Rn. 15 fordert, dass sich „das Anbahnungsverhältnis auf das Entstehen eines konkreten Vertragsverhältnisses bezieht"; ein Näheverhältnis fordert auch *Dieker*, ZD 2024, 132 (133); ebenso *Tröber/Müller*, MMR 2024, 222 (223 f.).

837 *Frenzel*, in: Paal/Pauly, DSGVO, Art. 6 Rn. 15; siehe zum Merkmal „auf Anfrage der betroffenen Person" sogleich unter Teil 3:B.

3. Kein vorvertragliches Verhältnis

Im Rahmen von Art. 6 Abs. 1 UAbs. 1 lit. b Alt. 2 DSGVO stellt jedoch gerade nicht ein möglicherweise bestehendes vorvertragliche Verhältnis als solches die Grundlage für die Datenverarbeitung dar.[838] Legitimationswirkung hat allein die Anfrage der betroffenen Person.[839] Der Umstand, dass mit der datenschutzrechtlichen Anfrage möglicherweise ein vorvertragliches Schuldverhältnis nach § 311 Abs. 2 Nr. 1, 2 BGB entsteht, ist für die Anwendbarkeit von Art. 6 Abs. 1 UAbs. 1 lit. b Alt. 2 DSGVO irrelevant.[840]

Besonders deutlich wird dies an der Gesetzgebungshistorie zur DS-RL, die hier auch Rückschlüsse zur Rechtslage unter der DSGVO zulässt. So hatten nach Art. 8 Abs. 1 lit. a des ursprünglichen Kommissions-Vorschlags zur DS-RL die Mitgliedstaaten Vorschriften vorzusehen, nach denen eine Verarbeitung zulässig ist, sofern „die Verarbeitung im Rahmen eines Vertrages mit oder eines *vertragsähnlichen Vertrauensverhältnisses* zu dem Betroffenen erfolgt".[841]

Diese Formulierung hat die Kommission im weiteren Gesetzgebungsverfahren geändert.[842] Art. 7 lit. b des geänderten Entwurfs lautete: „Die Mitgliedstaaten sehen vor, daß die Verarbeitung personenbezogener Daten lediglich erfolgen darf, wenn eine der folgenden Voraussetzungen erfüllt ist: [...] die Verarbeitung ist erforderlich für die Erfüllung des mit der betroffenen Person geschlossenen Vertrags oder

---

838 Anders wohl VG Hannover, Urteil vom 9.11.2021, 10 A 502/19, ZD 2022, 182, Rn. 26; ebenso aA *Borkert/Bunes*, in: Bernzen/Fritzsche/Heinze/Thomsen, Das IT-Recht vor der (europäischen) Zeitenwende?, 91 (102), die die „vorvertragliche Beziehung" als Legitimationsgrundlage sehen; noch zur DS-RL aA *Dammann/Simitis*, DS-RL, Art. 7 Rn. 6; ebenso aA *Brühann*, in: Grabitz/Hilf, Das Recht der Europäischen Union, DS-RL, Art. 7 Rn. 15.

839 Teil 3:B.II.

840 Vgl. allgemein zur Einordnung der culpa in contrahendo in Art. 6 Abs. 1 UAbs. 1 lit. b DSGVO *Kohler*, RDIPP 52/2 (2016), 653 (665 f.), wobei nicht ganz eindeutig ist, ob dieser hierfür die erste oder zweite Alternative heranzieht.

841 Vorschlag für eine Richtlinie des Rates zum Schutz von Personen bei der Verarbeitung personenbezogener Daten, KOM(90) 314 endg., S. 59, Hervorhebung durch den Verfasser.

842 Geänderter Vorschlag für eine Richtlinie des Rates zum Schutz natürlicher Personen bei der Verarbeitung personenbezogener Daten und zum freien Datenverkehr, KOM(92) 422 endg., S. 72/76.

für *die Durchführung vorvertraglicher Maßnahmen, die auf Antrag der betroffenen Person erfolgen*".[843]

Diese Änderung hat die Kommission mit folgenden Erwägungen begründet: Erstens wäre der Begriff des vertragsähnlichen Verhältnisses als vage empfunden worden.[844] Zweitens sei das vertragsähnliche Verhältnis bereits vom vertraglichen Verhältnis beziehungsweise den berechtigten Interessen im Sinne von Art. 7 lit. f DS-RL erfasst.[845] Drittens decke die geänderte Formulierung die „Situation vor Schaffung eines vertraglichen Verhältnisses ab."[846]

4. Zeitliche Konkretisierung

Das Merkmal „vorvertraglich" ist eine zeitliche Konkretisierung.[847] Die vorvertragliche Maßnahme wird in zeitlicher Hinsicht durch den Vertragsschluss definiert.[848] Art. 6 Abs. 1 UAbs. 1 lit. b Alt. 2 DSGVO

---

843 Geänderter Vorschlag für eine Richtlinie des Rates zum Schutz natürlicher Personen bei der Verarbeitung personenbezogener Daten und zum freien Datenverkehr, KOM(92) 422 endg., S. 72, Hervorhebung durch den Verfasser.

844 Geänderter Vorschlag für eine Richtlinie des Rates zum Schutz natürlicher Personen bei der Verarbeitung personenbezogener Daten und zum freien Datenverkehr, KOM(92) 422 endg., S. 17; kritisch dazu *Ehmann/Helfrich*, DS-RL, Art. 7 Rn. 19; siehe hierzu bereits oben unter Teil 3:A.II.

845 Geänderter Vorschlag für eine Richtlinie des Rates zum Schutz natürlicher Personen bei der Verarbeitung personenbezogener Daten und zum freien Datenverkehr, KOM(92) 422 endg., S. 17; zur Einordnung der culpa in contrahendo in Art. 6 Abs. 1 UAbs. 1 lit. b DSGVO *Kohler*, RDIPP 52/2 (2016), 653 (665 f.), wobei nicht ganz eindeutig ist, ob dieser hierfür die erste oder zweite Alternative heranzieht; vgl. ferner *Schmidt*, in: Freund/Schmidt/Heep/Roschek, DSGVO, Art. 6 Rn. 39, der alle vorvertraglichen Schuldverhältnisse unter den Vertragsbegriff von Art. 6 Abs. 1 UAbs. 1 lit. b Alt. 1 DSGVO fasst, soweit diese auf eine autonome Entscheidung der betroffenen Person zurückgehen.

846 Geänderter Vorschlag für eine Richtlinie des Rates zum Schutz natürlicher Personen bei der Verarbeitung personenbezogener Daten und zum freien Datenverkehr, KOM(92) 422 endg., S. 17.

847 *Schantz*, in: Simitis/Hornung/Spiecker gen. Döhmann, Datenschutzrecht, DSGVO, Art. 6 Abs. 1 Rn. 40; *Borkert/Bunes*, in: Bernzen/Fritzsche/Heinze/Thomsen, Das IT-Recht vor der (europäischen) Zeitenwende?, 91 (97), die gleichwohl ein vorvertragliches Verhältnis fordern (93 ff.).

848 *Schantz*, in: Simitis/Hornung/Spiecker gen. Döhmann, Datenschutzrecht, DSGVO, Art. 6 Abs. 1 Rn. 40.

ist nur vor Vertragsabschluss anwendbar.[849] Die Anwendbarkeit endet ebenfalls, wenn die vorvertraglichen Maßnahmen nicht zu einem Vertragsschluss führen.[850] Beispielsweise ist die Norm nicht anwendbar, wenn der Abschluss eines Vertrags an der Minderjährigkeit der betroffenen Person scheitert.[851]

IV. Zielrichtung der Maßnahme

Die vorvertragliche Maßnahme muss auf den Vertragsabschluss gerichtet sein.[852] Art. 6 Abs. 1 UAbs. 1 lit. b Alt. 2 DSGVO beruht darauf, dass Datenverarbeitungen bereits im vorvertraglichen Stadium erforderlich sein können, um den Vertragsschluss erst möglich zu machen.[853] Auch Erwägungsgrund 44 DSGVO[854] konkretisiert das Merkmal der vorvertraglichen Maßnahme dahingehend, dass diese einen geplanten Vertragsabschluss betreffen muss.[855] Diese Finalität

---

849 So wohl *Schantz*, in: Simitis/Hornung/Spiecker gen. Döhmann, Datenschutzrecht, DSGVO, Art. 6 Abs. 1 Rn. 39; in diese Richtung auch *Borkert/Bunes*, in: Bernzen/Fritzsche/Heinze/Thomsen, Das IT-Recht vor der (europäischen) Zeitenwende?, 91 (102), die an dem dortseits geforderten vorvertraglichen Verhältnis anknüpfen.

850 *Wedde*, in: Däubler/Wedde/Weichert/Sommer, DSGVO, Art. 6 Rn. 42; *Spoerr*, in: BeckOK Datenschutzrecht, DSGVO, Syst. J. Rn. 55; *Frenzel*, in: Paal/Pauly, DSGVO, Art. 6 Rn. 15; *Niggl*, in: Selzer, Datenschutzrecht, DSGVO, Art. 6 Rn. 21; *Albers/Veit*, in: BeckOK Datenschutzrecht, DSGVO, Art. 6 Rn. 47; ähnlich *Borkert/Bunes*, in: Bernzen/Fritzsche/Heinze/Thomsen, Das IT-Recht vor der (europäischen) Zeitenwende?, 91 (102), die an dem dortseits geforderten vorvertraglichen Verhältnis anknüpfen.

851 *Wolff*, in: Schantz/Wolff, Das neue Datenschutzrecht, Rn. 567.

852 *Wolff*, in: Schantz/Wolff, Das neue Datenschutzrecht, Rn. 568 f.; *Arning*, in: Moos/Schefzig/Arning, Praxishdb. DSGVO, Kap. 5 Rn. 34; *Ebert/Busch/Spiecker gen. Döhmann/Wendt*, ZfPC 2023, 16 (26); *Schantz*, in: Simitis/Hornung/Spiecker gen. Döhmann, Datenschutzrecht, DSGVO, Art. 6 Abs. 1 Rn. 39 f.; wohl auch in diese Richtung EDSA, Leitlinien 2/2019, Rn. 46; *Frenzel*, in: Paal/Pauly, DSGVO, Art. 6 Rn. 15, der zudem fordert, dass keine weiteren Zwischenschritte erforderlich sind.

853 EDSA, Leitlinien 2/2019, Rn. 45.

854 Erwägungsgrund 44 DSGVO lautet: „Die Verarbeitung von Daten sollte als rechtmäßig gelten, wenn sie für die Erfüllung oder den geplanten Abschluss eines Vertrags erforderlich ist".

855 *Schantz*, in: Simitis/Hornung/Spiecker gen. Döhmann, Datenschutzrecht, DSGVO, Art. 6 Abs. 1 Rn. 40; in diese Richtung *Lüttringhaus*, in: Gebauer/

verdeutlicht ein Vergleich mit der ersten Alternative der Rechtsgrundlage.[856] Während bei der Vertragserfüllung (erste Alternative) auf das Pflichtenprogramm des Vertrags Bezug genommen wird, betrifft die Durchführung vorvertraglicher Maßnahmen (zweite Alternative) „die Erreichung eines konkreten Ereignisses" und damit das Ziel, einen Vertrag zu schließen.[857]

Teilweise wird gefordert, dass Finalität der vorvertraglichen Maßnahmen dergestalt vorliegen müsse, dass keine weiteren Zwischenschritte bis zum Entstehen des konkreten Vertragsverhältnisses mehr erforderlich sein dürfen.[858] Diese Forderung ist abzulehnen.[859] Der Wortlaut von Art. 6 Abs. 1 UAbs. 1 lit. b Alt. 2 DSGVO enthält hierfür keine Anhaltspunkte.[860] Ebenfalls nicht erforderlich ist, dass später tatsächlich ein wirksamer Vertrag abgeschlossen wird.[861]

Vor diesem Hintergrund sind vorvertragliche Maßnahmen „alle Handlungen, die auf einen Vertragsschluss hin zielen".[862] Dies führt beispielsweise dazu, dass Datenverarbeitungen zur Erfüllung von vorvertraglichen Verkehrssicherungspflichten nicht von Art. 6 Abs. 1 UAbs. 1

Wiedmann, Europäisches Zivilrecht, Kap. 30 Rn. 52; ähnlich auch *Arning*, in: Moos/Schefzig/Arning, Praxishdb. DSGVO, Kap. 5 Rn. 33.

856 *Wolff*, in: Schantz/Wolff, Das neue Datenschutzrecht, Rn. 568.

857 *Wolff*, in: Schantz/Wolff, Das neue Datenschutzrecht, Rn. 568; vgl. allgemein zum fehlenden Pflichtenprogramm bei Alt. 2 *Schantz*, in: Simitis/Hornung/ Spiecker gen. Döhmann, Datenschutzrecht, DSGVO, Art. 6 Abs. 1 Rn. 39.

858 *Frenzel*, in: Paal/Pauly, DSGVO, Art. 6 Rn. 15; vgl. auch *Wolff*, in: Schantz/ Wolff, Das neue Datenschutzrecht, Rn. 566, der dies allerdings für das Anbahnungsverhältnis fordert.

859 *Arning*, in: Moos/Schefzig/Arning, Praxishdb. DSGVO, Kap. 5 Rn. 34, Fn. 41.

860 *Arning*, in: Moos/Schefzig/Arning, Praxishdb. DSGVO, Kap. 5 Rn. 34, Fn. 41.

861 *Buchner/Petri*, in: Kühling/Buchner, DSGVO, Art. 6 Rn. 34; *Spindler/Dalby*, in: Spindler/Schuster, Recht der elektronischen Medien, DSGVO, Art. 6 Rn. 5; EDSA, Leitlinien 2/2019, Rn. 46; wohl auf die Anfrage der betroffenen Person bezogen *Ebert/Busch/Spiecker gen. Döhmann/Wendt*, ZfPC 2023, 16 (26); in diesem Fall die Erforderlichkeit ex nunc entfallen lassend *Frenzel*, in: Paal/Pauly, DSGVO, Art. 6 Rn. 15; ebenso *Albers/Veit*, in: BeckOK Datenschutzrecht, DSGVO, Art. 6 Rn. 47; ebenso *Niggl*, in: Selzer, Datenschutzrecht, DSGVO, Art. 6 Rn. 21.

862 *Wolff*, in: Schantz/Wolff, Das neue Datenschutzrecht, Rn. 569.

lit. b Alt. 2 DSGVO umfasst sind.[863] Ebenfalls nicht erfasst ist die Erfüllung gesetzlicher Pflichten im Vorfeld eines Vertragsabschlusses.[864]

B. Auf Anfrage der betroffenen Person

Die vorvertragliche Maßnahme muss „auf Anfrage der betroffenen Person" durchgeführt werden.[865] Im Rahmen der Untersuchung dieses Merkmals wird zunächst festgehalten, ob das Merkmal autonom oder nach dem Recht der Mitgliedstaaten auszulegen ist.[866] Anschließend wird die Anfrage als Legitimationsgrundlage im Rahmen von Art. 6 Abs. 1 UAbs. 1 lit. b Alt. 2 DSGVO behandelt.[867] Im nächsten Schritt werden die Anforderungen an die Anfrage betrachtet.[868] Danach werden die möglichen Anfragesteller[869] und Anfrageadressaten[870] thematisiert. Schließlich wird gezeigt, dass der betroffenen Person auf der Grundlage dieses Merkmals ein faktisches Widerrufsrecht zusteht.[871]

I. Autonom oder Verweis?

Mit vergleichbaren Argumenten wie zum Merkmal „Durchführung vorvertraglicher Maßnahmen" ist auch das Merkmal „auf Anfrage der betroffenen Person" unionsautonom auszulegen.[872]

---

863 *Schantz*, in: Simitis/Hornung/Spiecker gen. Döhmann, Datenschutzrecht, DSGVO, Art. 6 Abs. 1 Rn. 40; *Ebert/Busch/Spiecker gen. Döhmann/Wendt*, ZfPC 2023, 16 (26).

864 EDSA, Leitlinien 2/2019, Rn. 47 (Beispiel 6).

865 *Buchner/Petri*, in: Kühling/Buchner, DSGVO, Art. 6 Rn. 37.

866 Teil 3:B.I.

867 Teil 3:B.II.

868 Teil 3:B.III.

869 Teil 3:B.IV.

870 Teil 3:B.V.

871 Teil 3:B.VI.

872 *Klein*, in: FS Taeger, 235 (244); zur Durchführung vorvertraglicher Maßnahmen unter Teil 3:A.I; zum Begriff der betroffenen Person bereits unter Teil 2:B. II.

II. Schutz- und Legitimationsfunktion

Die Anfrage ermöglicht der betroffenen Person, den Verarbeitungsumfang festzulegen.[873] Insoweit ist die Anfrage mit dem Vertragsschluss in Art. 6 Abs. 1 UAbs. 1 lit. b Alt. 1 DSGVO vergleichbar.[874] Die Notwendigkeit einer Anfrage zeigt, dass im Rahmen von Art. 6 Abs. 1 UAbs. 1 lit. b Alt. 2 DSGVO gerade das Interesse der betroffenen Person an der vorvertraglichen Datenverarbeitung maßgeblich ist.[875] Auch die Formulierung „geplant" in Erwägungsgrund 44 DSGVO zeigt, dass „die willensgetragene Entscheidung auf der Seite des Betroffenen", also die freie Entscheidung der betroffenen Person, zentral ist.[876] Anders ausgedrückt: die betroffene Person muss die vorvertragliche Maßnahme veranlassen.[877]

Eine auf Initiative des Verantwortlichen stattfindende Datenverarbeitung im Rahmen einer vorvertraglichen Maßnahme ist nicht erfasst.[878]

---

873 *Schantz*, in: Simitis/Hornung/Spiecker gen. Döhmann, Datenschutzrecht, DSGVO, Art. 6 Abs. 1 Rn. 41.

874 *Schantz*, in: Simitis/Hornung/Spiecker gen. Döhmann, Datenschutzrecht, DSGVO, Art. 6 Abs. 1 Rn. 41.

875 *Brinkmann*, in: BeckOGK, BGB, § 307 Datenschutzklausel Rn. 17.

876 *Heckmann/Scheurer*, in: jurisPK Internetrecht, Kap. 9 Rn. 374.

877 *Wolff*, in: Schantz/Wolff, Das neue Datenschutzrecht, Rn. 566; *Heberlein*, in: Ehmann/Selmayr, DSGVO, Art. 6 Rn. 14; *Frenzel*, in: Paal/Pauly, DSGVO, Art. 6 Rn. 15; *Ebert/Busch/Spiecker gen. Döhmann/Wendt*, ZfPC 2023, 16 (26): „auf Anfrage des Kunden"; *Buchner/Petri*, in: Kühling/Buchner, DSGVO, Art. 6 Rn. 37; *Heckmann/Scheurer*, in: jurisPK Internetrecht, Kap. 9 Rn. 374; *Rank-Haedler*, in: Schmidt-Kessel/Kramme, Hdb. Verbraucherrecht, Kap. 18 Rn. 77; *Brinkmann*, in: BeckOGK, BGB, § 307 Datenschutzklausel Rn. 17.

878 EDSA, Leitlinien 2/2019, Rn. 47; *Albers/Veit*, in: BeckOK Datenschutzrecht, DSGVO, Art. 6 Rn. 47; *Dienst*, in: Rücker/Kugler, New European General Data Protection Regulation, Rn. 374; *Ebert/Busch/Spiecker gen. Döhmann/Wendt*, ZfPC 2023, 16 (26); *Frenzel*, in: Paal/Pauly, DSGVO, Art. 6 Rn. 15; wohl auch *Wolff*, in: Schantz/Wolff, Das neue Datenschutzrecht, Rn. 566; *Rank-Haedler*, in: Schmidt-Kessel/Kramme, Hdb. Verbraucherrecht, Kap. 18 Rn. 77; ähnlich *Heberlein*, in: Ehmann/Selmayr, DSGVO, Art. 6 Rn. 14, der dies jedoch auf „Anbieter[…] und potenziellen Vertragspartner" bezieht; differenziert *Schantz*, in: Simitis/Hornung/Spiecker gen. Döhmann, Datenschutzrecht, DSGVO, Art. 6 Abs. 1 Rn. 41, der dies für die vorvertragliche Maßnahme, nicht jedoch für den Vertragsschluss selbst fordert.

Ein „nicht nachgefragtes ,Ausforschen'" durch den Verantwortlichen kann daher nicht auf diese Rechtsgrundlage gestützt werden.[879] Ebenfalls kann nicht auf ein durch die Anfrage ausgelöstes „Gesamtpaket der vorvertraglichen Maßnahmen" abgestellt werden.[880] Zwar geht der Wortlaut der Norm von Maßnahmen im Plural und der Anfrage im Singular aus.[881] Eine solche Ausdehnung würde jedoch die gerade dargestellten Wertungen unterlaufen und dem Verantwortlichen eine Gestaltungsmöglichkeit einräumen, die Art. 6 Abs. 1 UAbs. 1 lit. b Alt. 2 DSGVO nicht vorsieht.[882]

Ohnehin ist die Norm „kein Auffangtatbestand für Sachverhalte, die außerhalb der Erfüllung eines Vertragsverhältnisses stehen."[883] Vielmehr ist die Anfrage der betroffenen Person als Ausdruck ihres Willens die Legitimationsgrundlage für Datenverarbeitungen nach Art. 6 Abs. 1 UAbs. 1 lit. b Alt. 2 DSGVO.[884] Insoweit kommt dem Merkmal „auf Anfrage der betroffenen Person" auch eine Schutzfunktion zu.[885] Das Merkmal stellt sicher, dass eine Verarbeitung personenbezogener Daten von Nicht-Beteiligten unzulässig ist.[886]

---

879 *Frenzel*, in: Paal/Pauly, DSGVO, Art. 6 Rn. 15; *Wedde*, in: Däubler/Wedde/Weichert/Sommer, DSGVO, Art. 6 Rn. 39; *Kramer*, in: Eßer/Kramer/von Lewinski, DSGVO, Art. 6 Rn. 41.

880 So jedoch *Abel*, ZD 2018, 103 (106).

881 *Abel*, ZD 2018, 103 (106).

882 Vgl. in eine ähnliche Richtung *Brinkmann*, in: BeckOGK, BGB, § 307 Datenschutzklausel Rn. 17, der eine Lösung hierfür jedoch in einem abstrakt-wertenden Erforderlichkeitsmaßstab sieht und in diesem Zusammenhang darauf hinweist, dass der Verantwortliche der betroffenen Person die Anfrage nicht unterschieben dürfe und vielmehr das „originäre Interesse" maßgeblich sei.

883 *Wedde*, in: Däubler/Wedde/Weichert/Sommer, DSGVO, Art. 6 Rn. 39, der eine enge Auslegung wegen der Unbestimmtheit der Rechtsgrundlage befürwortet.

884 *Schantz*, in: Simitis/Hornung/Spiecker gen. Döhmann, Datenschutzrecht, DSGVO, Art. 6 Abs. 1 Rn. 39; *Redeker*, IT-Recht, Rn. 1079; in diese Richtung *Wedde*, in: Däubler/Wedde/Weichert/Sommer, DSGVO, Art. 6 Rn. 39; allgemein *Schulz*, in: Gola/Heckmann, DSGVO, Art. 6 Rn. 27.

885 *Borkert/Bunes*, in: Bernzen/Fritzsche/Heinze/Thomsen, Das IT-Recht vor der (europäischen) Zeitenwende?, 91 (97); *Laue/Nink/Kremer*, Datenschutzrecht in der betrieblichen Praxis, § 2 Rn. 33.

886 *Bernzen*, in: Korch/Köhler, Schwärme im Recht, 145 (156).

III. Anforderungen

Auch wenn Art. 7 lit. b Alt. 2 DS-RL den Begriff „Antrag" und die DSGVO die Formulierung „Anfrage" verwendet, gehen mit diesem Unterschied keine Änderungen der Funktionalität einher.[887] Die englische Sprachfassung („at the request") von DS-RL und DSGVO ist insoweit unverändert geblieben.[888] Der Begriff „Anfrage" macht jedoch besser deutlich, dass kein förmlicher Antrag notwendig ist.[889] Der Begriff muss weit ausgelegt werden.[890] Die Anfrage muss nicht die Anforderungen einer Willenserklärung im Sinne des BGB erfüllen.[891]

Gleichwohl muss die betroffene Person die Anfrage im Zusammenhang mit einem möglichen Vertragsabschluss stellen.[892] Hier muss auf den Vertragsbegriff des Art. 6 Abs. 1 UAbs. 1 lit. b Alt. 1 DSGVO zurückgegriffen werden.[893] Die Anfrage muss in zeitlicher Hinsicht vor der Datenverarbeitung erfolgen.[894]

---

887 *Frenzel*, in: Paal/Pauly, DSGVO, Art. 6 Rn. 15; *Heberlein*, in: Ehmann/Selmayr, DSGVO, Art. 6 Rn. 14.

888 *Frenzel*, in: Paal/Pauly, DSGVO, Art. 6 Rn. 15; *Schantz*, in: Simitis/Hornung/Spiecker gen. Döhmann, Datenschutzrecht, DSGVO, Art. 6 Abs. 1 Rn. 38.

889 *Heberlein*, in: Ehmann/Selmayr, DSGVO, Art. 6 Rn. 14; *Schantz*, in: Simitis/Hornung/Spiecker gen. Döhmann, Datenschutzrecht, DSGVO, Art. 6 Abs. 1 Rn. 38; *Schmitz*, in: Hoeren/Sieber/Holznagel, Hdb. Multimedia-Recht, Teil 16.2 Rn. 288.

890 *Plath/Struck*, in: Plath, DSGVO, Art. 6 Rn. 13; so auch *Arning*, in: Moos/Schefzig/Arning, Praxishdb. DSGVO, Kap. 5 Rn. 34: „Eine taugliche Anfrage kann jede Initiative der betroffenen Person sein".

891 *Plath/Struck*, in: Plath, DSGVO, Art. 6 Rn. 13; *Arning*, in: Moos/Schefzig/Arning, Praxishdb. DSGVO, Kap. 5 Rn. 34.

892 EDSA, Leitlinien 2/2019, Rn. 46; in diese Richtung, jedoch nicht zum Merkmal der Anfrage *Borkert/Bunes*, in: Bernzen/Fritzsche/Heinze/Thomsen, Das IT-Recht vor der (europäischen) Zeitenwende?, 91 (101); ähnlich, jedoch ebenfalls nicht ausdrücklich am Merkmal der Anfrage *Sartor*, in: Spiecker gen. Döhmann/Papakonstantinou/Hornung/De Hert, GDPR, Art. 6 Rn. 39 unter Verweis auf Erwägungsgrund 40 DSGVO.

893 In Richtung einer solchen Synchronisation *Klein*, in: FS Taeger, 235 (244).

894 *Bernzen*, in: Korch/Köhler, Schwärme im Recht, 145 (156); *Sartor*, in: Spiecker gen. Döhmann/Papakonstantinou/Hornung/De Hert, GDPR, Art. 6 Rn. 39.

IV. Anfragesteller

Art. 6 Abs. 1 UAbs. 1 lit. b Alt. 2 DSGVO setzt voraus, dass die betroffene Person selbst Anfragesteller ist.[895] Eine Anfrage durch beziehungsweise für eine dritte Person ist von der Vorschrift nicht gedeckt.[896] Hier können – insbesondere mit Blick auf Wortlaut und Telos der Norm – die Erkenntnisse zu der betroffenen Person als Vertragspartei entsprechend herangezogen werden.[897]

V. Anfrageadressat

Die betroffene Person muss ihre Anfrage nicht unmittelbar an den (künftigen) Verantwortlichen richten.[898] Der Verantwortliche muss auch nicht der spätere Vertragspartner sein.[899] Ein solches Erfordernis ist dem Wortlaut von Art. 6 Abs. 1 UAbs. 1 lit. b Alt. 2 DSGVO nicht zu entnehmen.[900] Hier gelten vergleichbare Erwägungen wie zum Verantwortlichen als Vertragspartei im Rahmen von Art. 6 Abs. 1 UAbs. 1 lit. b Alt. 1 DSGVO.[901]

VI. Faktisches Widerrufsrecht

Im Rahmen von Art. 6 Abs. 1 UAbs. 1 lit. b Alt. 2 DSGVO ist kein ausdrückliches Widerrufsrecht wie bei Art. 7 Abs. 3 DSGVO für die datenschutzrechtlichen Einwilligung vorgesehen.[902] Gleichwohl be-

---

895 EDSA, Leitlinien 2/2019, Rn. 47; in diese Richtung auch *Krüger*, in: Katko, Checklisten zur DSGVO, § 4 Rn. 42 f., der eine eigene Anfrage der betroffenen Person voraussetzt.
896 EDSA, Leitlinien 2/2019, Rn. 47.
897 Teil 2:B.II.
898 *Arning*, in: Moos/Schefzig/Arning, Praxishdb. DSGVO, Kap. 5 Rn. 36.
899 *Arning*, in: Moos/Schefzig/Arning, Praxishdb. DSGVO, Kap. 5 Rn. 36.
900 *Arning*, in: Moos/Schefzig/Arning, Praxishdb. DSGVO, Kap. 5 Rn. 36.
901 Teil 2:B.III.
902 Allgemein kein Widerrufsrecht bei Art. 6 Abs. 1 UAbs. 1 lit. b Alt. 2 DSGVO sieht *Kotschy*, in: Kuner/Bygrave/Docksey, GDPR, S. 331.

steht bei einer auf Art. 6 Abs. 1 UAbs. 1 lit. b Alt. 2 DSGVO gestützten Verarbeitung ein faktisches Widerrufsrecht der betroffenen Person.[903] Dieses ergibt sich anhand folgender Erwägungen: Erstens ist die Verarbeitungsbefugnis des Verantwortlichen sachlich auf den Gegenstand der Anfrage der betroffenen Person begrenzt.[904] Zweitens kann die betroffene Person nach Durchführung der vorvertraglichen Maßnahme entscheiden, keinen Vertrag abzuschließen. Art. 6 Abs. 1 UAbs. 1 lit. b Alt. 2 DSGVO ist dann nicht mehr anwendbar.[905] Drittens kann die betroffene Person aber auch in der Phase zwischen Anfrage und Durchführung der vorvertraglichen Maßnahme entscheiden, vom geplanten Vertragsschluss Abstand zu nehmen. Die Rechtsfolge bleibt identisch: da kein Vertragsschluss mehr geplant ist, entfällt die Verarbeitungsbefugnis auf Basis von Art. 6 Abs. 1 UAbs. 1 lit. b Alt. 2 DSGVO.[906]

Die betroffene Person hat daher im Anwendungsbereich von Art. 6 Abs. 1 UAbs. 1 lit. b Alt. 2 DSGVO stärkeren Einfluss auf die Verarbeitungsbefugnisse des Verantwortlichen als im Rahmen von Art. 6 Abs. 1 UAbs. 1 lit. b Alt. 1 DSGVO. Dies ist auch interessengerecht. Denn die Anfrage nach Art. 6 Abs. 1 UAbs. 1 lit. b Alt. 2 DSGVO hat strukturelle Ähnlichkeit mit der datenschutzrechtlichen Einwilligung.[907]

---

903 In eine ähnliche Richtung geht die Beobachtung von *Borkert/Bunes*, in: Bernzen/Fritzsche/Heinze/Thomsen, Das IT-Recht vor der (europäischen) Zeitenwende?, 91 (102 ff.), nach denen das dortseits für die Anwendbarkeit von Art. 6 Abs. 1 UAbs. 1 lit. b Alt. 2 DSGVO geforderte vorvertragliche Verhältnis auch endet, „sobald die betroffene Person zumindest konkludent zum Ausdruck bringt, zum jetzigen Zeitpunkt kein Interesse mehr an einem Vertragsschluss zu haben."; allgemein kein Widerrufsrecht bei Art. 6 Abs. 1 UAbs. 1 lit. b Alt. 2 DSGVO sieht *Kotschy*, in: Kuner/Bygrave/Docksey, GDPR, S. 331.

904 Teil 3:B.II.

905 *Frenzel*, in: Paal/Pauly, DSGVO, Art. 6 Rn. 15, der insbesondere die Ablehnung eines Angebots durch die betroffene Person als Beispiel nennt; zustimmend *Albers/Veit*, in: BeckOK Datenschutzrecht, DSGVO, Art. 6 Rn. 47; allgemein *Wedde*, in: Däubler/Wedde/Weichert/Sommer, DSGVO, Art. 6 Rn. 42.

906 Allgemein *Frenzel*, in: Paal/Pauly, DSGVO, Art. 6 Rn. 15; ebenso *Wedde*, in: Däubler/Wedde/Weichert/Sommer, DSGVO, Art. 6 Rn. 42.

907 Allgemein *Assion/Nolte/Veil*, in: Gierschmann/Schlender/Stentzel/Veil, DSGVO, Art. 6 Rn. 87; wohl auch *Frenzel*, in: Paal/Pauly, DSGVO, Art. 6 Rn. 15.

C. Erforderlichkeit

Für das Erforderlichkeitskriterium in Art. 6 Abs. 1 UAbs. 1 lit. b Alt. 2 DSGVO gelten grundsätzlich vergleichbare Erwägungen wie im Rahmen von Art. 6 Abs. 1 UAbs. 1 lit. b Alt. 1 DSGVO.[908] Insbesondere ist das Merkmal auch hier autonom auszulegen.[909] Bei Art. 6 Abs. 1 UAbs. 1 lit. b Alt. 2 DSGVO ist ebenfalls eine dreischrittige Erforderlichkeitsprüfung vorzunehmen.[910]

I. Schritt 1: Bezugspunkt

Auch im Rahmen von Art. 6 Abs. 1 UAbs. 1 lit. b Alt. 2 DSGVO ist ein vertragsimmanenter beziehungsweise subjektiver Maßstab vorzugswürdig.[911] Bezugspunkt[912] ist die konkret angefragte vorvertragliche Maßnahme.[913]

---

908 Vgl. grundsätzlich *Schantz*, in: Simitis/Hornung/Spiecker gen. Döhmann, Datenschutzrecht, DSGVO, Art. 6 Abs. 1 Rn. 43; ebenso *Kühling/Klar/Sackmann*, Datenschutzrecht, Kap. 2 Rn. 389; zur Erforderlichkeit bei Art. 6 Abs. 1 UAbs. 1 lit. b Alt. 1 DSGVO Teil 2:D.

909 Teil 2:D.I.

910 Zur mehrschritten Erforderlichkeitsprüfung bei Art. 6 Abs. 1 UAbs. 1 lit. b Alt. 1 DSGVO Teil 2:D sowie insbesondere die Nachweise in Fn. 511.

911 In diese Richtung *Eisenschmidt*, NZM 2019, 313 (320), der jedoch auf „die vertraglichen Regelungen sowie die spezifischen Leistungen" abstellt; aA *Brinkmann*, in: BeckOGK, BGB, § 307 Datenschutzklausel Rn. 17, der hier einen abstrakten Erforderlichkeitsmaßstab befürwortet, um sicherzustellen, „dass die Maßnahme und die damit einhergehende Datenverarbeitung dem originären Interesse des Betroffenen entspricht"; wieder anders *Sartor*, in: Spiecker gen. Döhmann/Papakonstantinou/Hornung/De Hert, GDPR, Art. 6 Rn. 40, der einerseits auf die Üblichkeit und andererseits auf Treu und Glauben beziehungsweise auf die Verhältnismäßigkeit der Datenverarbeitung abstellt.

912 Zum Begriff Fn. 518.

913 In diese Richtung *Wolff*, in: Schantz/Wolff, Das neue Datenschutzrecht, Rn. 572.

II. Schritt 2: Datenschutzrechtlicher Inhalt

Der datenschutzrechtliche Inhalt[914] ist zu Art. 6 Abs. 1 UAbs. 1 lit. b Alt. 1 DSGVO identisch: die Datenverarbeitung muss geeignet sein, den Verarbeitungszweck zu erreichen und es darf keine zumutbare datenschutzschonendere Alternative bestehen.[915]

III. Schritt 3: Verhältnis zur Einwilligung

Die Anfrage der betroffenen Person nach Art. 6 Abs. 1 UAbs. 1 lit. b Alt. 2 DGSVO unterliegt geringeren Anforderungen[916] als die Erteilung einer datenschutzrechtlichen Einwilligung. Gleichwohl wirft das Verhältnis zwischen datenschutzrechtlicher Einwilligung und Art. 6 Abs. 1 UAbs. 1 lit. b Alt. 2 DSGVO keine vergleichbaren Probleme wie im Rahmen von Art. 6 Abs. 1 UAbs. 1 lit. b Alt. 1 DSGVO auf. Das faktische Widerrufsrecht[917] lässt das Spannungsverhältnis weitgehend entfallen.

Es besteht im Rahmen von Art. 6 Abs. 1 UAbs. 1 lit. b Alt. 2 DSGVO auch kein Problem der künstlichen Erweiterung von Datenverarbeitungen. Durch das Merkmal „auf Anfrage der betroffenen Person" liegt die Gestaltung der zulässigen Datenverarbeitungen ausschließlich in den Händen der betroffenen Person.[918] Vor diesem Hintergrund wird deutlich, dass der Verordnungsgeber das Abschließen von Verträgen unter erleichterten datenschutzrechtlichen Voraussetzungen ermöglichen wollte.[919]

---

914 Zum Begriff Fn. 621.
915 Zu dieser Auslegung Teil 2:D.III.4; aA *Borkert/Bunes*, in: Bernzen/Fritzsche/ Heinze/Thomsen, Das IT-Recht vor der (europäischen) Zeitenwende?, 91 (103), die unter anderem „ein[en] unmittelbaren Zusammenhang zwischen der Verarbeitung und dem konkreten Zweck des (vor-)vertraglichen Verhältnis[...]", sowie mwN die Unzumutbarkeit der Einwilligung fordern; ebenfalls aA *Jahnel*, in: Jahnel, DSGVO, Art. 6 Rn. 39, der Notwendigkeit beziehungsweise Unabdingbarkeit der Verarbeitung fordert.
916 Zu den Anforderungen an die Anfrage Teil 3:B.III.
917 Teil 3:B.VI.
918 Teil 3:B.
919 Allgemein in eine ähnliche Richtung *Brinkmann*, in: BeckOGK, BGB, § 307 Datenschutzklausel Rn. 17: „Eine zusätzliche Einwilligung des Betroffenen ist

Das Verbot des Rechtsmissbrauchs wird daher nur in besonderen Ausnahmefällen eingreifen. Von Rechtsmissbräuchlichkeit ist im Rahmen der zweiten Alternative etwa auszugehen, wenn ein Verantwortlicher zur Umgehung der Einwilligungsvoraussetzungen den Inhalt der Anfrage dergestalt vorgibt, dass lediglich formell eine Anfrage der betroffenen Person erfolgt.

---

in diesem Fall letztlich deshalb entbehrlich, weil er die vorvertragliche Maßnahme möchte und die hierzu notwendige Datenverarbeitung deshalb gerade auch in seinem Interesse liegt.".

Teil 4: Zusammenfassung

Ziel der Arbeit war es, den Anwendungsbereich von Art. 6 Abs. 1 UAbs. 1 lit. b DSGVO zu untersuchen.[920] Dabei sollten insbesondere die Tatbestandsmerkmale der Norm konkretisiert werden.[921] Wesentliche Herausforderungen waren die geringe Regelungsdichte, die Wechselwirkungen zwischen europäischem Datenschutzrecht und nationalem Zivilrecht sowie das Verhältnis zwischen Privatautonomie und Datenschutz.[922] Die folgenden Abschnitte fassen die Ergebnisse der Untersuchung zusammen.

A. Art. 6 Abs. 1 UAbs. 1 lit. b Alt. 1 DSGVO

(1) Die Tatbestandsmerkmale „Vertrag",[923] „Erfüllung",[924] „Vertragspartei"[925] und „Erforderlichkeit"[926] sind unionsautonom auszulegen.

(2) Ein Vertrag im Sinne der Norm ist eine durch die betroffene Person freiwillig eingegangene Verpflichtung.[927] Der Vertragsbegriff umfasst etwa einseitig verpflichtende Rechtsgeschäfte,[928] Verträge unter Kontrahierungszwang,[929] Mitgliedschaften[930] und – sofern man diese Kategorie zivilrechtlich anerkennt – Gefälligkeitsverhältnisse mit rechtsgeschäftsähnlichem Charakter.[931] Nicht umfasst sind dagegen die Geschäftsführung ohne Auftrag[932] so-

---

920 Teil 1:B.
921 Teil 1:B.
922 Teil 1:A.
923 Teil 2:A.I.
924 Teil 2:B.I.
925 Teil 2:C.I.
926 Teil 2:D.I.
927 Teil 2:A.II.
928 Teil 2:A.III.2.
929 Teil 2:A.III.3.
930 Teil 2:A.III.4.
931 Teil 2:A.III.1.
932 Teil 2:A.III.5.

wie verfügende Verträge[933]. Der Vertrag muss nach dem anwendbaren nationalem Recht wirksam zustande gekommen sein.[934]

(3) Die betroffene Person muss Vertragspartei sein, eine bloße Begünstigung aus dem Vertrag genügt hierfür nicht.[935] Der Verantwortliche muss nicht Vertragspartei sein.[936]

(4) Der Begriff „Erfüllung" umfasst die Primär- und Sekundärpflichten[937] des Vertragspartners sowie der betroffenen Person.[938] Auch die Vertragsbeendigung ist von diesem Merkmal umfasst.[939] Demgegenüber erfasst das Erfüllungsmerkmal weder den Abschluss[940] noch die Änderung von Verträgen.[941] Auch die gesetzlichen Pflichten im Zusammenhang mit Verträgen fallen nicht unter den Erfüllungsbegriff.[942]

(5) Bezugspunkt der Erforderlichkeit ist der vereinbarte Vertragsinhalt.[943] Die Erforderlichkeit setzt einerseits voraus, dass die Datenverarbeitung geeignet ist, den Verarbeitungszweck zu erreichen.[944] Andererseits darf keine zumutbare datenschutzschonendere Alternative bestehen.[945] Schließlich darf kein Verstoß gegen das unionsrechtliche Verbot des Rechtsmissbrauchs vorliegen.[946] Insbesondere dürfen die Einwilligungsvoraussetzungen nicht rechtsmissbräuchlich umgangen werden.[947]

---

933 Teil 2:A.III.6.
934 Teil 2:A.IV.
935 Teil 2:B.II.
936 Teil 2:B.III.
937 Teil 2:C.IV.4.
938 Teil 2:C.IV.2.
939 Teil 2:C.IV.6.
940 Teil 2:C.IV.1.
941 Teil 2:C.IV.5.
942 Teil 2:C.IV.7.
943 Teil 2:D.II.
944 Teil 2:D.III.
945 Teil 2:D.III.
946 Teil 2:D.IV.
947 Teil 2:D.IV.

B. Art. 6 Abs. 1 UAbs. 1 lit. b Alt. 2 DSGVO

(6) Auch die Tatbestandsmerkmale „Durchführung vorvertraglicher Maßnahmen",[948] „auf Anfrage der betroffenen Person"[949] und „Erforderlichkeit"[950] sind unionsautonom auszulegen.

(7) Das Merkmal „Durchführung vorvertraglicher Maßnahmen" setzt ein durch die Anfrage der betroffenen Person entstehendes Anbahnungsverhältnis voraus.[951] Art. 6 Abs. 1 UAbs. 1 lit. b Alt. 2 DSGVO betrifft nicht die Erfüllung vorvertraglicher Pflichten und setzt auch kein vorvertragliches Verhältnis nach nationalem Recht voraus.[952] Das Merkmal wird in zeitlicher Hinsicht durch den Vertragsschluss definiert.[953] Die vorvertragliche Maßnahme muss auf den Abschluss eines Vertrags abzielen.[954]

(8) Die Anfrage der betroffenen Person hat eine Schutz- und Legitimationsfunktion.[955] An die Anfrage sind keine hohen Anforderungen zu stellen, sie muss sich jedoch auf einen möglichen Vertragsabschluss beziehen.[956] Die Anfrage kann nicht für beziehungsweise durch einen Dritten gestellt werden.[957] Der Verantwortliche muss weder Adressat der Anfrage noch späterer Vertragspartner sein.[958]

(9) Die betroffene Person hat ein faktisches Widerrufsrecht bei auf Art. 6 Abs. 1 UAbs. 1 lit. b Alt. 2 DSGVO gestützten Datenverarbeitungen.[959]

(10) Bezugspunkt der Erforderlichkeit ist die angefragte vorvertragliche Maßnahme.[960] Der datenschutzrechtliche Inhalt ist identisch

---

948 Teil 3:A.I.
949 Teil 3:B.I.
950 Teil 3:C.
951 Teil 3:A.III.2.
952 Teil 3:A.III.3.
953 Teil 3:A.III.4.
954 Teil 3:A.IV.
955 Teil 3:B.II.
956 Teil 3:B.III.
957 Teil 3:B.IV.
958 Teil 3:B.V.
959 Teil 3:B.VI.
960 Teil 3:C.I.

wie unter Art. 6 Abs. 1 UAbs. 1 lit. b Alt. 1 DSGVO.[961] Auch hier ist das unionsrechtliche Verbot des Rechtsmissbrauchs zu berücksichtigen.[962] Dabei ist zu beachten ist, dass insoweit kaum ein Spannungsverhältnis zur datenschutzrechtlichen Einwilligung besteht.[963]

---

961 Teil 3:C.II.
962 Teil 3:C.III.
963 Teil 3:C.III.

Literaturverzeichnis

Abel, Ralf B., Einmeldung und Auskunfteitätigkeit nach DS-GVO und § 31 BDSG – Frage der Rechtssicherheit im neuen Recht, ZD 2018, S. 103–108.

Albrecht, Jan Philipp/Jotzo, Florian, Das neue Datenschutzrecht der EU – Grundlagen | Gesetzgebungsverfahren | Synopse, Baden-Baden 2017.

Arbeitsgruppe „Digitaler Neustart" der Konferenz der Justizministerinnen und Justizminister der Länder, Bericht vom 15.5.2017, abrufbar unter: https://www.justiz.nrw.de/JM/justizpol_themen/digitaler_neustart/zt_be richt_arbeitsgruppe/bericht_ag_dig_neustart.pdf, zuletzt abgerufen am 30.4.2024.

Artikel 29-Datenschutzgruppe, Stellungnahme 06/2014 zum Begriff des berechtigten Interesses des für die Verarbeitung Verantwortlichen gemäß Artikel 7 der Richtlinie 95/46/EG vom 9.4.2014, WP 217, abrufbar unter: https://ec.europa.eu/justice/article-29/documentation/opinion-recom mendation/files/2014/wp217_de.pdf, zuletzt abgerufen am 30.4.2024.

Bayerisches Landesamt für Datenschutzaufsicht, 12. Tätigkeitsbericht des Bayerischen Landesamts für Datenschutzaufsicht für das Jahr 2022, abrufbar unter https://www.lda.bayern.de/media/baylda_report_12.pdf, zuletzt abgerufen am 30.4.2024.

beck-online.GROSSKOMMENTAR zum Zivilrecht, herausgegeben von *Gsell, Beate/Krüger, Wolfgang/Lorenz, Stephan/Reymann, Christoph*, Stand 1.1.2024, München.

Beck, Michael/Kirschhöfer, Max, Datenschutz im Vertragshändlerrecht – Ausgleichsanspruch und Verarbeitung von Kundendaten unter der DSGVO, ZVertriebsR 2019, S. 3–7.

Beck'scher Online-Kommentar BGB, herausgegeben von *Hau, Wolfgang/ Poseck, Roman*, 69. Edition (Stand: 1.2.2024), München.

Beck'scher Online-Kommentar Datenschutzrecht, herausgegeben von *Wolff, Heinrich Amadeus/Brink, Stefan/von Ungern-Sternberg, Antje*, 47. Edition (Stand: 1.2.2024), München.

Beck'scher Online-Kommentar IT-Recht, herausgegeben von *Borges, Georg/ Hilber, Marc*, 13. Edition (Stand 1.1.2024), München.

Benedikt, Kirsten/Pfau, David, Meta führt im Lichte der EuGH-Entscheidung aus dem Juli 2023 bezahlpflichtiges Abonnement ein, DSB 2024, S. 6–7.

Literaturverzeichnis

Bergmann, Lutz/Möhrle, Roland/Herb, Armin, Datenschutzrecht – Kommentar : Europäische Datenschutz-Grundverordnung, Bundesdatenschutzgesetz, Datenschutzgesetze der Länder, bereichsspezifischer Datenschutz, 65. Ergänzungslieferung, Stuttgart 2024.

Bernzen, Anna K., Dritte und der Datenschutz – Zur Verarbeitung der Daten von Nicht-Nutzern in sozialen Medien, in: Köhler, Ben/Korch, Stefan, Schwärme im Recht, S. 145–163, Tübingen 2022.

Beyvers, Eva, Privatheit in der Waagschale – Instrumente des datenschutzrechtlichen Interessenausgleichs im Kontext sozialer Online-Netzwerke, Berlin 2018.

Bijok, Alexander, Kommerzialisierung personenbeziehbarer Daten – Das Datenschutzrecht als Maßstab für die rechtliche Anerkennung von Daten als Wirtschaftsgüter, ZfDR 2021, S. 76–96.

Bijok, Alexander, Kommerzialisierungsfester Datenschutz – Rechtliche Problemlagen der Datennutzung in der Informationswirtschaft, Baden-Baden 2020.

Bock, Kirsten, Beschränkt Datenschutzrecht die Vertragsgestaltungsfreiheit? – Erforderlichkeit der Verarbeitung i. S. d. Art. 6 Abs. 1 lit. b DSGVO, CR 2020, S. 173–178.

Borkert, Kristian/Bunes, Florian, Geheime Datenverarbeitungen im E-Commerce? – Voraussetzungen und Grenzen der Datenverarbeitung zur Durchführung vorvertraglicher Maßnahmen (zugleich Besprechung des Urt. v. 19.4.2023, AG Mitte), in: Bernzen, Anna K./Fritzsche, Jörg/Heinze, Christian/Thomsen, Oliver (Hrsg.), Das IT-Recht vor der (europäischen) Zeitenwende?, S. 91–105, Edewecht 2023.

Bräutigam, Peter, Das Nutzungsverhältnis bei sozialen Netzwerken – Zivilrechtlicher Austausch von IT-Leistung gegen personenbezogene Daten, MMR 2012, S. 635–641.

Britz, Thomas/Indenhuck, Moritz, Datenschutzrechtliche Inhaltskontrolle von Verträgen?, in: Heinze, Christian, Daten, Plattformen und KI als Dreiklang unserer Zeit, S. 47–64, Edewecht 2022.

Britz, Thomas/Indenhuck, Moritz, Die Daten der Dritten – Verarbeitung Drittbezogener Daten im Vertragsverhältnis, in: Taeger, Jürgen, Rechtsfragen digitaler Transformation – Gestaltung digitaler Veränderungsprozesse durch Recht, S. 231–245, Edewecht 2018.

Britz, Thomas/Indenhuck, Moritz, Kundenkonto als Vertragserfüllung? – Datenschutzrechtliche Umsetzung privatautonomer Entscheidungen, ZD 2023, S. 13–18.

Britz, Thomas/Indenhuck, Moritz, The Usual Others – Third-Party Data in Contracts, PinG 2019, S. 44–48.

Brox, Hans/Walker, Wolf-Dietrich, Allgemeines Schuldrecht, 48. Auflage, München 2024.

Brox, Hans/Walker, Wolf-Dietrich, Besonderes Schuldrecht, 48. Auflage, München 2024.

Buchmann, Felix/Krell, Susanne, Datenschutzkonformer Online-Handel (nur) mittels Gastzugang (?), PinG 2022, S. 139–142.

Buchner, Benedikt, Grundsätze und Rechtmäßigkeit der Datenverarbeitung unter der DS-GVO, DuD 2016, S. 155–161.

Bunnenberg, Jan Niklas, Privatautonomie und Datenschutz – Zum Verhältnis privater und staatlicher Regelbildung im Recht der Verbraucherdatenverarbeitung, JZ 2020, S. 1088–1097.

Bunnenberg, Jan Niklas, Privates Datenschutzrecht – Über Privatautonomie im Datenschutzrecht – unter besonderer Berücksichtigung der Einwilligung und ihrer vertraglichen Kopplung nach Art. 7 Abs. 4 DS-GVO, Baden-Baden 2020.

Burfeind, Levke, Art. 6 Abs. 1 lit. b) DSGVO: Scharnier zwischen Datenschutz und Vertragsrecht – Darstellung der Kommentarliteratur, PinG 2023, S. 146–149.

Busche, Jan, Privatautonomie und Kontrahierungszwang, Tübingen 1999.

von dem Bussche, Axel/Voigt, Paul, Konzerndatenschutz – Rechtshandbuch, 2. Auflage, München 2019.

Bydlinski, Franz, Zu den dogmatischen Grundfragen des Kontrahierungszwanges, AcP 180 (1980), S. 1–46.

Chatard, Yannick/Horn, Konstantin, Der Auskunftsanspruch von Anlegern einer Publikums-KG im Spannungsfeld von Gesellschaftsrecht und DSGVO, ZIP 2019, S. 2242–2248.

Cordes, Christoph Anton, Gesamtrechtsnachfolge, Datenschutzrecht und Vertragsgestaltung – Die Rechtsverhältnisse zwischen Provider und Nutzer im Nachlass, Baden-Baden 2021.

Dammann, Ulrich/Simitis, Spiros, DS-RL – Kommentar, Baden-Baden 1997.

Datenschutzkonferenz, Protokoll der 96. Konferenz der unabhängigen Datenschutzaufsichtsbehörden des Bundes und der Länder am 7. und 8. November 2018 in Münster vom 14.1.2019, abrufbar unter https://www.datenschutzkonferenz-online.de/media/pr/20181107_pr_muenster.pdf, zuletzt abgerufen am 30.4.2024.

Literaturverzeichnis

Däubler, Wolfgang/Wedde, Peter/Weichert, Thilo/Sommer, Imke, EU-DSGVO und BDSG, 3. Auflage, Frankfurt am Main 2024.

Dieker, Amon, Datenschutzrechtliche Zulässigkeit der Trainingsdatensammlung – Wie Scraping und Crawling zur KI-Entwicklung eingesetzt werden können, ZD 2024, S. 132–137.

Drabinski, Annika, Die vertragliche Datenüberlassung und das Kaufrecht, Baden-Baden 2022.

Dünkel, Heiko, Aus Verbrauchersicht – Die Mutter aller DSGVO-Fragen, PinG 2021, S. 122–124.

Durmus, Erdem/Engelhardt, Jens, Die Rechtmäßigkeit der Verarbeitung von Vertreter- und Ansprechpartnerdaten – Ein Paradebeispiel für eine planwidrige Regelungslücke in der DSGVO?, DuD 2023, S. 160–166.

Ebert, Andreas/Busch, Philip/Spiecker gen. Döhmann, Indra/Wendt, Janine, Roboter im Supermarkt – Eine Betrachtung haftungs- und datenschutzrechtlicher Probleme beim Einsatz von Robotern im Einzelhandel, ZfPC 2023, S. 16–29.

Ehlen, Theresa/Blum, Benjamin, Das Spannungsverhältnis zwischen §§ 327 ff. BGB und Art. 6 DSGVO/§ 25 TTDSG – Praktische Lösungsansätze zur Umsetzung datenfinanzierter Geschäftsmodelle – Wie Anbieter datenfinanzierter Geschäftsmodelle (und ihre Berater) mit den datenschutzrechtlichen Rechtsunsicherheiten umgehen können, CR 2023, S. 392–397.

Ehmann, Eugen/Helfrich, Marcus, EG Datenschutzrichtlinie, Kurzkommentar, Köln 1999.

Ehmann, Eugen/Selmayr, Martin, Datenschutz-Grundverordnung, 2. Auflage, München 2018.

Eisenschmidt, Norbert, Datenschutz im Miet- und Wohnungseigentumsrecht – Eine Geburtstagsadresse zum Jahrestag des Inkrafttretens der Datenschutz-Grundverordnung am 25.5.2018, NZM 2019, S. 313–327.

Engeler, Malte, Das überschätzte Kopplungsverbot – Die Bedeutung des Art. 7 Abs. 4 DSGVO in Vertragsverhältnissen, ZD 2018, S. 55–62.

Engeler, Malte, Der Konflikt zwischen Datenmarkt und Datenschutz – Eine ökonomische Kritik der Einwilligung, NJW 2022, S. 3398–3405.

Engeler, Malte, The EDPB's guidelines 02/2019 on Art. 6(1)(b) GDPR – a critical review, PinG 2019, S. 149–154.

Eßer, Martin/Kramer, Philipp/von Lewinski, Kai, DSGVO/BDSG – Datenschutz-Grundverordnung/Bundesdatenschutzgesetz und Nebengesetze, 8. Auflage, Hürth 2023.

Europäischer Datenschutzausschuss, Leitlinien 2/2019 für die Verarbeitung personenbezogener Daten gemäß Artikel 6 Absatz 1 Buchstabe b DSGVO im Zusammenhang mit der Erbringung von Online-Diensten für betroffene Personen, Version 2.0 vom 8.10.2019, abrufbar unter https://edpb.europa.eu/sites/default/files/files/file1/edpb_guide lines-art_6-1-b-adopted_after_public_consultation_de_0.pdf, zuletzt abgerufen am 30.4.2024.

Europäischer Datenschutzbeauftragter, Stellungnahme 4/2017 zu dem Vorschlag für eine Richtlinie über bestimmte vertragsrechtliche Aspekte der Bereitstellung digitaler Inhalte vom 14.3.2017, abrufbar unter: https://edps.europa.eu/sites/edp/files/publication/17-03-14_opinion_digital_content_de.pdf, zuletzt abgerufen am 30.4.2024.

Feiler, Lukas/Forgó, Nikolaus, EU-DSGVO und DSG – EU-Datenschutz-Grundverordnung und Datenschutzgesetz : Kommentar, 2. Auflage, Wien 2022.

Forgó, Nikolaus/Helfrich, Marcus/Schneider, Jochen, Betrieblicher Datenschutz, 3. Auflage, München 2019.

Franzen, Martin, Privatrechtsangleichung durch die Europäische Gemeinschaft, Berlin/New York 1999.

Freund, Bernhard/Schmidt, Bernd/Heep, Sebastian/Roschek, Anna-Kristina, Praxis-Kommentar DSGVO, Frankfurt am Main 2023.

Füllsack, Anna Lena/Kirschke-Biller, Jonathan, Das EuGH-Urteil in Sachen Meta ua/BKartA aus datenschutzrechtlicher Sicht – Ein Rundumschlag zu Art. 9 und Art. 6 DSGVO, CR 2023, S. 508–510.

Funke, Michael, Dogmatik und Voraussetzungen der datenschutzrechtlichen Einwilligung im Zivilrecht – Unter besonderer Berücksichtigung der Datenschutz-Grundverordnung, Baden-Baden 2017.

Gebauer, Martin/Wiedmann, Thomas, Europäisches Zivilrecht, 3. Auflage, München 2021.

Geimer, Reinhold/Schütze, Rolf A., Europäisches Zivilverfahrensrecht – Kommentar, 4. Auflage, München 2020.

Gierschmann, Sibylle, Gestaltungsmöglichkeiten bei Verwendung von personenbezogenen Daten in der Werbung – Auslegung des Art. 6 Abs. 1 lit. f DS-GVO und Lösungsvorschläge, MMR 2018, S. 7–12.

Gierschmann, Sibylle/Schlender, Katharina/Stentzel, Rainer/Veil, Winfried, Kommentar Datenschutz-Grundverordnung, Köln 2018.

Gola, Peter/Heckmann, Dirk, Datenschutz-Grundverordnung – Bundesdatenschutzgesetz, 3. Auflage, München 2022.

Literaturverzeichnis

Gola, Peter/Wronka, Christoph, Datenschutzrechtliche Aspekte des automatisierten Datenabgleichs durch Kredit- und Finanzinstitute zur Prävention von Geldwäsche und Terrorismusfinanzierung, RDV 2018, S. 309–314.

Golland, Alexander, Das Kopplungsverbot in der Datenschutz-Grundverordnung – Anwendungsbereich, ökonomische Auswirkungen auf Web 2.0-Dienste und Lösungsvorschlag, MMR 2018, S. 130–135.

Golland, Alexander, Datenverarbeitungen in sozialen Netzwerken, Frankfurt am Main 2019.

Golland, Alexander, Die „private" Datenverarbeitung im Internet – Verantwortlichkeiten und Rechtmäßigkeit bei Nutzung von Plattformdiensten durch natürliche Personen, ZD 2020, S. 397–403.

Golland, Alexander, EuGH: Kompetenz nationaler Wettbewerbsbehörden zur Feststellung eines Verstoßes gegen die DS-GVO, MMR 2023, S. 669–683.

Golland, Alexander/Kelbch, Niklas, Kartellrecht vs. Datenschutzrecht: Rechtsgrundlagen für die Datenverarbeitung in sozialen Netzwerken, DSB 2023, S. 247–249.

Grabitz, Eberhard/Hilf, Meinhard/Nettesheim Martin, Das Recht der Europäischen Union, Band I, 40. Auflage, München 2009.

Grasmück, Corinna/Schirmbacher, Martin, Datenschutz in der GmbH-Praxis – Diligences, Deals und anstrengende Gesellschafter, GmbHR 2021, R368–370.

Grünberger, Michael, Rezension: Hacker, Philipp, Datenprivatrecht – Neue Technologien im Spannungsfeld von Datenschutzrecht und BGB, AcP 2021 (221), S. 604–613.

Guggenberger, Leonid, Irrweg informationelle Privatautonomie – Grenzen des marktbasierten Datenschutzes, Baden-Baden 2023.

Gutmann, Thomas, Gibt es ein Konzept des Vertrags im europäischen Vertragsrecht?, in: Arnold, Stefan, Grundlagen eines europäischen Vertragsrechts, München 2014, S. 19–48.

Hacker, Philipp, Daten als Gegenleistung: Rechtsgeschäfte im Spannungsfeld von DS-GVO und allgemeinem Vertragsrecht, ZfPW 2019, S. 148–197.

Hacker, Philipp, Datenprivatrecht – Neue Technologien im Spannungsfeld von Datenschutzrecht und BGB, Tübingen 2020.

Härting, Niko, Digital Goods und Datenschutz – Daten sparen oder monetarisieren? – Die Reichweite des vom DinhRL-E erfassten Geschäftsmodells, CR 2016, S. 735–740.

Härting, Niko, Internetrecht, 7. Auflage, Köln 2023.

Heinzke, Philippe/Engel, Lennart, Datenverarbeitung zur Vertragserfüllung – Anforderungen und Grenzen – Reichweite des Art. 6 Abs. 1 1. UnterAbs. lit. b DS-GVO, ZD 2020, S. 189–194.

Helmke, Jan Torben/Link, Hendrik, Das Verhältnis von Art. 6 Abs. 2 und 3 DSGVO, DuD 2023, S. 708–714.

Hennemann, Moritz, Personalisierte Medienangebote im Datenschutz- und Vertragsrecht, ZUM 2017, S. 544–552.

Hense, Peter, Informationsaskese vs. Meta – Perspektiven des EuGH auf datengetriebene Praktiken in der modernen Gesellschaft – Zugleich Kommentar zu EuGH, Urteil vom 4. 7. 2023 – C-252/21, K&R 2023, 492 ff. (Heft 7/8), K&R 2023, S. 556–562.

Herden, Hannah Kathrin, Datenschutz als Materie eines neuen ADR-Verfahrens? GPR 2013, S. 272–280.

Hoeren, Thomas/Sieber, Ulrich/Holznagel, Bernd, Handbuch Multimedia-Recht – Rechtsfragen des elektronischen Geschäftsverkehrs, 60. Ergänzungslieferung, München 2024.

Hoffmann, Raphael/Schmidt, Dominik, Facebook-Profiling zu Marketingzwecken – datenschutzkonform?, GRUR 2021, S. 679–685.

Hofmann, Henning, Richtlinie Digitale Inhalte – Schuldrechtliche Kontextualisierung von Daten als Wirtschaftsgut, in: Stiftung Datenschutz (Hrsg.), Dateneigentum und Datenhandel, Berlin 2019, S. 161–175.

Horn, Simon, Vis attractiva contractus: Ausstrahlungswirkung von Verträgen im Internationalen Privat- und Zivilverfahrensrecht, Tübingen 2023.

Hornung, Gerrit, Datenschutzrechtliche Aspekte der Social Media, in: Rechtshandbuch Social Media, herausgegeben von Hornung, Gerrit/Müller-Terpitz, Ralf, 2. Auflage, Berlin 2021, S. 131–198.

Indenhuck, Moritz/Britz, Thomas, Vom Datenschutzrecht zum Datenschuldrecht – Neue Leitlinien zur Verarbeitung personenbezogener Daten bei Online-Dienstleistungen, BB 2019, S. 1091–1096.

Jahnel, Dietmar, Kommentar zur Datenschutz-Grundverordnung (DSGVO), Wien 2021.

Jandt, Silke/Steidle, Roland, Datenschutz im Internet – Rechtshandbuch zu DSGVO und BDSG, Baden-Baden 2018.

Junker, Abbo, Internationales Privatrecht, 5. Auflage, München 2022.

Juris Praxiskommentar Internetrecht, herausgegeben von *Heckmann, Dirk/Paschke, Anne*, 7. Auflage, Saarbrücken 2021.

Kähler, Lorenz, Zum Vertragsbegriff im Europarecht, in: Arnold, Stefan, Grundlagen eines europäischen Vertragsrechts, München 2014, S. 79–100.

Katko, Peter, Checklisten zur Datenschutz-Grundverordnung (DS-GVO) – Implementieren, Mitigieren, Auditieren, 2. Auflage, München 2023.

Kaulartz, Markus/Braegelmann, Tom, Rechtshandbuch Artificial Intelligence und Machine Learning, München 2020.

Kazemi, Robert, Die EU-Datenschutzgrundverordnung in der anwaltlichen Beratungspraxis, Bonn 2018.

Kilian, Wolfgang, Kontrahierungszwang und Zivilrechtsystem, AcP 180 (1980), S. 47–83.

Klein, David, Zivilrechtlicher Datenschutz oder datenschutzrechtliches Zivilrecht, in Festschrift für Jürgen Taeger, herausgegeben von Louisa Specht-Riemenschneider, Benedikt Buchner, Christian Heinze und Oliver Thomsen, Frankfurt am Main 2020, S. 235–249.

Knüppel, Kai-Niklas, Datenfinanzierte Apps als Gegenstand des Datenschutzrechts, Berlin 2022.

Knyrim, Rainer, Der DatKomm – Praxiskommentar zum Datenschutzrecht – DSGVO und DSG, 76. Ergänzungslieferung, Wien 2023.

Kohler, Christian, Conflict of Law Issues in the 2016 Data Protection Regulation of the European Union, RDIPP 52/2 (2016), S. 653–675.

Korch, Stefan, Vertragsrecht in der Datenökonomie – Datenprivatrecht zwischen europäischem Datenschutz und technischer Realität, ZEuP 2021, S. 792–820.

Kosmider, Thomas, Die Verantwortlichkeit im Datenschutz – Die Zuordnung zum Verantwortlichen und deren Bedeutung für Rechtfertigung, Geldbußen und Schadensersatz, Stuttgart 2021.

Kropholler, Jan/von Hein, Jan, Europäisches Zivilprozessrecht – Kommentar zu EuGVO, Lugano-Übereinkommen 2007, EuVTVO, EuMVVO und EuGFVO, 9. Auflage, Frankfurt am Main 2011.

Krusche, Jan, Kumulation von Rechtsgrundlagen zur Datenverarbeitung – Verhältnis der Einwilligung zu anderen Erlaubnistatbeständen, ZD 2020, S. 232–237.

Krzysztofek, Mariusz, GDPR: General Data Protection Regulation (EU) 2016/679 – post-reform personal data protection in the European Union, Alphen aan den Rijn 2019.

Kühling, Jürgen/Buchner, Benedikt, Datenschutz-Grundverordnung BDSG, 4. Auflage, München 2024.

Kühling, Jürgen/Klar, Manuel/Sackmann, Florian, Datenschutzrecht, 5. Auflage, Heidelberg 2021.

Kühling, Jürgen/Martini, Mario, Die Datenschutz-Grundverordnung: Revolution oder Evolution im europäischen und deutschen Datenschutzrecht?, EuZW 2016, S. 448–454.

Kuner, Christopher/Bygrave, Lee A./Docksey, Christopher, The EU General Data Protection Regulation (GDPR), Oxford 2020.

Lachenmann, Matthias, Datenübermittlung im Konzern, Oldenburg 2016.

Langhanke, Carmen, Daten als Leistung – Eine rechtsvergleichende Untersuchung zu Deutschland, Österreich und der Schweiz, Tübingen 2018.

Langhanke, Carmen/Schmidt-Kessel, Martin, Consumer Data as Consideration, EuCML 2015, S. 218–223.

Laue, Philip/Nink, Judith/Kremer, Sascha, Datenschutzrecht in der betrieblichen Praxis, 3. Auflage, Baden-Baden 2024.

Lehmann, Matthias/Wancke, Anselm-Leander, Abtretung von Darlehensforderungen und Datenschutz – Neues zu einer problematischen Beziehung – Teil I –, WM 2019, S. 613–620.

Leinemann, Franziska, Personenbezogene Daten als Entgelt – Eine Untersuchung anhand schuldvertrags-, datenschutz- und kartellrechtlicher Fragestellungen, Berlin u. a. 2020.

von Lewinski, Kai/Rüpke, Giselher/Eckhardt, Jens, Datenschutzrecht – Grundlagen und europarechtliche Neugestaltung, 2. Auflage, München 2022.

Linardatos, Dimitrios, Daten als Gegenleistung im Vertrag mit Blick auf die Richtlinie über digitale Inhalte, in: Specht-Riemenschneider, Louisa/Werry, Nikola/Werry, Susanne, Datenrecht in der Digitalisierung, Berlin 2020, S. 506–559.

Loosen, Maximilian, Die Rückabwicklung des Vertrages Daten gegen Leistung, Baden-Baden 2022.

Lüttringhaus, Jan D., Das internationale Datenprivatrecht: Baustein des Wirtschaftskollisionsrechts des 21. Jahrhunderts – Das IPR der Haftung für Verstöße gegen die EU-Datenschutzgrundverordnung, ZVglRWiss 117 (2018), S. 50–82.

Martini, Mario/Möslein, Florian/Rostalski, Frauke, Recht der Digitalisierung, Baden-Baden 2024.

Martiny, Dieter, Internationale Zuständigkeit für „vertragliche Streitigkeiten", in: Einheit und Vielfalt des Rechts, Festschrift für Reinhold Geimer zum 65. Geburtstag, herausgegeben von Schütze, Rolf A., München 2002, S. 641–667.

Mathis, Alexander Andre, Rechtsmissbrauch und seine Auslegung im europäischen Recht, Baden-Baden 2023.

Mehlan, Amelie, Datenschutzrechtliche Zulässigkeit werbefinanzierter Digitalangebote – Eine Analyse des DPC-Beschlusses gegen Facebook, MMR 2023, S. 552–556.

Menden, Malte, Der Anwendungsbereich des deliktischen Gerichtsstands gemäß Art. 7 Nr. 2 EuGVVO – Eine kritische Analyse der aktuellen Rechtsprechung des Europäischen Gerichtshofs hinsichtlich der Abgrenzung zum Vertragsgerichtsstand, Hamburg 2020.

Möllers, Thomas M. J., Juristische Methodenlehre, 5. Auflage, München 2023.

Moos, Flemming/Rothkegel, Tobias, EuGH: Kompetenz nationaler Wettbewerbsbehörden zur Feststellung eines Verstoßes gegen die DS-GVO, ZD 2023, S. 664–679.

Moos, Flemming/Schefzig, Jens/Arning, Marian, Praxishandbuch DSGVO – einschließlich BDSG und spezifischer Anwendungsfälle, 2. Auflage, Frankfurt am Main 2021.

Münchener Kommentar zum Bürgerlichen Gesetzbuch, herausgegeben von *Säcker, Franz Jürgen/Rixecker, Roland/Oetker, Hartmut/Limperg, Bettina*,
Band 1, §§ 1–240 BGB, AllgPersönlR, ProstG, AGG, 9. Auflage, München 2021.
Band 2, §§ 241–310 BGB, 9. Auflage, München 2022.

Münchener Kommentar zur Zivilprozessordnung mit Gerichtsverfassungsgesetz und Nebengesetzen, herausgegeben von *Rauscher, Thomas/Krüger, Wolfgang*, Band 3, §§ 946–1120 ZPO, EGZPO, GVG, EGGVG, UKlaG, Internatuionales und Europäisches Zivilprozessrecht, 6. Auflage, München 2022.

Musielak, Hans-Joachim/Voit, Wolfgang, Zivilprozessordnung, 21. Auflage, München 2024.

Nebel, Maxi, Die Zulässigkeit der Erhebung des Klarnamens nach den Vorgaben der Datenschutz-Grundverordnung, K&R 2019, S. 148–152.

Nettesheim, Martin, Critical Comments on the European Data Protection Board's Understanding of Contracts as a Ground to Process Personal Data, EU Law Live Weekend Edition No 129 (2023), S. 3–16.

Nettesheim, Martin, Data Protection in Contractual Relationships (Art. 6 (1) (b) GDPR), Tübingen 2023, abrufbar unter: https://ssrn.com/abstract=4427134, zuletzt abgerufen am 30.4.2024.

Nettesheim, Martin, Digitale Autonomie in Vertragsbeziehungen – Zum Verhältnis von Privatautonomie und „Datenkontrolle", Verfassungsblog 12.10.2022, abrufbar unter: https://verfassungsblog.de/digitale-autono mie/, zuletzt abgerufen am 30.4.2024.

Nowak, Jaroslaw Norbert/Bornholdt, Karsten, Zum Recht auf Übermittlung einer Vereins-Mitgliederliste, RDV 2023, S. 362–367.

Paal, Boris/Cornelius, Malte/Seeland, Tim, Ausgewählte Probleme des Data Act – insbesondere im Zusammenspiel mit der DS-GVO, RDV 2024, S. 5–15.

Paal, Boris/Pauly, Daniel, Datenschutzgrundverordnung – Bundesdatenschutzgesetz, 3. Auflage, München 2021.

Paul, Wolfgang, Auskunftsverlangen in der Publikumsgesellschaft – Permanente Herausforderung des Datenschutzes?, GWR 2019, S. 413–420.

Petri, Thomas, Biometrie in der polizeilichen Ermittlungsarbeit am Beispiel der automatisierten Gesichtserkennung, GSZ 2018, S. 144–148.

Picht, Georg Peter, CJEU on Facebook: GDPR Processing Justifications and Application Competence, GRUR 2023, S. 1169–1172.

Piltz, Carlo, Die Datenschutz-Grundverordnung – Teil 1: Anwendungsbereich, Definitionen und Grundlagen der Datenverarbeitung, K&R 2016, S. 557–567.

Plath, Kai-Uwe, DSGVO BDSG TTDSG, 4. Auflage, Köln 2023.

Prütting, Hanns/Wegen, Gerhard/Weinreich, Gerd, Bürgerliches Gesetzbuch – Kommentar, 18. Auflage, Hürth 2023.

Quiel, Philipp, Auf ein gutes Datenschutzjahr 2024, DSB 2024, S. 1.

Radlanski, Philip, Das Konzept der Einwilligung in der datenschutzrechtlichen Realität, Tübingen 2016.

Rank-Haedler, Alisa, Handel mit personenbezogenen Daten in Deutschland und Italien – Vertragsbeziehungen auf dem Sekundärmarkt, Baden-Baden 2024.

Rank-Haedler, Alisa, Verhältnis von Einwilligung und Vertragserfüllung im Kontext der Kommerzialisierung von Daten; Definition des Begriffs „offensichtlich öffentlich gemachte Daten", RDi 2021, 448–450.

Rauscher, Thomas, Europäisches Zivilprozess- und Kollisionsrecht EuZPR/EuIPR – Kommentar, Band I, 5. Auflage, Köln 2021.

Redeker, Helmut, IT-Recht, 8. Auflage, München 2023.

Reiher, Hannes, Der Vertragsbegriff im europäischen Internationalen Privatrecht – Ein Beitrag zur Abgrenzung der Verordnungen Rom I und Rom II, Baden-Baden 2010.

Riehm, Thomas, Freie Widerrufbarkeit der Einwilligung und Struktur der Obligation – Daten als Gegenleistung?, in: Pertot, Tereza, Rechte an Daten, Tübingen 2020, S. 175–206.

Riesenhuber, Karl, Europäische Methodenlehre, 4. Auflage, Berlin/Boston 2021.

Rücker, Daniel/Kugler, Tobias, New European General Data Protection Regulation – A Practitioner's Guide, München 2018.

Sattler, Andreas, Autonomie oder Heteronomie – Welchen Weg geht das Datenschuldrecht?, in: Ochs, Carsten/Friedewald, Michael/Hess, Thomas/Lamla, Jörn, Die Zukunft der Datenökonomie – Zwischen Geschäftsmodell, Kollektivgut und Verbraucherschutz, Wiesbaden 2019, S. 215–247.

Sattler, Andreas, Informationelle Privatautonomie – Synchronisierung von Datenschutz- und Vertragsrecht, Tübingen 2022.

Sattler, Andreas, Personenbezogene Daten als Leistungsgegenstand – Die Einwilligung als Wegbereiter des Datenschuldrechts, JZ 2017, S. 1036–1046.

Schaffland, Hans-Jürgen/Wiltfang, Noeme (Begr.), Datenschutz-Grundverordnung (DS-GVO)/Bundesdatenschutzgesetz (BDSG) – Kommentar, bearbeitet von *Schaffland, Hans-Jürgen/Holthaus, Gabriele/Schaffland, Astrid*, Berlin 2024.

Schantz, Peter, Die Datenschutz-Grundverordnung – Beginn einer neuen Zeitrechnung im Datenschutzrecht, NJW 2016, S. 1841–1847.

Schantz, Peter/Wolff, Heinrich Amadeus, Das neue Datenschutzrecht – Datenschutz-Grundverordnung und Bundesdatenschutzgesetz in der Praxis, München 2017.

Scheibeler, Elke, Begriffsbildung durch den Europäischen Gerichtshof – autonom oder durch Verweis auf die nationalen Rechtsordnungen?, Berlin 2004.

Scheibenpflug, Andreas, Personenbezogene Daten als Gegenleistung – Ein Beitrag zur rechtlichen Einordnung datengetriebener Austauschverhältnisse, Berlin 2022.

Schirmbacher, Martin, Onlinemarketing nach der DSGVO – ein Annäherungsversuch – Datenschutzrechtliche Anforderungen an E-Mail-Marketing, Tracking und Targeting, ITRB 2016, S. 274–280.

Schläger, Uwe/Thode, Jan-Christoph, Handbuch Datenschutz und IT-Sicherheit, 2. Auflage, Berlin 2022.

Schmidt-Kessel, Martin, Der Entwurf für ein Gemeinsames Europäisches Kaufrecht – Kommentar, München 2014.

Schmidt-Kessel, Martin, Right to Withdraw Consent to Data Processing – The Effect on the Contract, in: Lohsse, Sebastian/Schulze, Reiner/Staudenmayer, Dirk, Data as Counter Performance – Contract Law 2.0?, S. 129–146.

Schmidt-Kessel, Martin, Zur culpa in contrahendo im Gemeinschaftsprivatrecht, ZEuP 2004, S. 1019–1033.

Schmidt-Kessel, Martin/Grimm, Anna, Unentgeltlich oder entgeltlich? – Der vertragliche Austausch von digitalen Inhalten gegen personenbezogene Daten, ZfPW 2017, S. 84–108.

Schmidt-Kessel, Martin/Kramme, Malte, Handbuch Verbraucherrecht, Hürth 2023.

Schneider, Mathias, Das Rückgriffsverbot im Datenschutz – kein „best of both worlds"? – Zum Verhältnis zwischen Einwilligung und gesetzlicher Erlaubnis am Beispiel von Arbeitnehmerdaten, CR 2017, S. 568–573.

Schrader, Julius, Datenschutz Minderjähriger – Geschäftsfähigkeit als Grundlage der Einwilligungsfähigkeit im Datenrecht, Tübingen 2021.

Schwartmann, Rolf/Jaspers, Andreas/Thüsing, Gregor/Kugelmann, Dieter, DS-GVO/BDSG, 2. Auflage, Heidelberg 2020.

Selzer, Annika, Datenschutzrecht – Ein Kommentar für Studium und Praxis, Stuttgart 2022.

Simitis, Spiros/Hornung, Gerrit/Spiecker gen. Döhmann, Indra, Datenschutzrecht, Baden-Baden 2019.

Specht, Louisa/Mantz, Reto, Handbuch Europäisches und deutsches Datenschutzrecht, München 2019.

Spiecker gen. Döhmann, Indra/Papakonstantinou, Vagelis/Hornung, Gerrit/ De Hert, Paul, General Data Protection Regulation – Article-by-Article Commentary, Baden-Baden 2023.

Spindler, Gerald/Schuster, Fabian, Recht der elektronischen Medien, 4. Auflage, München 2019.

Staudinger, Kommentar zum Bürgerlichen Gesetzbuch,
Buch 1 – Allgemeiner Teil, §§ 139–163 BGB (Teilnichtigkeit, Anfechtung, Vertrag, Bedingung und Zeitbestimmung), Neubearbeitung, Berlin 2020.

Buch 2 – Recht der Schuldverhältnisse, §§ 241–243 (Treu und Glauben), Neubearbeitung, Berlin 2019.

Buch 2 – Recht der Schuldverhältnisse, §§ 311, 311a–c (Vertragsschluss), Neubearbeitung, Berlin 2018.

EGBGB/Internationales Privatrecht, Internationales Privatrecht (Einleitung zum IPR), Neubearbeitung, Berlin 2019.

Stein/Jonas, Kommentar zur Zivilprozessordnung, herausgegeben von *Bork, Reinhard/Roth, Herbert*, Band 12, EuGVVO, 23. Auflage, Tübingen 2022.

Steinmetz, Wenzel Felix August, Kontrollsperre bei Verträgen über immaterielle Gegenstände – Zur AGB-rechtlichen Klauselkontrolle im Urhebervertrags- und IT-Recht, Tübingen 2022.

Stürmer, Verena, Regulierte Selbstregulierung im europäischen Datenschutzrecht, Tübingen 2022.

Stürner, Michael, Europäisches Vertragsrecht, Berlin/Boston 2021.

Stürner, Michael/Wendelstein, Christoph, Datenschutzrechtliche „Sammelklagen" im Zuständigkeitsregime der Brüssel Ia-VO, JZ 2018, S. 1083–1092.

Sun, Jingzhou, Personality Merchandising and the GDPR: An Insoluble Conflict?, Baden-Baden 2022.

Sydow, Gernot/Marsch, Nikolaus, DS-GVO | BDSG – Datenschutz-Grundverordnung, Bundesdatenschutzgesetz : Handkommentar, 3. Auflage, Baden-Baden 2022.

Taeger, Jürgen/Gabel, Detlev, DSGVO – BDSG, 4. Auflage, Frankfurt am Main 2022.

Tavanti, Pascal, Datenverarbeitung zu Werbezwecken nach der Datenschutz-Grundverordnung (Teil 1), RDV 2016, S. 231–240.

Tavanti, Pascal, Datenverarbeitung zu Werbezwecken nach der Datenschutz-Grundverordnung (Teil 2), RDV 2016, S. 295–306.

Tröber, Jörn/Müller, Fabian, Rechtliche Bewertung von Lead-Tracking-Tools – Identifizierung von Webseitenbesuchern zu Werbezwecken, MMR 2024, S. 222–226.

Uecker, Philip, Die Einwilligung im Datenschutzrecht und ihre Alternativen – Mögliche Lösungen für Unternehmen und Vereine, ZD 2019, S. 248–251.

Urlaub, Jasmin, Einseitig verpflichtende Rechtsgeschäfte im internationalen Privatrecht – Eine Untersuchung zum Vertragsbegriff der Rom I-Verordnung, Hamburg 2010.

Veil, Winfried, Die Datenschutz-Grundverordnung: des Kaisers neue Kleider – Der gefährliche Irrweg des alten wie des neuen Datenschutzrechts, NVwZ 2018, S. 686–696.

Veit, Raoul-Darius, Einheit und Vielfalt im europäischen Datenschutzrecht, Tübingen 2023.

Velmede, Clara Schulze, Verschränkung von europäischem Verordnungsrecht und nationalen Normen – Vorschlag einer methodischen Grundlegung am Beispiel des Datenschutzrechts, Tübingen 2023.

von Bar, Christian/Clive, Eric/Schulte-Nölke, Hans, et al., Principles, Definitions and Model Rules of European Private Law – Draft Common Frame of Reference (DCFR), München 2009.

Wagner, Bernd, Verträge als Rechtsgrundlage für Datenverarbeitungen: Werden Einwilligungen bald obsolet?, ZD-Aktuell 2018, 06103.

Wagner, Rolf, Internationale und örtliche Zuständigkeit nach der EuGVVO, EuZW 2021, S. 572–579.

Walker, Matthias, Die Kosten kostenloser Dienste – Personenbezogene Daten als neues Zahlungsmittel, Berlin 2021.

Wehmeyer, Stefan, Kapitalanlagerecht und DSGVO – OLG München zum Auskunftsanspruch des Anlegers auf Daten der Mitanleger, PinG 2019, S. 182–185.

Weller, Marc-Philippe/Hategan, Ioana, Internationales Privatrecht – Ein Examens-Crashkurs, JuS 2016, S. 969–974.

Wendehorst, Christiane/von Westphalen, Friedrich, Das Verhältnis zwischen Datenschutz-Grundverordnung und AGB-Recht, NJW 2016, S. 3745–3750.

Wenzel, Anabel, Personenbezogene Daten als Gegenleistung im Internet – mit einem Klick zur Kommerzialisierung des Privaten, Berlin 2023.

von Westphalen, Friedrich/Wendehorst, Christiane, Der Entwurf neuer Leitlinien des Europäischen Datenschutzausschusses 2/2019 betreffend die Auslegung von Art. 6 Abs. 1 lit. b DSGVO, ZIP 2019, S. 1937–1944.

von Westphalen, Friedrich/Wendehorst, Christiane, Hergabe personenbezogener Daten für digitale Inhalte – Gegenleistung, bereitzustellendes Material oder Zwangsbeitrag zum Datenbinnenmarkt?, BB 2016, S. 2179–2187.

Wieczorek, Bernhard/Schütze, Rolf A., Zivilprozessordnung und Nebengesetze, 5. Auflage, Vierzehnter Band, Berlin/Boston 2022.

Wipping, Florian, Der europäische Gerichtsstand des Erfüllungsortes – Art. 5 Nr. 1 EuGVVO, Berlin 2008.

Literaturverzeichnis

Wolff, Heinrich Amadeus/Kosmider, Thomas, Verarbeitung der E-Mail-Adressen von Mitarbeitern von Vertragspartnern – Rechtfertigung der Verarbeitung drittbezogener Daten, ZD 2021, S. 13–18.

Wünschelbaum, Markus, EuGH: Datenschutzrecht: Feststellung eines DS-GVO-Verstoßes durch nationale Wettbewerbsbehörde möglich, EuZW 2023, S. 950–962.

Wybitul, Tim, EU-Datenschutz-Grundverordnung im Unternehmen, Frankfurt am Main 2016.

Wybitul, Tim, Handbuch EU-Datenschutz-Grundverordnung, Frankfurt am Main 2017.

Wybitul, Tim, Welche Folgen hat die EU-Datenschutz-Grundverordnung für Compliance?, CCZ 2016, S. 194–198.

Zehelein, Kai, Vermieten unter der DS-GVO – Anbahnung und Abschluss von Mietverträgen, NJW 2019, S. 3047–3049.

Ziegenhorn, Gero/von Heckel, Katharina, Datenverarbeitung durch Private nach der europäischen Datenschutzreform – Auswirkungen der Datenschutz-Grundverordnung auf die materielle Rechtmäßigkeit der Verarbeitung personenbezogener Daten, NVwZ 2016, S. 1585–1591.

Zoll, Fryderyk, Personal Data as Remuneration in the Proposal for a Directive on Supply of Digital Content in: Schulze, Reiner/Staudenmayer, Dirk/Lohsse, Sebastian, Contracts for the Supply of Digital Content: Regulatory Challenges and Gaps, S. 179–188.